中等职业教育改革创新系列教材

网店运营

主　编　何　牧　昌运星
副主编　黄杨杨　吴媚媚　潘贵升
参　编　班　欣　梁剑云　罗明慧
　　　　罗　莹　项小华　张莉萍

机械工业出版社

本书共 8 个学习项目，分别对网店开设与定位、网店注册与设置、网店设计与装饰、网店商品信息维护、网店商品拍摄与美化、网店日常经营与管理、网店物流与配送以及网店推广与营销进行了详细的介绍。本书注重从实际案例的角度出发，通过对企业真实操作的展示，归纳整理出网店运营在企业管理、运营中的实施技巧与步骤，实用性强。同时，本书侧重实训与实践，帮助学生在学习之余充分了解、熟悉、掌握网上创业、网店运营的操作规程与业务管理等实际操作技能，对帮助学生顺利就业具有特殊意义。为方便教师教学，本书配电子课件，读者可登录机械工业出版社网站（www.cmpedu.com）免费注册下载，或联系编辑（010-88379194）咨询。

本书适合作为中等职业学校电子商务、市场营销等相关专业的教材，也适合企事业单位在职人员阅读参考。

图书在版编目（CIP）数据

网店运营/何牧，昌运星主编. 一北京：机械工业出版社，2014.9（2022.9 重印）
中等职业教育改革创新系列教材
ISBN 978-7-111-46947-6

Ⅰ. ①网… Ⅱ. ①何… ②昌… Ⅲ. ①电子商务—商业经营—中等专业学校—教材 Ⅳ. ①F713.36

中国版本图书馆 CIP 数据核字（2014）第 119116 号

机械工业出版社（北京市百万庄大街 22 号　邮政编码 100037）
策划编辑：梁　伟　　责任编辑：梁　伟　席建英
责任校对：张　力　　封面设计：陈　沛
责任印制：单爱军

北京中科印刷有限公司印刷

2022 年 9 月第 1 版第 9 次印刷
184mm×260mm・11.5 印张・252 千字
标准书号：ISBN 978-7-111-46947-6
定价：35.00 元

电话服务　　　　　　　网络服务
客服电话：010-88361066　机 工 官 网：www.cmpbook.com
　　　　　010-88379833　机 工 官 博：weibo.com/cmp1952
　　　　　010-68326294　金 书 网：www.golden-book.com
封底无防伪标均为盗版　机工教育服务网：www.cmpedu.com

随着生活的信息化以及互联网的普及，网络购物已经改变了传统的购物模式，网上购物不受时间和空间的限制，网店的产品多样化给予了消费者更多的选择和便利，吸引了越来越多的消费者，因此，网上开店也潜藏着巨大的商机，在互联网日益成熟的今天，网店运营及推广已经成为新型电子商务人才必备技能。

为了满足中等职业学校教学实践需要、凸显本课程实践性，本书以农享网淘宝店铺"城市对接农村"真实案例为根基，将网店运营拆分为具体工作项目，以网上开店的实际操作流程为主线，穿插最新的网店开设、网络营销、销售技巧、网上支付、物流配送和客户管理等知识，指导初学者快速掌握在淘宝网上开店方法，以增加其实用性。同时通过对农享网电子商务模式的调查，对常见工作岗位能力要求进行总结，以便学生明确自己的能力目标，了解就业、创业的准备要求，对自己进行适时的职业规划，以更好地明确专业发展方向，为未来就业创业做好基本准备。

本书共8个学习项目，主要内容包括开店前的准备、开店流程、网店装修、网店商品描述与发布、网店商品图片拍摄与美化、网店日常经营与管理、物流服务及网店的推广与营销。本书涵盖了网店运营的所有内容，符合网店建设具体步骤，对于网店开设人员具有极大参考意义。

本书是南宁市第六职业技术学校与北京博导前程信息技术有限责任公司联合编写的针对电子商务专业学生的校企合作教材。本书由何牧、昌运星任主编，黄杨杨、吴媚媚、潘贵升任副主编。参与编写的还有班欣、梁剑云、罗明慧、罗莹、项小华和张莉萍。

由于编者水平有限，书中难免存在不足之处，恳请广大读者和专家批评指正。

编　者

目录

前言

项目一　网店开设与定位 ·········· 1
　　模块一　学习案例 ·········· 1
　　模块二　开店前的相关知识准备 ·········· 14
　　模块三　开店前的项目实训准备 ·········· 17

项目二　网店注册与设置 ·········· 19
　　模块一　学习案例 ·········· 19
　　模块二　开店流程相关知识 ·········· 34
　　模块三　开店流程项目实训 ·········· 38

项目三　网店设计与装饰 ·········· 42
　　模块一　学习案例 ·········· 42
　　模块二　网店装修相关知识 ·········· 60
　　模块三　网店装修项目实训 ·········· 62

项目四　网店商品信息维护 ·········· 65
　　模块一　学习案例 ·········· 65
　　模块二　商品描述与发布相关知识 ·········· 76
　　模块三　商品描述与发布项目实训 ·········· 78

项目五　网店商品拍摄与美化 ·········· 80
　　模块一　学习案例 ·········· 80
　　模块二　商品图片拍摄与美化相关知识 ·········· 99
　　模块三　商品图片拍摄与美化项目实训 ·········· 104

项目六　网店日常经营与管理 ·········· 106
　　模块一　学习案例 ·········· 106
　　模块二　网店日常经营与管理相关知识 ·········· 125

模块三　网店日常经营与管理项目实训 ……………………………………………… 127

项目七　网店物流与配送 ……………………………………………………………… 129
　　模块一　学习案例 …………………………………………………………………… 129
　　模块二　物流服务相关知识 ………………………………………………………… 139
　　模块三　物流服务项目实训 ………………………………………………………… 142

项目八　网店推广与营销 ………………………………………………………………… 145
　　模块一　学习案例 …………………………………………………………………… 145
　　模块二　网店的营销推广相关知识 ………………………………………………… 169
　　模块三　网店的营销推广项目实训 ………………………………………………… 174

参考文献 ………………………………………………………………………………… 176

项目一　网店开设与定位

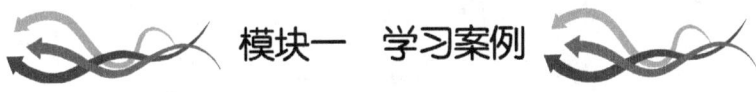

任务一　网店平台的分析与确定

电子商务是近年来随着计算机网络、通信技术和 Internet 的普及及应用，国际上迅猛发展起来的最新最重要的商品交易方式。我国电子商务始于 20 世纪 90 年代后期，虽起步较晚，但却以平均每年 40％的增长率迅猛发展。1997 年 12 月，中国化工网上线，成为国内首家垂直 B2B 网站。1999 年，专门从事电子商务的阿里巴巴成立，成为电子商务行业的先驱。同年，邵亦波和他的哈佛校友创办了易趣网，这也是中国第一个 C2C 电子商务网站。2000 年以后中国电子商务进入一个高速膨胀期，商务网站超过 2500 家，涌现出一批行业的 B2C 网站。2003 年，阿里巴巴投资 1 亿元，推出个人网上交易平台——淘宝网，并创建了独立第三方电子支付平台——支付宝，随后，二者相继成为全国最大的个人交易网站和最大的独立第三方电子支付平台。

总体来讲，电子商务的发展目前主要分为三种业务模式：B2B、B2C 以及 C2C，其主要内涵和功能各有不同。

下面对这三种模式分别进行介绍。

B2B 模式是指企业与企业之间通过互联网进行产品、服务及信息的交换。通过 B2B 的交易方式，买卖双方能够在网上完成整个业务流程，从最初建立印象，到货比三家，再到讨价还价、签单和交货，最后到客户服务。B2B 使企业之间的交易减少了许多事务性的工作流程和管理费用，降低了企业经营成本。网络的便利及延伸性使企业扩大了活动范围，企业发展跨地区、跨国界更方便，成本更低廉，以阿里巴巴为代表的 B2B 电子商务平台共同构筑了目前中国 B2B 电子商务市场的主体。如图 1-1 所示为阿里巴巴网站首页。

B2C 模式则是商业机构直接面对消费者的一种业务模式。这种形式的电子商务一般以网络零售业为主，主要借助于互联网开展在线销售活动。国内目前较大的 B2C 网站主要以当当、卓越亚马逊、京东商城等领跑市场。如图 1-2 所示为京东商城网站首页。

C2C 模式是消费者与消费者之间的一种电子商务业务模式，它以网上拍卖为主要表现形式，与 B2C 模式一同构成网上零售市场的两大主要业务模式。领军品牌包括淘宝网、拍拍网以及易趣网等。如图 1-3 所示为淘宝网首页。

网店运营

图1-1 阿里巴巴网站首页

图1-2 京东商城网站首页

图1-3 淘宝网首页

就农享网而言，企业自身一直致力于成为一家为农民朋友提供服务的电子商务公司，力求通过电子商务的模式拉近农副产品与都市生活的距离，在选择C2C平台时首先考虑到淘宝网，它由阿里巴巴集团投资创立。天猫商城（原名"淘宝商城"）整合了数千家品牌商、生产商，为商家和消费者之间提供一站式解决方案。

截至2013年，淘宝网已经拥有几亿的注册用户数，每天有超过上千万的固定访客，随着淘宝网规模的扩大和用户数量的增加，淘宝也从单一的C2C网络集市变成了包括C2C、团购、分销、拍卖等多种电子商务模式在内的综合性零售商圈，成为世界范围的电子交易平台之一。

相比之下，易趣网则走的是国际路线。eBay于1995年9月始创于美国，易趣与eBay结盟，更名为eBay易趣，并迅速发展成国内最大的在线交易社区。2004年推出新品牌亿贝易趣（eBay易趣）。据统计，易趣网是国内唯一可以提供国际贸易机会的C2C网站。

由于美国公司eBay主导下的eBay易趣缺乏对中国本土市场的深入研究，未能及时迎合本土市场的需要。这种尴尬一直持续到2006年12月，随着TOM开始接手易趣，才成立了新的电子商务合资公司。但新公司在市场份额方面与淘宝仍不可同日而语。

以此同时，腾讯旗下的拍拍网于2005年9月12日正式上线发布，拍拍网的最大优势是依托于腾讯QQ的庞大用户群以及众多活跃用户的优势资源，具备良好的发展基础。拍拍网运营满百天即已进入"全球网站流量排名"前500强（据Alexa数据），并且创下电子商务网站进入全球网站500强的最短时间纪录。目前已经超越易趣网，成为仅次于淘宝网的国内第二大C2C电子商务平台。

如表1-1所示为易趣网、淘宝网、拍拍网的综合对比情况。

表1-1 易趣网、淘宝网、拍拍网综合对比

	易趣网	天猫商城	拍拍网
支付模式	第三方PayPal支付 网银直接支付 信用卡支付	第三方支付宝支付 网银直接支付 信用卡支付 邮局汇款 银行转账	第三方财付通支付 网银直接支付 信用卡支付
物流环节	与第三方物流公司合作，提供面向个人用户的物流解决方案，易趣网主要推荐速递形式	通过物流合作模式与第三方物流公司协作。采取了"推荐物流""网货物流推荐指数"等策略	与第三方物流公司合作 通过EMS进行物流配送
营销策略	走国际路线，且较早出现，经验比较多，运营模式上采取收费模式，客户服务体系完善	与淘宝网共享9800万注册会员，有一定的潜在客户 个性化促销方案，订购满一定数额免费寄送、订购搭配套餐 通过淘宝社区宣传自己 免费活动推广 免费模式 产品多，价格便宜	网站各类栏目及活动推荐 基于腾讯QQ以及腾讯其他业务的整体优势，借助腾讯强大的用户基数组织线上和线下活动 "边聊边买""买家与卖家信用分离制度" 拍拍助理简单方便，实用性强

(续)

	易趣网	天猫商城	拍拍网
盈利模式	网页广告收入 网上直销收入 B2C 商品拍卖服务费 个人物品拍卖卖方手续费 收取商品登记费 易趣向卖家收取商品登记费 收取店铺费、交易服务费、中介费	广告收入 增值服务收入 天猫商城只是交易平台，本身并不参与商品的销售和服务。商品的销售、配送和售后服务均由卖家自己负责，从而大大降低了天猫商城的配送和售后服务成本 开通 B2C 业务和网络广告盈利，通过支付宝开展的个人信贷业务增加盈利	广告收入 收取佣金 排名收费 会员制 发布信息

综上所述，农享网作为全国首个面向农村的供求信息展示平台，目前已经拥有大量的农产品供求信息，可以使全国农村网民将其种植、收获的农产品在互联网上更快速、更直接地与网友形成互动和交易，通过自身优势，在电商行业高速发达的作用力驱动下，拥有广阔的发展前景。

农享网作为全国农村各类农产品供求信息发布平台，为农产品供求下的 C2C 电子商务提供了无限的商机，农产品经营者通过互联网将其所种植的农作物出售给需要它们的消费者，从而满足了二者的供求关系。而淘宝网、易趣、拍拍网这类 C2C 商务平台就是通过为买卖双方提供一个在线交易平台，使卖方可以主动提供商品上网拍卖，而买方可以自行选择商品进行竞价。然而，在众多的电子商务平台中，农享网为何最终会选择淘宝网作为其官方网店的运营平台呢？

与专业发布农产品供求信息的农业网站及专业的农产品交易网站不同，淘宝网作为国内领先的个人交易网上平台，与普通消费者亲密接触的机会更多，把全国各地的农产品放到淘宝上进行销售更有助于农产品走进普通消费者的购买决策圈，使农产品可以不受地域的限制在更大范围内开拓市场，更为有力地推动农产品的零售批发。

任务二 网店销售产品的选择

在已经确定了以淘宝网作为农享网进驻 C2C 的平台之后，接下来就需要企业确定网店销售产品的类型了，因为网上开店的目的就是提高自身产品的销售额及提升品牌的影响力，那么对网店销售产品的甄选对于农享网而言就显得尤为重要。结合农享网官方所具备的优点，农享网官方淘宝店始终选择农副产品作为企业销售的根基也就不言而喻。如图 1-4 所示为农享网首页。

农享网自身的发展优势以及该平台拥有的大量农产品供求信息（涉及绿色生态产品和地区特色产品的信息同样占有相当大的比重），为农享网官方淘宝店的产品定位提供了先决条件和有力依据。

2010 年，淘宝网开始启动"特色中国"项目（见图 1-5），积极与各省市政府紧密合作，精选全国各地的名优土特产以及名优企业，联手搭建以省级为单位的特色中国地方馆，共同推进各地农副产品的网上零售市场。

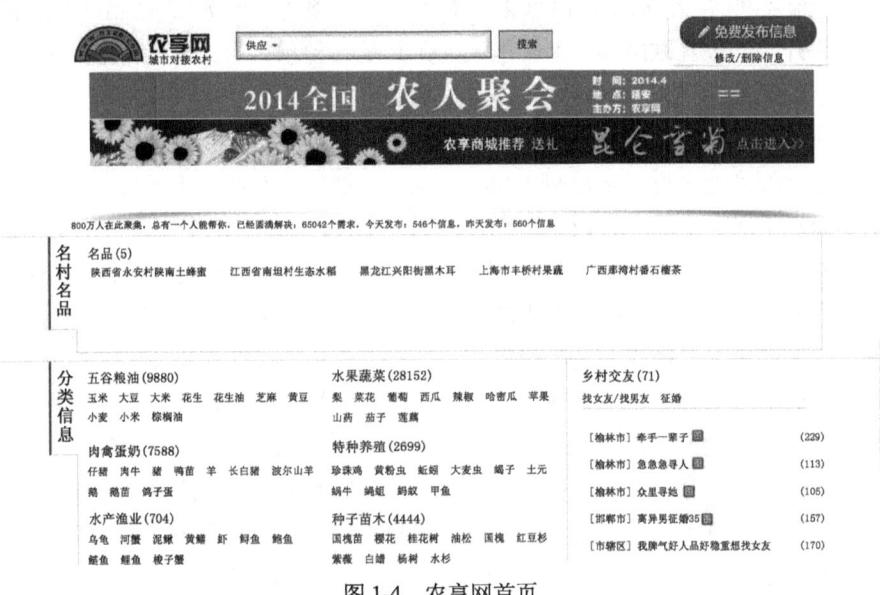

图1-4 农享网首页

图1-5 淘宝网特色中国活动页面

中国电子商务研究中心数据显示，截至2012年，在淘宝和天猫上经营农产品类目的网店数为26.06万家，涉及农产品商品数量1004.12万个。根据测算，淘宝和天猫经营农产品网店数量在2013年就突破了100万家。2012年，阿里平台上农产品交易额达到近200亿元，而就在两年前，这一数字仅为37亿元，市场容量或许会在2014年突破1000亿元。

同时，网店的农产品种类也在急剧扩充。2010年，淘宝网所卖的农产品主要以干果山货、粮油米面、鲜花园艺为主；2011年，增加了花卉蔬果、植物树木等；2012年，又增加了茶叶和生鲜水产。2013年，几乎全类目的农产品都迎来了较高速度的增长。其中，新鲜水果、海鲜水产、南北干货、新鲜蔬菜等重点类目增幅超过了300%。

2013年,淘宝网(含天猫)上新鲜水果的支付宝交易额达到了7.88亿元,同比增长162%。越来越多的人开始通过互联网购买新鲜水果,尤其是各种预售形式成为常态,通过淘宝,消费者可以第一时间品尝到原产地新鲜且自然成熟的水果。

供本地人"自己享用"的特色农产品,因为网店的发展纷纷成了抢手货,产品价格也一路飙升。从某种程度上来说,正是网络经济实现了一批特色农产品价值再发现,这也为各地农业经济发展提供了一个成功模板。以红枣为例,淘宝网2011年全网仅红枣交易额就达34亿元,其中有75%来自红枣原产地新疆。各地网民在淘宝网对于当地特产有迫切的需求,2012年7月,集合新疆干坚果、鲜果等商品的特色,"新疆馆"正式上线淘宝网。由此可见,地方特色农副产品的网销化已经成为主流趋势。

同时,人们对于食品安全的重视让绿色生态食品更加广泛地进入了人们的视野。那些遵循可持续发展原则,按照特定生产方式生产,经专门机构认定和许可使用绿色食品标志,无污染的安全、优质、营养农产品,也将成为农产品网店的主要热销产品。

按淘宝网生鲜类目的成交占比排序来看,南北干货、水产、肉类干货,调味品、果酱、沙拉、鲜活鱼肉蛋、米、面粉占比较重,除此以外,最值得瞩目的就是新鲜蔬菜和水果,占据了整个子类目成交量的65%。2012年夏季时令水果销售中,众多电商卖家尝到了甜头。淘宝网数据显示,整个夏季以黄桃为例,销售额最多的商家一个月就卖出了7.5t,这在平时的实体超市和商城,简直是不可估计的数量。

新鲜水果已然成了都市人最热衷的目标。相关数据显示,截至2012年8月,新鲜水果用户量大都增长了200%以上。以杨梅为例,2012年5月份每天搜索这类商品的日均用户量不超过5000人,进入6月后该商品的日均用户搜索量迅速增至1.5万人以上。这表明越来越多的消费者已经接受在网上购买新鲜果蔬,越是应季的水果,越能受到消费者的青睐。如图1-6所示是淘宝网农产品主要类目交易分布图,其中枣类、干果所占比率依然领先于其他类目,相比而言,水果类产品将越来越受大众喜爱。

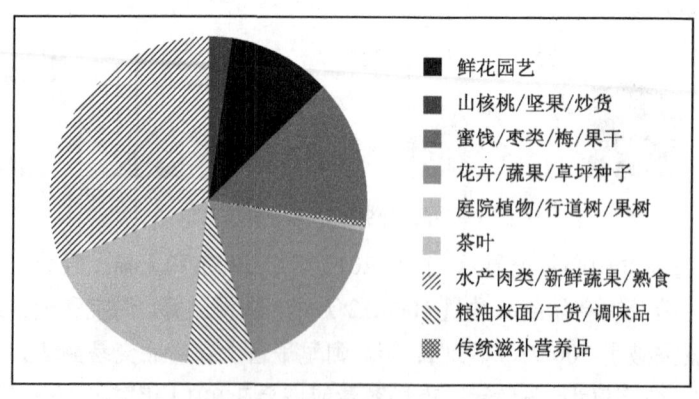

图1-6　淘宝网农产品主要类目交易分布示意图

从以上各种数据统计和分析不难看出,农享网官方淘宝店销售的产品理所应当地要着眼于新鲜绿色生态农产品和具有区域性地方特色的农产品的销售上。

结合企业自身特点和优势，可以有更大的产品基数和选择范围，农享网农产品技术平台的建立，对于农业市场信息采集、分析预测有重要作用，还可以对销售产品进行分类仓储，针对分类产品根据季节销售特点展开网上销售。农产品企业开展网上销售，在网上展列所经营的产品，必然要运用网上商店模式。部分大型农产品企业对上下游供应商和经销商等中小型企业有较大的吸引力，彼此构成了庞大的供应链和价值链体系。具体到大宗农产品电子交易中，第三方交易市场模式比较符合农产品及其贸易的特点，以及农产品流通领域主要采用的业务模式的形成等企业经营特点，都对农享网网店的农产品选择提供了必要条件。

任务三　进货渠道分析

开网店特别是农产品网店，货源的选择一直是一个让人担忧的问题，并不是因为找不到货源，而是须用最经济的方法进到最好的货品。而货品的质量和价格又直接关系到网店的生存和发展。作为一个农产品的网上店铺，农享网想要取得发展，想要有长足的进步，首先需要找到一个有竞争力和有保障的货源。进货一般分为两个渠道：线上进货和线下进货。线上进货包括普通淘宝店家进货和专业批发网站进货；线下可以从专业批发市场进货。

1. 通过淘宝寻找货源

淘宝分布着众多的大型批发商，无论是淘宝卖家还是线下实体店都可以通过淘宝寻找优良货源，而且比通过阿里巴巴的批发平台上寻找的效果更好，因为在淘宝可以更清晰地看到买家对于产品和价格以及卖家信誉的评价，比阿里巴巴批发平台的反馈要更加系统。所以通过淘宝寻找货源有得天独厚的优势。下面就介绍一下如何通过淘宝平台寻找货源。

在淘宝上寻找货源最便利的方法就是通过淘宝分销平台申请成为分销商，这样无需任何费用就可以代销供应商的产品，还可以赚取商品售价与定价之间的差价，从某种程度上讲，这是一条零成本、零风险的进货渠道。如图1-7所示为淘宝网农产品分销平台。

图1-7　淘宝网农产品分销平台

通过淘宝分销平台进货的具体步骤如下：

1）从阿里旺旺上点击"淘"，在出现的列表中再点击"分销平台"，就可以进入分销的页面了。在里面搜索想找的产品，如农产品。在搜索结果上面有个"排序方式"，选择按照"销量"进行排序，这里须注意多找几家不一样的，最好能根据同样种类的货品进行价格对比，淘汰那些价格虚高的货源，销量高的自然是比较有优势的商品了，点击"相关的供货商"，进入"查看"。进入所选择的供应商的产品列表页面，一切货源优质与否就在库存里面了。

2）进行地址的核对。进行商品发货地查询，在正常情况下真正的供货商的仓库是在一起的，即发货地址相同。如果存在多个发货地址，要么是其中有别人的产品，要么全都是别人的产品。

3）通过阿里旺旺进行货品信息咨询，具体询问发货时间、发货地址、退货地址、发货快递，如果回复出现商品默认发货快递、发货地址、发货时间不一致的，那么肯定是整合者。再次就是询问库存是否准确，是不是分销平台直接下单就能发货，如果对方要求卖前先确认是否有货，那么就是临时调货了。

通过以上三步基本就能判断一个供应商是否是优质的。做淘宝分销一定要找到优质的供应商和货源，否则，卖出的商品却没有货，或者发货不及时，对于一个新开网店来说，影响还是很大的。所以，找供应商之前，可以先根据以上三个步骤进行前期调研。

2．在采购网站上寻找货源

阿里巴巴也是全球最大的网上贸易市场，拥有近千万的用户，其中大多是生产厂家或批发商，既有来自世界各地的采购商，也有全国各地的厂家和贸易商。通过阿里巴巴这样的专业采购网站寻找货源，可以省去很多不必要的中间环节，从而大大降低进货成本。淘宝卖家也可以用阿里旺旺通过阿里巴巴中的货源渠道进行联系。当然还有其他一些比较好的批发网站，如中国物流与采购网、政府采购信息网、慧聪网等，它们都具有各自的特点，但是在规模和影响力方面还是与阿里巴巴相去甚远。如图1-8所示为阿里巴巴农产品分类信息网页。

图1-8 阿里巴巴农产品分类信息网页

无论是从"量小、次多"这个特点上讲,还是从效率和速度上来讲,通过网上进货已经成为越来越多网店店主的首要选择,虽然选择网上进货存在一定的风险,但是与传统进货渠道相比,还是占有非常明显的优势。

1)价格优势。网上的报价要比实体店低很多,并不是因为产品本身的品质不同,而是因为在实体店销售的产品有租金、税收、人力等诸多因素的制约,成本和价格当然会高一些。

2)时空优势。要获得相等的信息量,通过批发市场获得与通过网络获得所花费的时间有百倍之别。例如,要在批发市场比较20家产品的价格,可能需要花上大半天的时间,而在网上比较200家的产品价格可能只需要20min左右。所以,网络的信息优势完全可以转化为现实的时空优势。

在这里,卖家从网上进货需要注意的是,"货比三家"是永远不变的真理,不只比价格,还要比质量和诚信。一定要注意卖家的信用,阿里巴巴诚信通指数只是一个方面,也可以参考别的买家对其商品的评价。一定要使用支付宝之类的第三方电子交易平台进行交易,这样可以有效地防止网络诈骗。如果是大宗货物交易,一定要立下书面合同,维护自身的合法权益。学习是成本最低的防骗方法。不仅要像同行学习,同时要多逛逛阿里巴巴论坛,那里有防骗的专题,同行们的经验很多时候都可以为我所用。

3. 通过传统进货渠道寻找货源

所谓传统进货,就是除网上进货以外的进货渠道,包括从所在城市的批发市场进货和直接从农家进货。对农享网而言,选择上海周边的批发市场就可以了。这种进货渠道的优缺点和线上进货渠道恰恰相反。

批发市场进货。每个城市都有大大小小的批发市场,习惯面对面交易的人可以选择到就近的批发市场进货。如果要进行比较大宗的交易,可以选择全国比较著名的大型蔬菜批发市场,如寿光农产品物流园(见图1-9)、长沙马王堆蔬菜批发市场、成都龙泉聚和(国际)果蔬交易中心、郑州刘庄蔬菜批发市场、兰州大青山蔬菜瓜果批发市场、青岛南村蔬菜批发市场、厦门市同安闽南果蔬批发市场、广州江南果菜批发市场、石家庄桥西蔬菜中心批发市场、温州娄桥蔬菜批发交易市场等。

图1-9 寿光农产品物流园

直接从农家进货，需要了解农产品生产周期、产品运输等细节问题。而对于农享网而言，则不需要采用这种错综复杂的进货方式，因为其在网站长期的运作过程中已经积累了足够的产品进货方式和渠道经验。

综合对比批发市场进货和直接从农家进货这两种进货渠道，农享网官方淘宝店的进货渠道可以采用农享网自身平台的优势进行采购，因为农享网是中国最大的农产品分类信息网，是专门针对农村网民和农产品生意人的供求信息发布平台。农享网官方淘宝店正好可以将这些信息有机整合起来加以利用。同时，农享网也会先派人去农村考察，针对产品进行综合考核之后，会和农户谈及合作意向，若一切顺利，则将产品上架淘宝，发展到一定程度，合作模式可以是直接进货，对于谈好的产品可以直接让农户通过物流公司运到上海总部，之后再进行统一包装、销售、发货。

总之，不管是通过何种渠道寻找货源，低廉价格是关键因素，找到了物美价廉的货源，网上商店就有了成功的基石。

任务四　制定产品价格

农享网官方淘宝店通过各种渠道找到产品之后，下一步就面临如何制定商品价格的问题。总体来讲，网上开店的商品定价主要遵循以下几条原则：

1) 商品销售价格首先要保证店家自己的基本利润点，不要轻易降价，也不要定价太高，定好的价格就不要轻易更改。

2) 包括运费后的价格应该低于市面上商品的价格。

3) 线下买不到的商品的价格可以适当高一些，低了反而会影响顾客对商品的印象。

4) 店内经营的商品可以拉开档次，有高价位的，也有低价位的，有时为了促销需要甚至可以将一两款商品按成本价出售，主要是为了吸引眼球、增加人气。

5) 如果不确定某件商品的网上定价情况，可以利用比较购物网站，在上面输入自己要经营的商品名称，在查询结果中就可以知道同类商品在网上的报价，然后确定出自己的报价。如果自己愿意接受的价格远远低于市场售价，直接用一口价就可以了。

6) 如果实在不确定市场定价或者想要吸引更多买家，可以采用竞价的方式。

7) 定价一定要清楚明白，定价是不是包括运费一定要交代清楚，否则可能引起麻烦，影响到自己的声誉，模糊的定价甚至会使有消费意向的客户放弃购买。

农享网官方淘宝店在商品定价上沿用了传统实体店的定价标准，遵循了成本与价格相匹配的原则。商品围绕它的成本，加上费用和预期利润等项，构成商品的价格。应该是商品定价的总原则。同时，农享网官方淘宝店还应考虑以下具体因素：

1) 生产成本。生产成本是指企业生产过程中所支出的全部生产费用。当企业具有适当的规模时，产品的成本最低。但不同的商品在不同的条件下，各有自己理想的批量限度，若超过了这个规模和限度，成本反而会增加。

2) 机会成本。机会成本是指卖家在商品成交后所获得的收入用于其他投资可能会获得的额外收益。机会成本越大，卖家的收益就越高。

3）销售成本。销售成本是指商品流通领域中的广告费用和推销费用。在市场经济体制下，广告、推销等都是商品实现其价值的重要手段，用于广告、推销的费用在商品成本中所占的比重也日益增加。因此，在确定商品的营销价格时必须考虑销售成本这一因素。

4）储运成本。储运成本是指商品从生产者手中到卖家手中所必需的运输和储存费用。商品畅销时，储运成本较少；商品滞销时，储运成本增加。不管发货的物流费用由谁负担，最终都包含在商品的综合总价中。

在遵循以上基本商品定价原则的条件下，农享网官方淘宝店结合企业官网等诸多因素，最终在企业产品定价上，采用了如产品组合定价、阶段性定价、薄利多销和折扣定价等策略，本着大力推广产品销售平台的宗旨，不断调整策略，使得农享网通过其官方淘宝店获取最大的商业利益。

1. 产品组合定价

产品组合定价是指把店铺里一组相互关联的产品组合起来一起定价，而组合中的产品都属于同一个商品大类别。例如，南北干货就是一个大类别，每一大类别都有许多品类群，如南北干货可能有香菇、银耳和花椒等几个品类群，可以把这些商品品类群组合在一起定价。这些品类群商品的成本差异以及顾客对这些产品的不同评价再加上竞争者的产品价格等一系列因素，决定这些产品的组合定价。如图1-10所示为农享网官方淘宝店蜂蜜专区。

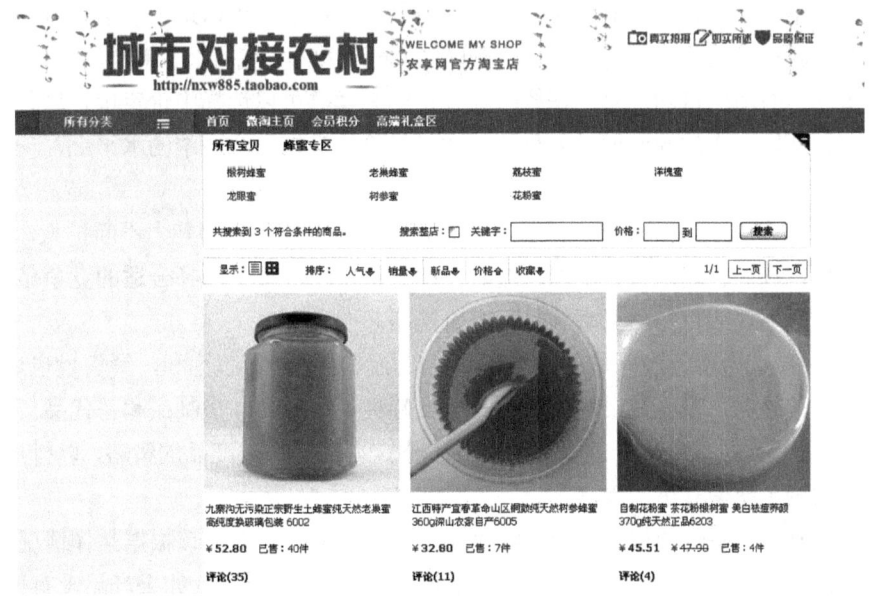

图1-10　农享网官方淘宝店蜂蜜专区

产品组合定价可以细化分为以下几个方面：

1）不同等级的同种产品构成的产品组合定价策略。这类产品的组合可以以这些不同等级的产品之间的成本差异为依据，顾客对这些产品不同外观的评价以及竞争者的产品价格，决定各个相关产品之间的价格。例如，蜂蜜专区的九寨沟无污染正宗野生土蜂蜜、江西特产宜春革命山区铜鼓纯天然树参蜂蜜、自制花粉蜜茶花粉椴树蜜就可以组合起来制定价格。

2）连带产品定价策略。这类产品定价要有意识地降低连带产品中购买次数少、顾客对降价比较敏感的产品价格。提高连带产品中消耗较大、需要多次重复购买、顾客对其价格不太敏感的产品价格。

3）系列产品定价策略。系列产品定价是对于既可以单个购买，又能配套购买的系列产品，可实行成套购买价格优惠的做法。由于成套销售可以节省流通费用，而减价优惠又可以扩大销售，这样流通速度和资金周转大大加快，有利于提高店铺的经济效益。很多成功卖家都是采取这种定价方法，即把同种产品，根据质量和外观上的差别，分成不同的等级，分别定价。这种定价方法一般都是选择其中一种产品作为标准品，其他分为低、中、高三档，再分别定价。对于低档产品，可以把它的价格逼近产品成本；对于高档产品，可使其价格较大幅度地超过产品成本。但要注意一定要和顾客说清楚这些级别的产品质量是不同的。

2．阶段性定价

阶段性定价就是要根据商品所处市场周期的不同阶段来定价，可以分为以下几种情况：

1）新上市产品定价。产品刚刚投入市场，许多消费者还不熟悉这种产品，因此销量低，也没有竞争者。为了打开新产品的销路，在定价方面，可以根据不同的情况采用高价定价方法、渗透定价方法和中介定价方法。对于一些市场生命周期短的产品，一般可以采用高价定价，如绿色生态新鲜果蔬等。

对于一些市场潜力较大、能够从多销中获得利润的产品，可以采用渗透定价方法。这种方法是有意把新产品的价格定得很低，必要时甚至可以亏本出售，以多销产品达到渗透市场、迅速扩大市场占有率的目的。对一些经营较稳定的大卖家可以选择中价定价。这种办法是以价格稳定和预期销售额的稳定增长为目标，力求将价格定在一个适中的水平上，一般不适合中小卖家。

2）产品成长期定价。产品进入成长期后，店铺生产能力和销售能力不断扩大，表现在销售量迅速增长，利润也随之大大增加。这时候的定价策略应该是选择合适的竞争条件，能保证店铺实现目标利润或目标回报率的目标定价策略。

3）产品成熟期定价。产品进入成熟期后，市场需求已经日趋饱和，销售量也达到顶点，并有开始下降的趋势，表现在市场上就是竞争日趋尖锐、激烈，仿制品和替代品日益增多，利润达到顶点。在这个阶段，一般采用将产品价格定得低于同类产品的策略，以排斥竞争者，维持销售额的稳定或使其进一步增大。

这时，正确掌握降价的依据和降价幅度是非常重要的。一般应该根据具体情况来慎重考虑。如果产品有明显的特色，有一批忠诚的顾客，就可以维持原价；如果产品没有什么特色，就要用降价方法保持竞争力。如图1-11所示为农享网官方淘宝店最新上架商品。

4）产品衰退期定价。在产品衰退期，产品的市场需求和销售量开始大幅度下降，市场已发现了新的替代品，利润也日益缩减。这个时期常采用的定价方法有维持价格和驱逐价格方法。如果卖家希望处于衰退期的产品继续在顾客心中留下好的印象，或是希望能继续获得利润，就要选择维持价格策略。维持定价策略能否成功，关键要看新的替代品的供给状况。如果替代品供应充足，顾客肯定会转向替代品，这样一定会加速老产品退出市场的速度，这时即使卖家想维持，市场也不会买账。对于一些非必需的奢侈品，它们虽然已经处于衰退期，但其需求弹性大，这时可以把价格降低到无利可图的水平，将其他竞争者驱逐出市场，尽量扩大商品的市场占有率，以保证销量、回收投资。

图 1-11　农享网官方淘宝店最新上架商品

3．薄利多销和折扣定价

网上顾客一般都在各个购物网站查验过同种产品的价格，所以价格是否便宜是顾客下单的重要考虑因素。如何制定出既有利可图又有竞争力的价格，这就需要农享网官方淘宝店选择薄利多销和折扣定价策略。

1）薄利多销定价。对于一些社会需求量大、资源有保证的商品，适合采用薄利多销的定价方法。这时要有意识地压低单位利润水平，以相对低廉的价格，增大和提高市场占有率，争取长时间内实现利润目标。

2）数量折扣定价。数量折扣是对购买商品数量达到一定数额的顾客给予折扣，购买的数量越大，折扣也就越多。采用数量折扣定价可以降低产品的单位成本，加速资金周转。数量折扣有累积数量折扣和一次性数量折扣两种形式。累积数量折扣是指在一定时期内购买的累计总额达到一定数量时，按总量给予的一定折扣，如会员价格；一次性折扣是指按一次购买数量的多少而给予的折扣。如图 1-12 所示为农享网官方淘宝店特价专区。

3）心理性折扣定价。当某类产品的相关信息不为顾客所了解，商品市场接受程度较低，或者商品库存增加、销路又不太好的时候，采用心理性折扣，一般都会收到较好的效果。因为消费者都有喜欢折扣价、优惠价和处理价的心理，只要采取降价促销手段，这些商品就有可能从众多的商品中脱颖而出，吸引住消费者的眼球，大大提高成交的机会。当然这种心理性折扣必须要制定合理的折扣率，才能达到销售的目的。

图1-12 农享网官方淘宝店特价专区

模块二 开店前的相关知识准备

1. 电子商务

电子商务通常是指在全球各地广泛的商业贸易活动中，在互联网开放的网络环境下，基于浏览器/服务器应用方式，买卖双方不用谋面地进行各种商贸活动，实现消费者的网上购物、商户之间的网上交易和在线电子支付以及各种商务活动、交易活动、金融活动和相关的综合服务活动的一种新型的商业运营模式。电子商务是利用计算机技术和网络通信技术进行的商务活动。

（1）电子商务的特征

从电子商务的含义及发展历程可以看出电子商务具有如下基本特征：

1）普遍性。电子商务作为一种新型的交易方式，将生产企业、流通企业以及消费者和政府带入了一个网络经济、数字化生存的新天地。

2）方便性。在电子商务环境中，人们不再受地域的限制，客户能以非常简捷的方式完成过去较为繁杂的商业活动，如通过网上银行能够全天候地存取账户资金、查询信息等，同时使企业对客户的服务质量得以大大提高。在电子商务商业活动中，企业之间易进行高效的沟通并形成良好的合作关系。

3）整体性。电子商务能够规范事务处理的工作流程，将人工操作和电子信息处理集成为一个不可分割的整体，这样不仅能提高人力和物力的利用率，也可以提高系统运行的严密性。

4）安全性。在电子商务中，安全性是一个至关重要的问题，它要求网络能提供一种端到端的安全解决方案，如加密机制、签名机制、安全管理、存取控制、防火墙、防病毒保护等，这与传统的商务活动有着很大的不同。

5）协调性。商业活动本身是一个协调过程，它需要客户与企业内部、生产商、批发商、零售商之间的协调。在电子商务环境中，更要求银行、配送中心、通信部门、技术服务等多个部门的通力协作，电子商务的全过程往往是一气呵成的。

6）集成性。电子商务以计算机网络为主线，对商务活动的各种功能进行了高度的集成，同时也对参加商务活动的商务主体各方进行了高度的集成。高度的集成性使电子商务进一步提高了效率。

（2）电子商务的分类

电子商务分为 B2B、B2C、C2C、ABC、B2M、B2G、M2C、O2O、C2B、B2B2C 十种模式。

1）B2B 模式。B2B 即 Business to Business。B2B 模式是商家（泛指企业）对商家的电子商务，即企业与企业之间通过互联网进行产品、服务及信息的交换，通俗的说法是进行电子商务交易的供需双方都是商家（或企业、公司），她（他）们使用 Internet 技术或各种商务网络平台，完成商务交易的过程。这些过程包括发布供求信息，订货及确认订货，支付过程，票据的签发、传送和接收，确定配送方案并监控配送过程等。Business to Business 有时写作 B to B，但为了简便干脆用其谐音 B2B（"2" 即 "to"）。

2）B2C 模式。B2C 即 Business to Customer。B2C 模式是中国最早出现的电子商务模式，它的产生以原 8848 网上商城正式运营为标志，如今的 B2C 电子商务网站非常多，比较大型的有京东商城等。

3）C2C 模式。C2C 即 Consumer to Consumer。C2C 和 B2B、B2C 一样，都是电子商务的模式之一。不同的是，C2C 是用户对用户的模式，C2C 商务平台就是通过为买卖双方提供一个在线交易平台，使卖方可以主动提供商品上网拍卖，而买方可以自行选择商品进行竞价。

4）ABC 模式。ABC 即 Agent to Business to Consumer。ABC 模式是新型电子商务模式的一种，被誉为继 B2B、B2C、C2C 模式之后电子商务界的新模式，是由代理商（Agent）、商家（Business）和消费者（Consumer）共同搭建的集生产、经营、消费为一体的电子商务平台。

5）B2M 模式。B2M 即 Business to Manager。B2M 是相对于 B2B、B2C、C2C 而言的一种全新的电子商务模式，它与 B2B、B2C、C2C 的根本区别在于目标客户群的性质不同，B2B、B2C、C2C 的目标客户群都是作为一种消费者的身份出现，而 B2M 所针对的客户群是企业员工或产品销售者，而不是最终消费者。

6）B2G 模式。B2G 即 Business to Government。B2G 模式是企业与政府管理部门之间的电子商务，如海关报税的平台、国税局和地税局报税的平台等。

7）M2C 模式。M2C 即 Manager to Consumer。M2C 是针对于 B2M 的电子商务模式而出现的延伸概念。在 B2M 环节中，企业通过网络平台发布该企业的产品或者服务信息，职业经理人通过网络获取该企业的产品或者服务信息，并且为该企业提供产品、销售或者提供企业服务，企业通过经理人的服务达到销售产品或者获得服务的目的。

8）O2O 模式。O2O 即 Online to Offline。O2O 是一种电子商务新商业模式，即将线下商务的机会与互联网结合在一起，让互联网成为线下交易的前台。这样线下服务就可以在线上招揽顾客，消费者可以在线上筛选服务，还可以在线结算，很快达到规模。该模式最重要的特点是推广效果可查，每笔交易可跟踪。

9）C2B 模式。C2B 即 Customer to Business。C2B 是电子商务模式中的一种，其核心是通过聚合分散分布但数量庞大的用户形成一个强大的采购集团，以此来改变 B2C 模式中用户一对一出价的弱势地位，使消费者享受到以大批发商的价格买单件商品的利益。

10）B2B2C 模式。B2B2C 即 Business to Business to Customer。B2B2C 是一种新的网络通信销售方式。第一个"B"是指广义的卖方（即成品、半成品、材料提供商等），第二个"B"是指交易平台，即提供卖方与买方的联系平台，同时提供优质的附加服务，"C"是指买方。卖方不仅仅是企业，还可以是个人，即一种逻辑上的买卖关系中的卖方。

2．网上开店前的初步定位方法

根据现代营销理论，市场定位涉及三个层次的定位：产品定位、品牌定位和企业定位。但是，对一位刚刚涉足网上交易的卖家来说，开始产品定位和品牌定位为时尚早，急需解决的是网店定位问题。对网店进行市场定位的过程就是寻找网店差别化的过程，即如何寻找差别、识别差别和显示差别的过程。

（1）进行网店市场定位的步骤

1）清楚网店的优势。例如，有些人有通畅而价格低廉的货源，能够以比竞争者低廉的价格销售相同质量的产品，或以相同的价格水平销售更高质量的产品，这就是优势；再如，有些人善于沟通，人缘好，能够很快得到顾客的信任，以较短的时间达成尽可能多的交易，这也是优势；还有些人资金充沛，在与供货商交易时，能够有更强的议价能力，这又是一种优势。

2）了解商品优势，作为推广重点。通过调查和研究所要出售商品的各种因素，确定商品的优势所在。一个商品通常是多个因素的综合反映，包括性能、构造、成分、包装、形状、质量、品牌、售后服务等，通过综合分析，了解自己经营商品的优势所在，然后将其作为自己推广商品的重点。

3）结合优势，选择最合适的网店定位。通过对自己、竞争对手、商品的分析，结合各方面的优势，选择一个最适合自己的定位。例如，卖家的进货价格有优势，就可以把自己的店铺定位为低价商品提供商。

4）分析网店竞争对手，看清自己。可以通过浏览竞争对手的店铺、查看网上竞争者的历史交易记录来分析竞争者，确定他们的商品组成、价格、销售额等，把自己的网店与竞争对手进行综合比较分析，从而得出自己的优势所在。

5）一切就绪后，确定网店定位结果。综合分析各方面调查的结果，为自己的店铺确定一个最终的市场定位。例如，卖家有物美价廉的进货渠道，经营商品的知名度较高，消费者对该商品的购买意向明确，而竞争者普遍交易量有限，在这种情况下，卖家便可以把自己的网店定位为名牌折扣店。

（2）市场定位的方式

网店市场定位实际上是一种竞争策略，它显示了一种商品或一个网店与同类商品或同类网店之间的竞争关系。对网店的定位方式不同，它的竞争态势也不同。主要的网店市场定位方式有以下几种：

1）与对手"对着干"。这是一种与市场上最强的竞争对手"对着干"的定位方式也称为"迎头定位"。这种方式有时是一种危险战术，很容易导致失败，但不少卖家认为，这是一种更能激励自己奋发上进的定位，虽然有风险，但一旦成功就会取得巨大的市场优势，产生高额利润和高知名度。新手卖家如果要实行迎头定位，必须知己知彼，尤其要清醒地估计自己的实力。由于选择的对手实力很强，在"对着干"时不一定非要压垮对手，能够与其平分秋色就是很大的成功。

2）安全稳妥地避开对手。这是一种避开强有力的竞争对手的市场定位。其优点是能够迅速在市场上站稳脚跟，并能在目标顾客群心目中迅速树立起自己网店的形象。由于这种定位方式的市场风险比较小，成功率较高，因此常常为大多数新手卖家所采用。

3）卖不掉的商品可以二次定位。这种定位方式通常是指对销路少、市场反应差的商品进行二次定位。这种定位旨在摆脱困境，重新获得增长与活力。困境的产生可能是由决策失误引起的，也可能是竞争对手反击或出现新的竞争对手造成的，还有可能是由商品意外地扩大了销售范围而引起的。例如，目标市场为青年人的某款服装却在中老年顾客中流行开来，这时就需要重新定位。

 模块三　开店前的项目实训准备

1. 实训流程

开店前的准备实训流程如图 1-13 所示。

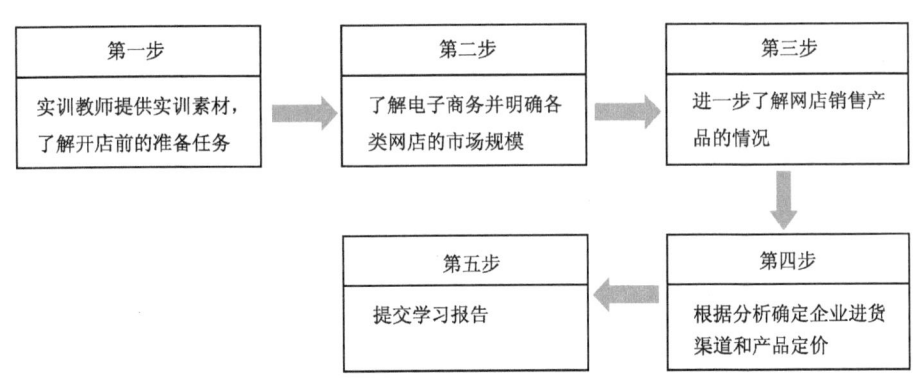

图 1-13　开店前的准备实训流程

2. 实训概述

本实训为开店前的准备实训，学生通过教师提供的网站素材，认真学习，并结合本书对当下不同网店平台产品进行分析，查看其特点及差异。

3. 实训素材

学生计算机若干。

网店运营

4. 实训内容

步骤 1：分析不同网店平台

学生根据教师要求，通过互联网平台了解电子商务模式，并熟悉我国现有网店形式，根据研究结果，填写如表 1-2 所示的实训报告参考表。

表1-2　开店前的准备项目实训报告参考表

网站	开店流程	网站特点	支付方式	经营范围
taobao.com				
paipai.com				
eachnet.com				

结合分析对淘宝、拍拍、易趣等 C2C 网店平台，总结其差异性，通过小组讨论，进一步认识各个平台的特点。

步骤 2：提交报告

根据实训内容完成实训报告并提交给教师。

项目二　网店注册与设置

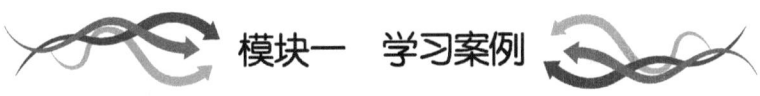

任务一　注册及认证支付宝

1. 注册会员账号

农享网确定销售产品类别及平台之后，对于淘宝平台的注册就成为开店的首要任务。首先，需要在淘宝平台上注册会员。下面介绍一下会员名的构成和登录密码的设置。

会员名一般由 5~20 个字符组成，包括小写字母、数字、下画线、中文。为了便于记忆，通常建议使用中文会员名注册。登录密码由 6~16 个字符组成，其根据密码设置的简易程度分为弱、中、强三个级别。登录密码的设置最好使用"英文字母+数字+符号"的组合，不宜使用自己的生日、手机号码、姓名等，以防账户被盗。

会员注册页面如图 2-1 所示。

图 2-1　会员注册页面

在填写完会员名和登录密码之后，接下来需要填写国家/地区和激活验证会员账号。会员账号的激活验证有两种形式，一种是通过手机号码的输入来验证，另一种是通过邮箱来验证。手机号码的验证需要输入手机号码，之后淘宝网会发送一条短信至注册用户的手机，将收到的短信验证码输入进去就可以完成验证。而邮箱验证则须输入邮箱地址，淘宝网向注册用户的邮箱发送一封确认信，通过单击确认信的方式完成会员账号的激活验证。之所以需要验证，是因为淘宝网希望通过以上两种方式来鉴别会员身份，同时也为了方便以后会员申诉找回密码。

验证激活页面如图 2-2、图 2-3 和图 2-4 所示。

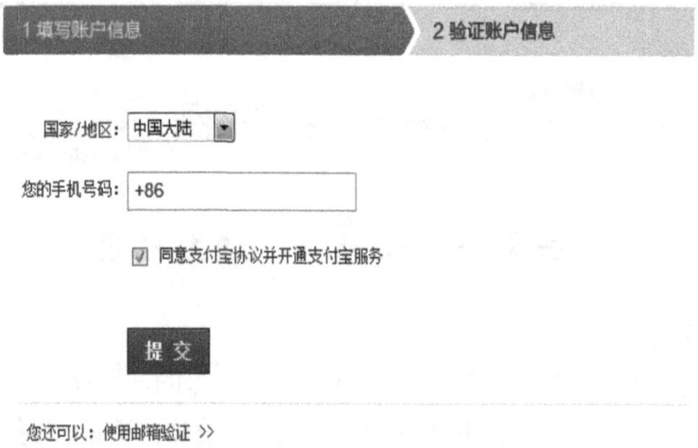

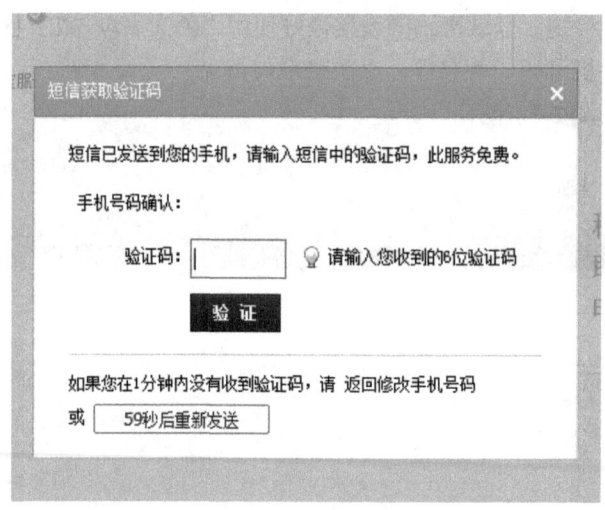

图 2-2　验证激活页面

图 2-3　手机验证激活页面

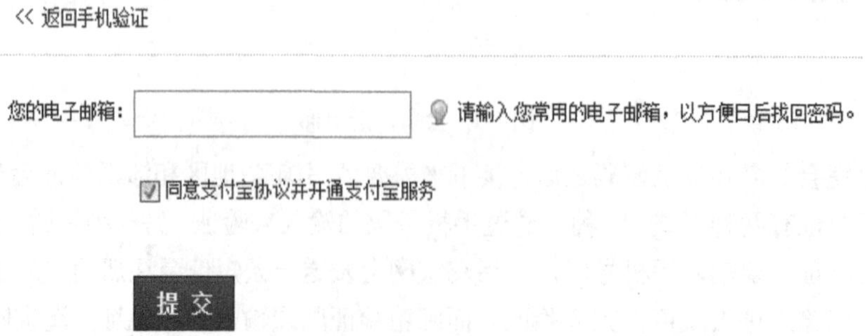

图 2-4　邮箱验证激活页面

2. 支付宝认证

验证激活后，会员账号就注册成功了。接下来，以卖家身份进驻淘宝平台的农享网需要就开店细则进行落实，在淘宝网首页上单击进入"卖家中心"，首先映入眼帘的是"免费开店"及"出售闲置"，由于农享网致力于在淘宝平台上长期销售产品，因此选择的无疑是"免费开店"，而非"出售闲置"，如图2-5所示。

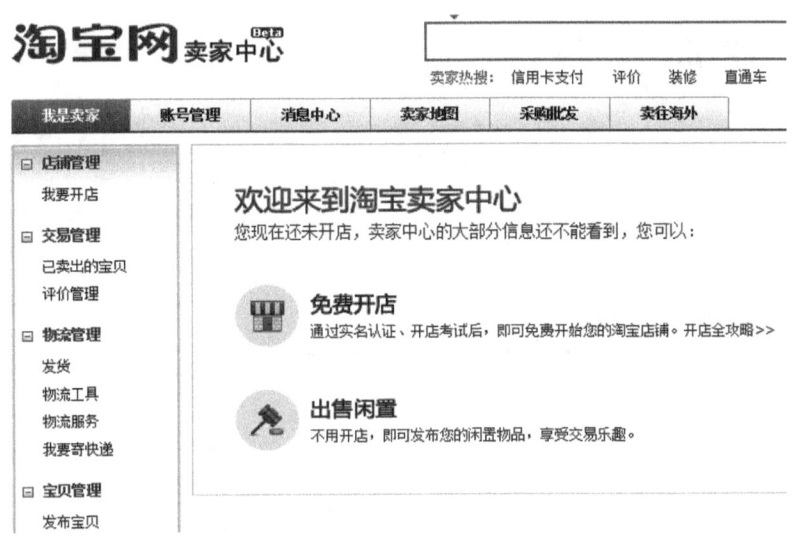

图2-5　开店细则设置页面

在进入"免费开店"之后，就可以看到创建店铺须满足的条件及需要补充的资质，如支付宝实名认证、身份证校验、淘宝开店认证和个人支付宝账号绑定。农享网只完成了个人支付宝账号的绑定，因此还需要对支付宝进行实名认证、身份证校验及淘宝开店认证等进行补充。

（1）支付宝实名认证和身份的验证步骤

1）单击进入支付宝平台，并在"我的支付宝"栏目下的"基本信息"中查看支付宝实名认证情况，如图2-6所示。

图2-6　单击进入支付宝

2）设置身份信息。正确填写并核对身份证件号码及真实姓名，设置支付宝密码，确认无误后提交。

若提示身份信息已被占用，就需要进行申诉，通过客服的核实来完成身份的验证。确认身份和姓名的信息是不能修改的，因此在认证过程中需要认真核实身份证号码和姓名。如图2-7、图2-8所示为设置身份信息页面及身份信息被占用页面。

图2-7　设置身份信息页面

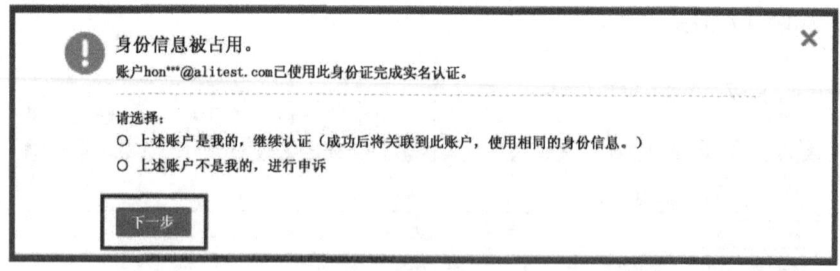

图2-8　身份信息被占用页面

通过身份信息验证后，系统会提示是否上传身份证件图片，不上传证件图片在认证成功后获得的额度是2万/月，收付款总额度为5万/月，而上传证件图片对于收款额度是没有限制的。因此通常情况下都会选择上传身份证件图片。上传的证件图片要求是彩色的，支持JPG、JPEG、BMP格式，而且需要身份证件的正面及背面来完善图片上传。如图2-9所示为上传身份证件的基本信息。

项目二　网店注册与设置

图2-9　身份证件图片的上传

3）设置支付方式校验银行卡。为了提供便捷完善的支付方式和环境，支付宝设置了让用户选择支付方式，这里所说的支付方式是指为了购物付款及后期开店资金流转保证的服务，因此需要用户在设置之前，考虑好自己长期使用的银行卡和网上银行是否开通。农享网根据自身企业对于银行的服务及企业地理位置的需求，确定并注册了中国工商银行的网上银行。如图2-10所示为设置支付方式。

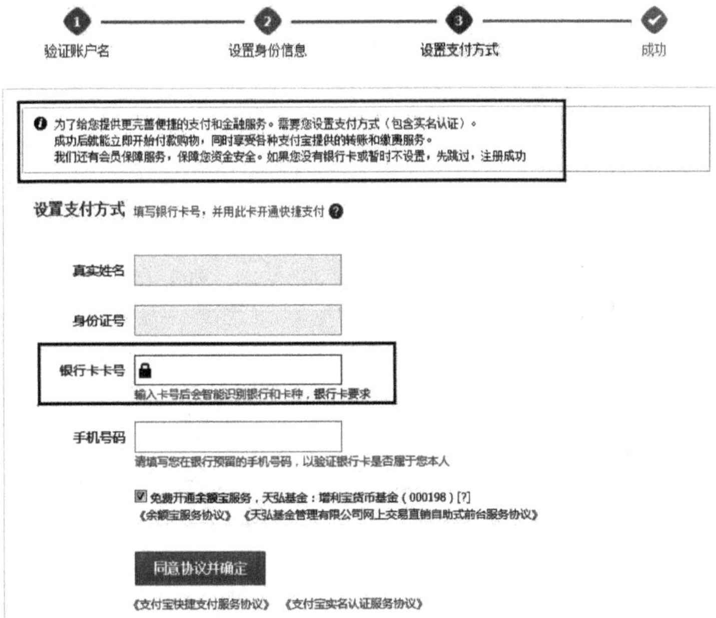

图2-10　设置支付方式

23

填写银行卡相关信息后,支付宝系统会向所填写的手机号码发送一条校验短信,接收并填写校验码完成校验,如图2-11所示为手机校验页面。若银行卡的预留手机号码与填写的手机号码不一致,信息验证未成功,可以使用打款方式校验,单击"下一步"按钮,系统会根据所填写的银行卡信息进行打款验证。若还有其他银行卡,可单击"更换银行卡"进行校验。在收到打款且查询打款金额后,登录支付宝,进入认证页面,输入收到的打款金额,完成金额的确认。如图2-12和图2-13所示分别为打款方式验证银行卡和输入金额。

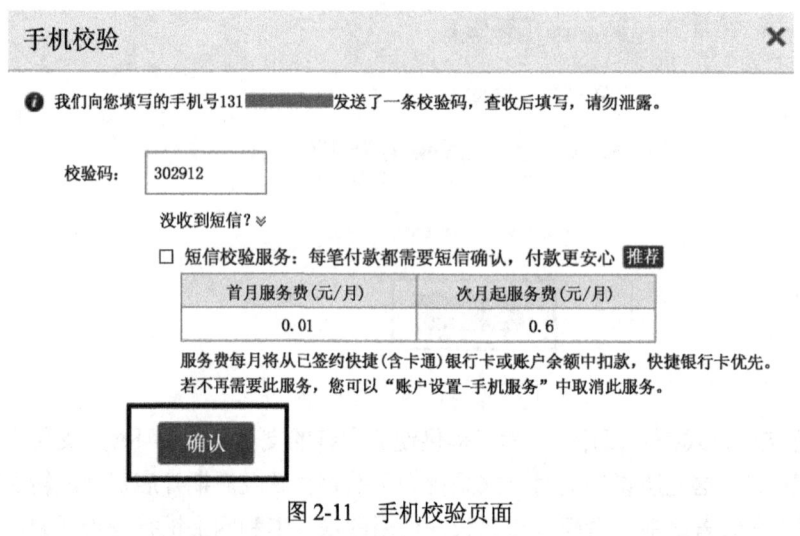

图2-11 手机校验页面

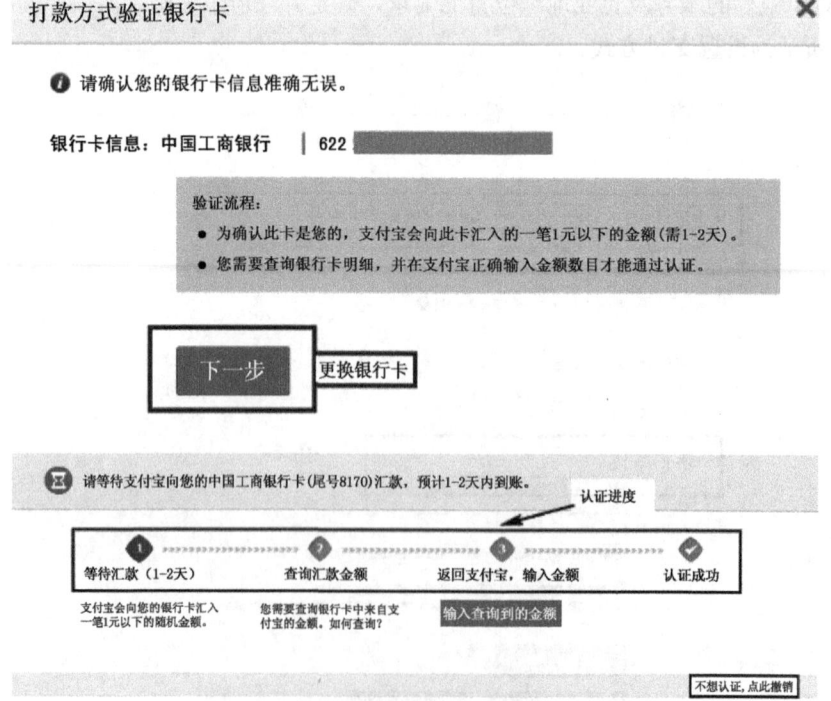

图2-12 打款方式验证银行卡

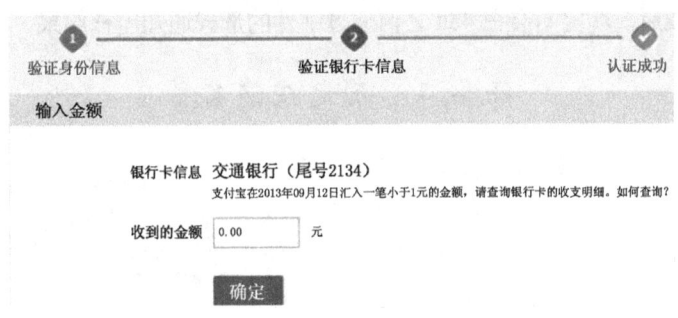

图 2-13　输入金额

4）认证成功。银行卡验证成功，即可通过支付宝实名认证，如图 2-14 所示。

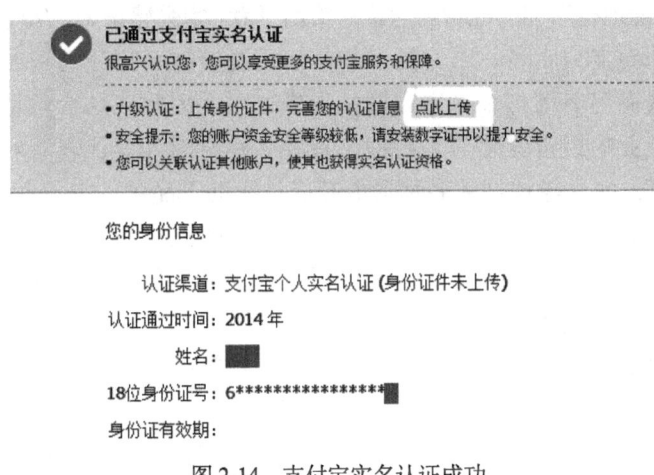

图 2-14　支付宝实名认证成功

（2）淘宝开店认证

淘宝开店认证是淘宝给卖家提供的一项身份识别服务。淘宝开店认证需要卖家上传手持身份证与头部合影照、身份证反面照、本人半身照来完成。需要注意的是，照片需原始照片，不能使用任何软件编辑修改，图片清晰，字体和头像可辨认，身份证件号码完整、清晰。在拍摄过程中照片需用同一场景，着装与背景统一。如图 2-15 所示为淘宝开店认证照片上传页面。

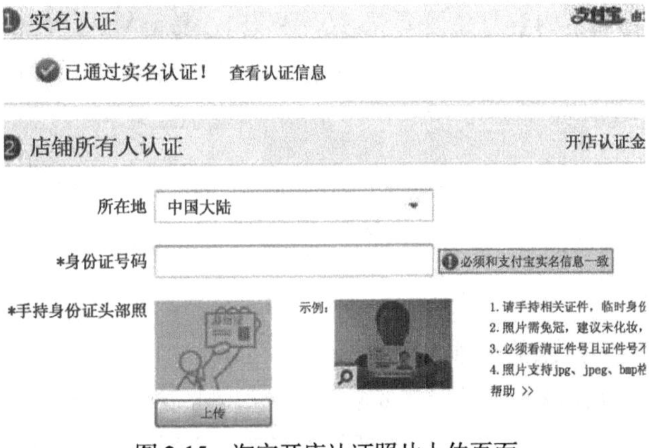

图 2-15　淘宝开店认证照片上传页面

照片上传完成后,淘宝网会在48h之内通过邮件的形式通知审核结果。

任务二 确定店铺名称

农享网作为首个提出城市对接农村电子商务概念的互联网电商企业,其在成立之初就对企业名称深挖其意,力图通过最简单的文字内容向用户传达企业的服务类别和宗旨,在淘宝网店的名称(见图2-16)上亦是如此。

图2-16 农享网官方网站的名称

店铺名称不仅仅是一家店铺的代号,更是外观形象的重要组成部分。从一定程度上来讲,好的店铺名称能迅速地把店铺的经营理念传递给消费者,增强感染力,从而带来更多的财源。

农享网在设计淘宝网店名称时,更多的是想通过店铺名称让消费者知晓企业销售产品的类目,又让其淘宝店铺与企业官方网站形成关联。因此在结合营销与店铺特性的情况下,农享网将企业的经营理念作为店铺的首要名称,因为其代表着农享网的特点,具有广泛的传播价值,而且与官网的名称形成呼应,有助于品牌的推广和营销。

沿用农享网官网关键字作为淘宝网店的名称之后,对于淘宝店铺而言,需要对店铺名称的文字进行设计。只有经过精细的把控,才能更好地体现出其名称的特性。

1. 店铺名称的文字设计

店铺名称与人的取名一样,虽然只是一个符号,但它的字形、意义、笔画数、字体对店铺的生意有一种不可言说的影响,这种影响有时可以决定一个店铺的兴衰。

好的店铺名称朗朗上口,给人留下深刻而美好的第一印象,便于顾客记忆。因此,但凡有远见的开店者,总是想方设法给店铺起一个既响亮又吉祥还能让人记住的名称。

店铺名称的文字设计日益被经营者所重视,一些以标语口号、隶属关系和数字组合而成的艺术化、立体化和广告化的店铺名称不断涌现。在店铺名称文字设计中应注意以下几点:

1)美术字和书写字要注意大众化,中文和外文美术字的变形不要太花、太乱、太做作,书写字不要太潦草,否则不易辨认。

2)文字内容必须与本店所销售的商品相吻合。

3)文字尽可能精简,内容立意既要深,又要顺口,易记易认,使消费者一目了然。

4)店名的字形、大小、色彩和位置上的考虑应有助于店招的正常使用。

农享网淘宝店的字体如图2-17所示。

图2-17 农享网淘宝店的字体

2. 给店铺命名时应注意的事项

1)店铺名称应言简意赅。店铺名字要响亮、上口、易记,这样才便于传播。要做到这一点,不仅要讲究语言的韵味与通畅,还要抓住消费者的心理需求与精神需求,凡是能与顾客心理产生共鸣的名称，特别是一些比较幽默、具有深厚内涵的名称，顾客一般都容易记住，并乐于传播。

2）店铺名称应易于传播。有的开店者认为自己从事的是金属方面的业务，于是便在店铺名称中添一个"鑫"字，而从事木材业务的就加个"懋"字；有的为图吉利，常用繁体字，如把"丰"特意写成"豐"字，小店铺一般面对的是大众消费群体，所以在命名时应尽量通俗易懂，切莫咬文嚼字。繁体字固然新颖，但顾客一般不易辨识，一旦顾客碰上他不认识的繁体字，就无法叫出店铺名称，从而影响了消费者在口碑方面的传播。当然，店铺名称虽然讲究通俗，但不要通俗过甚而成庸俗。

3）店铺名称应与产品特性相辅相成。店铺名称不仅要通俗易懂、朗朗上口，还要能体现商品的消费特征，包括经营商品、经营风格等。例如，"辉煌"与"明亮"都容易让顾客产生关于"灯"的联想，而"豪杰"就不一定了！所以，给店铺命名一定要结合所经营服务的项目和所面对的消费群体，不能过于随意。

农享网淘宝店铺的名称如图 2-18 所示。

图 2-18　农享网淘宝店铺的名称

站在营销的角度去分析，店铺名称在淘宝营销推广中有着十分重要的意义。如淘字号的申请。淘字号是由淘宝网于 2013 年 9 月 16 日推出的专为卖家保护字号的一项服务。其主要原理是，店铺名称由淘字号和自定义组成，卖家通过申请淘字号来保证品牌店铺的唯一性，而且字号一旦申请成功便具有保护性质。买家可以通过字号轻松地查找到店铺，有利于搜索关键词的推广，提升品牌产品的影响力和销售。

在申请字号保护之后，还可以通过开通爱淘来精准化地营销、推广自身店铺的客户关系，使得粉丝经济得到最大化的发展。农享网申请了"城市对接农村"来作为它的淘字号，并在自定义区设置了农享网为店铺的主要名称组成。如图 2-19、图 2-20 所示为农享网店铺淘字号及爱淘主页。

图 2-19　农享网淘字号

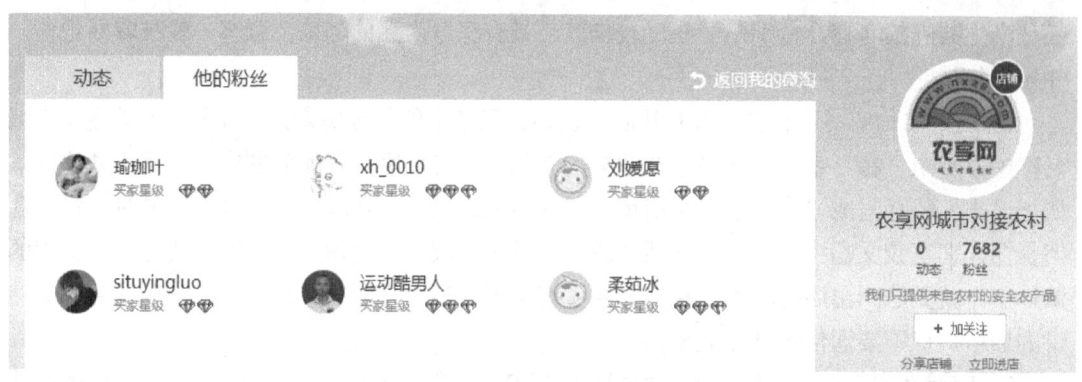

图 2-20　农享网爱淘首页

任务三　店铺信息的完善

店铺基本信息的完善对于卖家而言十分重要。它不仅能够全面地展现店铺的经营类别，而且可以直观地宣传企业店铺的特点。农享网在注册开店成功后，需要对店铺的基本信息进行完善，只有这样才能有效地提升店铺的运营效果。

1. 网页店铺设置

进入网页店铺设置时，需要登录淘宝网，进入"卖家中心"，并在"免费开店"下完成淘宝店铺的基本信息设置，如图 2-21、图 2-22 和图 2-23 所示。

店铺基本信息的完善主要有以下步骤：

1）设置登录名/昵称。登录名/昵称是指进驻淘宝平台后开设的会员账号，也是阿里旺旺卖家账号。

图 2-21　卖家中心

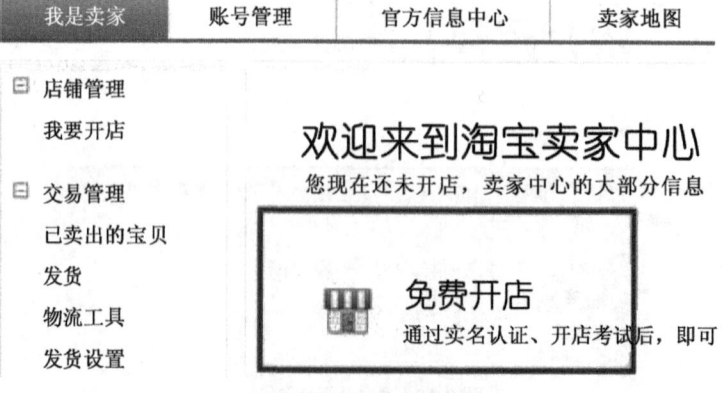

图 2-22　单击进入免费开店

项目二 网店注册与设置

图 2-23 会员账号登录页面

2）设置店铺名称。成功开店之后，须设置店铺名称，农享网启用了与企业官网相同的店铺名称，即"城市对接农村"来突出品牌特点（见图 2-24）。对于淘宝店铺名称自 2013 年 9 月 16 日起申请淘字号的卖家，需要修改店铺名称的话，只能通过淘字号来修改，因此对卖家而言店铺名称的设置十分重要。

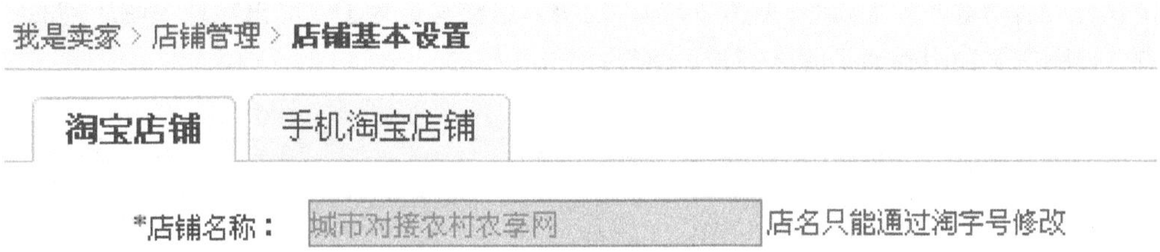

图 2-24 店铺名称设置页面

3）设置店铺标志。店铺标志代表着店铺的形象，因此在店铺标志设计的过程中需要在图片中凸显出企业的经营产品，而且要彰显企业的独特性。在上传图标时应注意，文件格式需为 GIF、JPG、JPEG、PNG，文件大小应小于等于 80KB，建议尺寸为 80×80 像素，如图 2-25 所示。

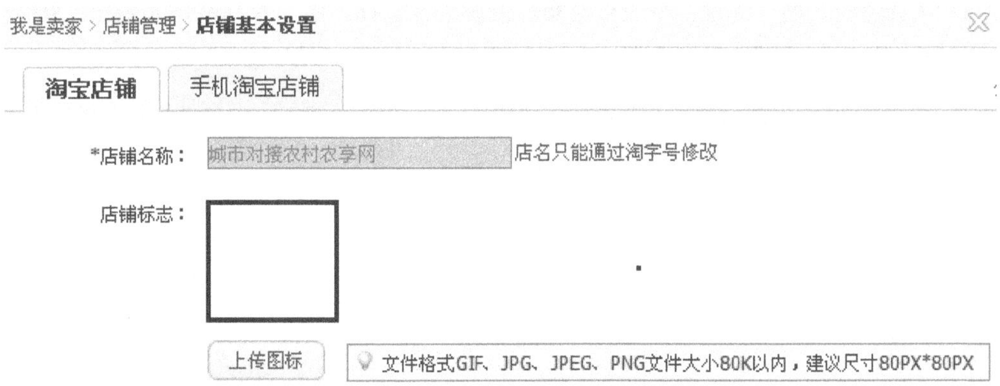

图 2-25 店铺标志设置页面

4）选择店铺类目。设置好店铺标志后，应根据企业销售产品的定位，确定产品的类目，

29

如图 2-26 所示。在设置完后是可以进行修改的。

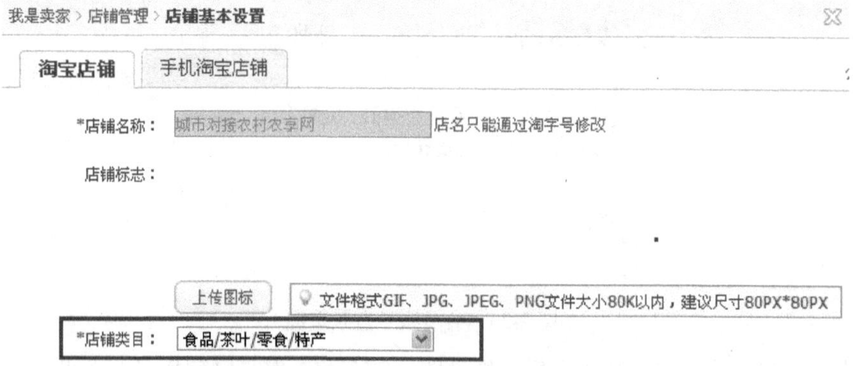

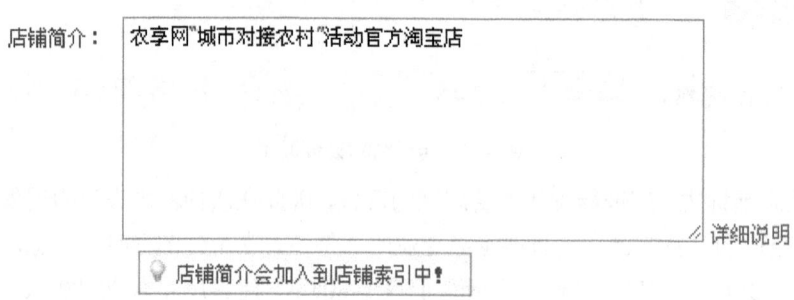

图 2-26　店铺类目的选择

5）填写店铺简介。可以在店铺简介中详细说明店铺的起源、发展及定位等，使顾客更好地了解店铺及企业。而且简介内容直接影响着店铺的搜索引擎搜索，因此淘宝店铺在填写简介时一定要内容高度精练，尽量突显重点。农享网淘宝店铺在这里填写的是"农享网'城市对接农村'活动官方淘宝店"（见图2-27），之所以这样写是为了言简意赅地说明店铺的经营特点，使顾客更加明确地了解店铺相关信息。

图 2-27　店铺简介设置页面

6）选择经营类型。经营类型应根据实际情况进行选择。由于农享网作为企业经营管理，因此选择了"公司开店"，如图 2-28 所示。

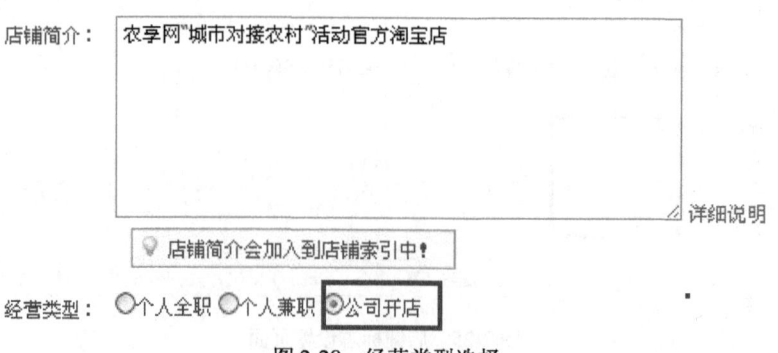

图 2-28　经营类型选择

①个体全职是指没有其他的工作，只经营自己的淘宝店铺。

②个体兼职是指除了经营淘宝，还有其他的工作。

③公司开店是非个体的团队管理模式。

7）设置联系地址。填写所在经营地的地址，如图2-29所示。

8）设置邮政编码。填写所在经营地的邮政编码，如图2-29所示。

图2-29 联系地址及邮编

9）设置店铺介绍。店铺介绍更多地是起到宣传店铺的作用，因此在店铺介绍中企业会利用图片加文字的形式，这样既可以增加消费者的阅读传播性，又增加了消费者对于店铺的信任度。

农享网店铺介绍是这样写的："农享网是中国最知名的农村互联网门户之一，涵盖全国所有村子，是中国农民朋友最喜欢的致富娱乐等上网平台。农享网提出全新农产品电子商务概念"城市对接农村"，选择无污染地区的农村，将农户的安全农产品直接提供给消费者，以解决城市消费者日益严重的食品安全问题，同时提高农民在农产品流通环节中的收入。"如图2-30所示。

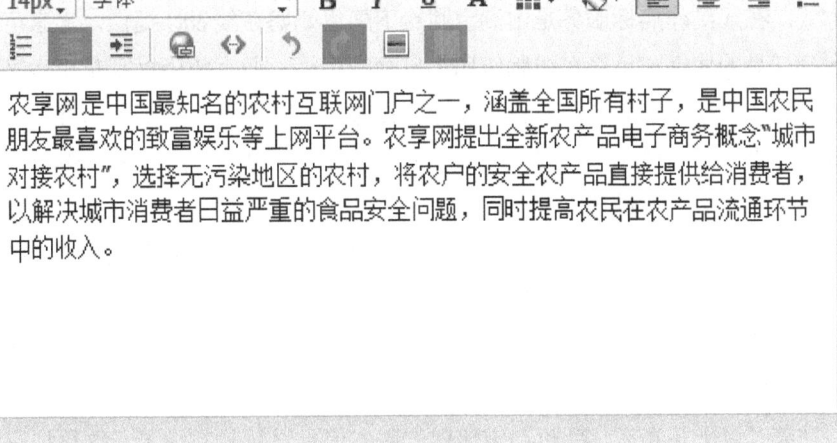

图2-30 店铺介绍设置

10）填写主要货源。主要货源填写的是企业产品的进货渠道，可供选择的有线下批发市场、实体店拿货、阿里巴巴批发、分销/代销、自己生产、代工生产、自由公司渠道及货源还未确定九类方式。农享网在此选择了"自由公司渠道"，如图2-31所示。

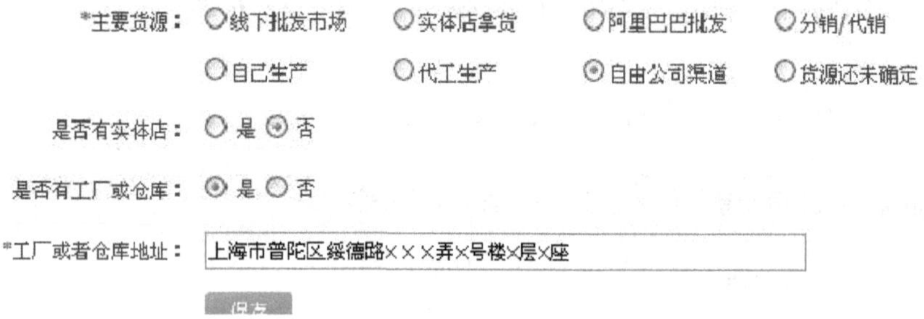

图 2-31　货源选择

11）是否有实体店。确定自身是否在现实生活中开有店铺，如果没有就选择"否"，反之则选择"是"。

12）是否有工厂或仓库。如果在现实生活中有自己的工厂或者仓库，且将自己的产品在淘宝上销售，则选择"是"，且在"工厂或者仓库地址"处填写具体地址，没有就选择"否"。

13）填完具体地址以后单击"保存"按钮，即可完成网页店铺基本信息设置。店铺的基本信息在店铺开设以后还能修改。

2．手机店铺设置

手机淘宝店铺的设置主要在于店铺店标和客服电话的设计。这里主要强调的是手机店铺店标的设计。手机淘宝店标由图片构成，其制作设计分为在线制作和自己制作好在线上传两种方式。在线制作店标服务是由淘宝网旗下阿里妈妈在线设计提供，卖家可以在其平台上根据自身产品的属性和风格在线制作属于自身的店标。而上传店标则是由卖家自己设计好之后在线上传。农享网在此选用了自身设计上传方式，将此前设计好的店标图片上传于此。图片格式要求为 GIF、JPG、JPEG、PNG，大小在 10kB 以内，尺寸为 280×50 像素。如图 2-32 所示为手机淘宝店铺设置首页。

单击图 2-32 中的"上传店招"，再在弹出的页面中单击"选择文件"，选择合适的图片后，单击"确定"就可以看到店标效果，如图 2-33 所示。

在客服电话的设计中，农享网填写了企业固定电话，这样可以更为专业地为消费者提供服务，如图 2-34 所示。

完善了以上信息后，手机淘宝店铺的基本信息设置就完成了。这里填写和设置的信息是可以根据企业需求进行修改的，因此卖家不必担心变更问题。农享网手机淘宝店铺设置完成后的页面如图 2-35 所示。

项目二　网店注册与设置

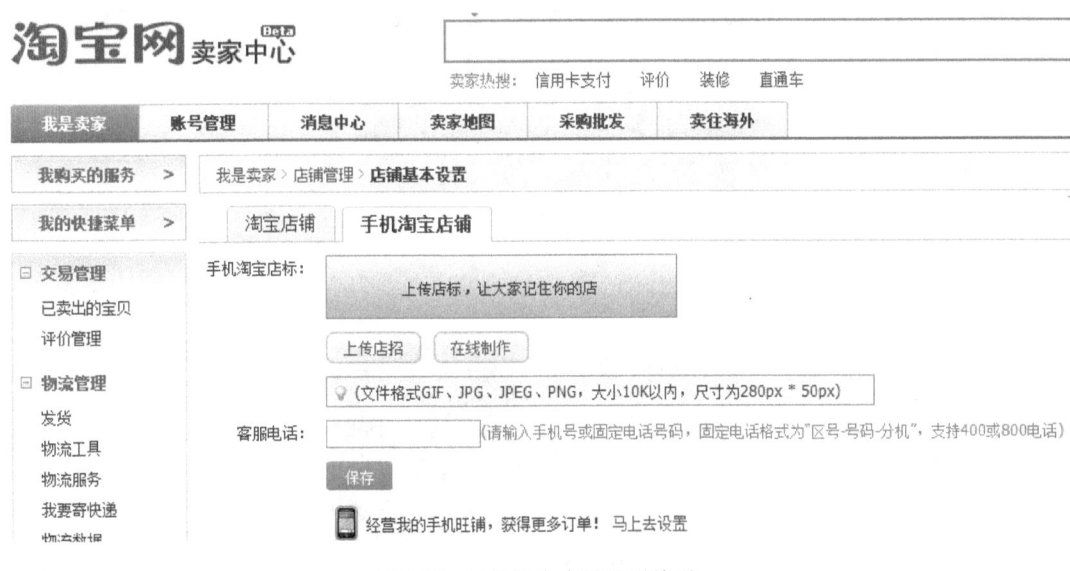

图 2-32　手机淘宝店铺设置首页

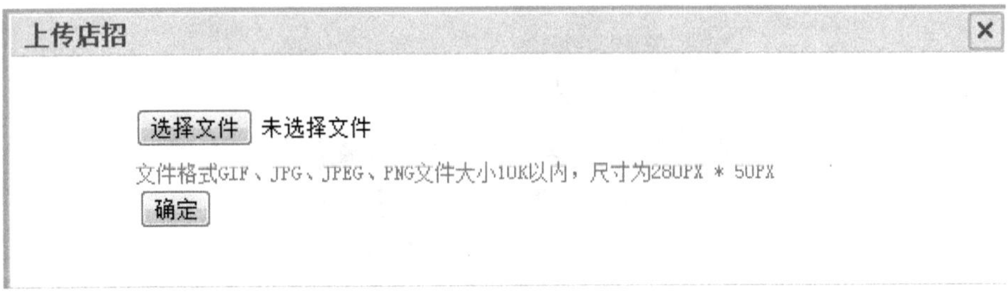

图 2-33　手机淘宝设置上传店标

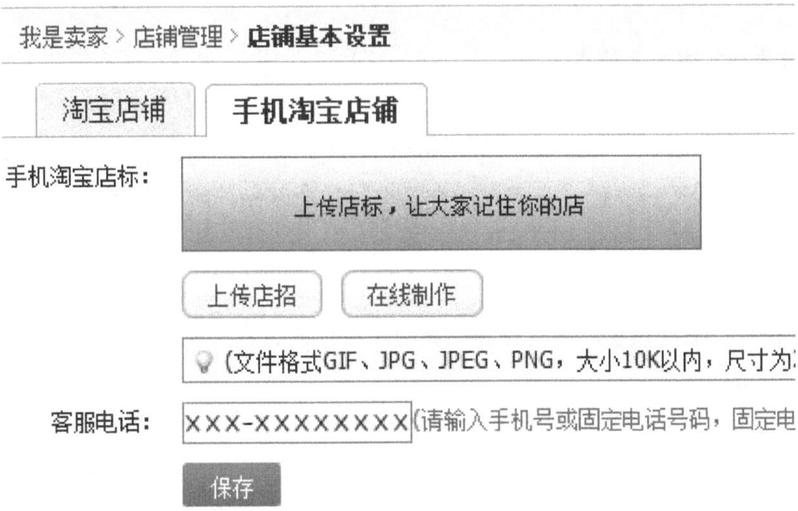

图 2-34　客服电话的填写

图 2-35 农享网手机淘宝店铺首页

模块二 开店流程相关知识

1. 网店的基本概念及特点

（1）网店的定义

网店作为电子商务的一种形式，是一种能够让人们在浏览的同时进行实际购买，并且通过各种在线支付手段进行支付，从而完成交易全过程的网站。网店大多数都是使用淘宝、易趣、拍拍、购铺商城等大型网络贸易平台完成交易的。

（2）网店的特点

1）方便快捷。不用装修采购等普通店铺必须经历的过程，只要打开联网计算机，点点鼠标就可以开个网店。

2）交易迅速。买卖双方达成意向后可以立刻付款交易，通过物流把货品送到买家的手中。

3）不易压货。由于无需实体店铺，因此可以不需要压货，这也是网店吸引人的一个特点。

4）打理方便。不需要雇用店员看店然后跑老远上货，无须摆放货架，一切都是在网上进行，若有货品下架只需要点击一下鼠标就可以重新上货。

5）形式多样。无论卖什么都可以找到合适的形式，如果有比较充足的资金则可以选择通用的网店程序进行搭建，也可以选择比较好的网店服务提供商进行注册然后交易。总之，网店形式多种多样。

6）安全方便。线上交易不能提供实实在在的亲身体验，因此买家往往喜欢与自己更信任的商家交易。所以如果第一次交易顺利，则买家回头率会更高。网店需要提供更多的信任体验机会。

7）应用广泛。所有人都可以在网上买到称心如意的商品，只要可以上网、银行账号开通了网上银行，就可以在全国范围内随时购买，省去了不少路费。

8）分销渠道。分销者可以针对具体行业网站进行收集、分析，并在其网站上针对分销形式与供货网站工作人员进行沟通，最终成为供货者的分销者，分销商品只须进行上架，就可以卖了，最主要的是找到好的供货商，他们可以教会分销者如何以较低的采购价，进行有效的赚钱。

（3）网店经营方式

1）线下结合。此种网店因为有线下店铺的支持，在商品价位、销售技巧方面都较有优势，也容易取得消费者的认可与信任。

2）全职经营。经营者将全部的精力都投入到网站的经营上，将网上开店作为自己的全部工作，将网店的收入作为个人的主要来源。

3）经营者将经营网店作为自己的副业，如许多在校学生利用课余时间经营网店。有一些职场人员利用工作的便利开设网店，还有一些普通打工族抽出休闲时间投资网店，增加收入来源。

2．网上开店的基本流程

和传统店铺一样，在网上开店的第一步就是要考虑卖什么，选择商品要根据自己的兴趣、能力和条件，以及商品属性、消费者需求等来定。

开店前的准备工作如下：

1）选择好要卖的商品后，在网上开店之前，需要选择一个提供个人店铺平台的网站，并注册为用户。为了保证交易安全性，还需要进行相应的身份和支付方式认证。

在这里选择淘宝网开店铺，需要满足以下三个条件：

①注册会员，并通过认证。

②发布10件以上（包括10件）的商品。

③为了方便安全交易，建议开通网上银行。

2）用户注册。登录淘宝网，单击页面最上方的"免费注册"。在打开的页面中，输入会员名、密码、电子邮件等信息，单击"同意以下服务条款，提交注册信息"按钮。然后，用于注册的邮箱会收到一封确认信息邮件，打开其中的链接，确认之后，就完成了用户注册。

3）身份认证。淘宝网规定只有通过实名认证之后，才能开店铺出售商品。所以在注册用户之后，还要进行相应的认证（包括个人实名认证和支付宝认证两个过程）。具体的操作步骤如下：

①登录淘宝网，单击页面上方的"我的淘宝"。在打开的页面中，单击"想卖宝贝先进行

支付宝认证"文字旁边的"请点击这里"。

②在打开的页面中，会提示还没有激活支付宝账号，单击"点击这里完成支付宝账号激活"。在弹出的页面中输入真实姓名、证件类型及号码、支付宝密码等内容，单击"保存并立即启用支付宝账户"按钮。

③成功激活支付宝账号后，回到原来的页面，按下<F5>键刷新页面。单击"申请支付宝个人实名认证"按钮，阅读支付宝认证服务条款之后，单击"我已经阅读"按钮。

④首先根据提示填写个人信息，单击"下一步"按钮；接着，选择身份证件核实。可以选择"在线上传"或"邮寄"身份证件复印件，单击"下一步"按钮；然后，输入银行卡信息，包括开户银行和银行卡卡号、省份、城市等，输入完成后，一日内等待支付宝汇款。

友情提示：如果在线上传身份证件复印件，图片文件大小要控制在200KB以内；如果是IC身份证，还需要提供背面图片。

⑤一日之后，重新打开"我的淘宝"，在认证区域单击相应的链接打开"支付宝认证"页面，在"银行账户核实"区域单击"确认汇款金额"，然后输入支付宝向你的银行账号注入的资金数目，单击"确定"按钮即可。

4）进货、拍图。网上开店成功的一个关键因素在于进货渠道，同样一件商品，采用不同的进货渠道，价格也会有所不同。

通过身份验证后，就要忙着整理自己已经有的商品，为了将销售的商品更直观地展示在消费者面前，图片的拍摄至关重要，且最好使用Photoshop、ACDSee等图形图像处理工具进行图片格式、大小的转换。

5）发布商品。要在淘宝网上开店，除了要符合认证的会员条件之外，还需要发布10件以上商品。于是，在整理好商品资料、图片后，要开始发布第一个商品。

友情提示：如果没有通过个人实名认证和支付宝认证，可以发布商品，但是商品只能发布到"仓库里的宝贝"中，买家是看不到的。只有通过认证，才可以上架销售。

①登录淘宝网，在页面上方单击"我要卖"。在打开的页面中，可以选择"一口价"或"拍卖"两种发布方式，这里选择 "一口价"。

友情提示："一口价"有固定价格，买家可以立即购买；"拍卖"是无底价起拍，让买家竞价购买。

②选择类目，根据自己的商品选择合适的类目。单击"选好了，继续"按钮进行下一步操作。

③填写商品信息，这一步非常重要。首先，在"宝贝信息"区域取一个好的标题，单击"浏览"按钮来上传商品图片，输入商品描述信息、商品数量、开始时间、有效期等；接着，在"交易条件"区域输入商品的售价、所在地、运费、付款方式等内容；其他信息保持默认设置即可，如默认使用支付宝支付等。最后，单击"确认无误，提交"按钮来发布该商品。

如果发布成功，下面会出现一个成功页面。单击"这里"可以查看发布的商品页面，单击"继续发布宝贝"可以继续发布商品。

友情提示：在买家没有出价时，如果要修改发布的商品信息，可以进入到"卖家中心"页面，单击"出售中的商品"进行编辑、修改。商品在发布完成之后，最好进行定期更新、添加，以免店铺被系统删除。

3．店铺经营环节设置

（1）域名

域名是访问一个网站的门户，因此，对于一个网店来说，域名是最重要的部分之一。

（2）主营项目

主营项目主要体现公司真正是从事什么行业，该行业内比较擅长和重点的又是什么业务，突出公司的重点业务和优势业务。因此主营项目设置要注意避免以下几种情况：

①太过精细，列出太多的经营项目。

②推广项目混乱，跨度较大。

③主营项目过于简短、概括。

设置主营项目的注意事项如下：

①选取公司最核心的业务。

②字符尽量做到完全匹配。

③分清主次，最重要的放在最前面。

④组合 4 个关键词组，每个词 6~10 字，用全角标点隔开。

⑤适当重复关键词两三次。

（3）公司名称

公司名称要完整，尽量用工商局注册的名称。

一般来说，完整的公司名称包括城市名、公司名号、经营范围和组成形式。

（4）公司简介

1）不少于 500 字，一般为 1000 字左右。

2）详细介绍公司背景、产品或服务、特色优势、适用对象等相关的内容的同时，在篇幅的中后部或尾部，适当重复主要经营项目的关键词（5~10 次）。

3）不可堆砌关键词，不可罗列太多经营项目或直接介绍某项产品或业务。

4）添加文字颜色、字号和字体等突出效果的代码，设置超链接的代码，设置邮箱链接的代码，设置 QQ 在线聊天的代码等。

（5）分类导航

1）分类注意事项如下：

①信息分类表意要准确，不可模糊。

②分类之间不能有重复，允许交叉。

③不能有网店商家提供不了的产品或服务。

④分类要全面，让人一目了然。

⑤分类信息下必须要有一定的相关内容。

⑥分类里不能出现公司名称。

2）创建商品信息分类。

①商品信息一般分为 10 类左右，不多于 15 类。每类 4~10 字。

②每类下至少有两条信息。

③以产品和服务为基础进行分类，尽可能详细拆分。

3）管理商品服务分类。可对已有的产品或服务进行分类处理，使浏览者在搜索所需信息时更方便、快捷。同时，还必须保证每个商品服务类别中有至少两条以上的相关信息。

4）管理分类排序。可对已有的商品服务分类导航项进行排序处理，将内容丰富、图片美观的优质信息做排序前的处理。

（6）信息标题

信息标题常见问题包括：

①堆砌关键词，没有实际意义。

②过于简略，没有适当重复关键词。

③与内容不相关或关联不大。

④大量加入手机号码及特殊符号等。

撰写信息标题的注意事项如下：

①用一句话概括信息内容。

②适当重复关键词两三次。

③标题字数为10～40字。

（7）信息详细内容

信息包括蓝色信息和红色信息。蓝色信息是免费信息；单击蓝色"续登"按钮红色信息就变成了蓝色信息，同样，单击红色"续登"按钮蓝色信息就变成了红色信息。

 模块三　开店流程项目实训

1. 实训流程

开店流程实训流程如图 2-36 所示。

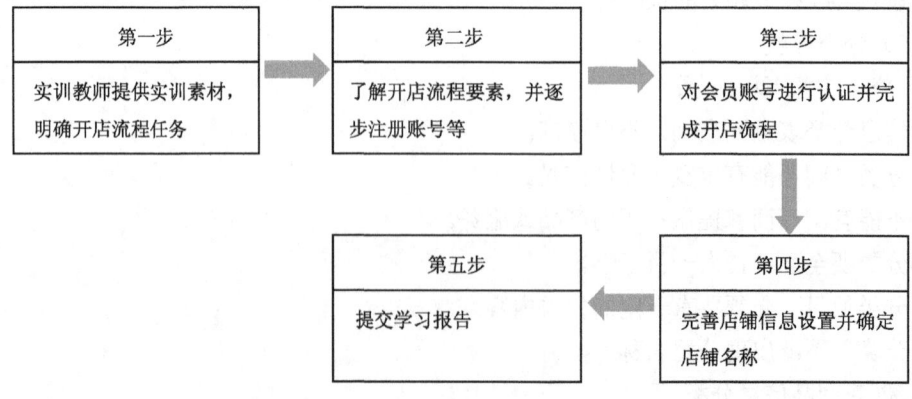

图 2-36　开店流程实训流程

2. 实训概述

本实训为开店流程实训，学生通过博星卓越网上商城系统，认真学习，并结合本书完成在此平台上的开店前的注册、网上支付的开通、店铺基本信息的设置等，通过实训平台完成学习报告。

3. 实训素材

1）学生计算机若干。

2）实训站点：博星卓越网上商城系统，如图2-37所示。

4. 实训内容

步骤1：认知实训网站并注册会员账号

学生在浏览器中打开实训网站，仔细研究和分析每个网站的开店流程、网站特点、支付方式等，并注册会员账号。

步骤2：明确店铺名称

学生根据研究结果，完成以下步骤：

1）注册会员账号，并完善账号信息，如图2-38所示。

2）单击"我要开店"，进入后根据实训类目的要求，设计店铺的名称，如图2-39和图2-40所示。

步骤3：完善店铺基本信息

在完成开店流程之后，网店就开店完成。接下来需要学生根据自身店铺的经营类目、产品特性等要素完善店铺基本信息，如图2-41所示。

步骤4：完成并提交报告

根据要求，完成实训报告，之后提交至教师。

图2-37 博星卓越网上商城网站首页

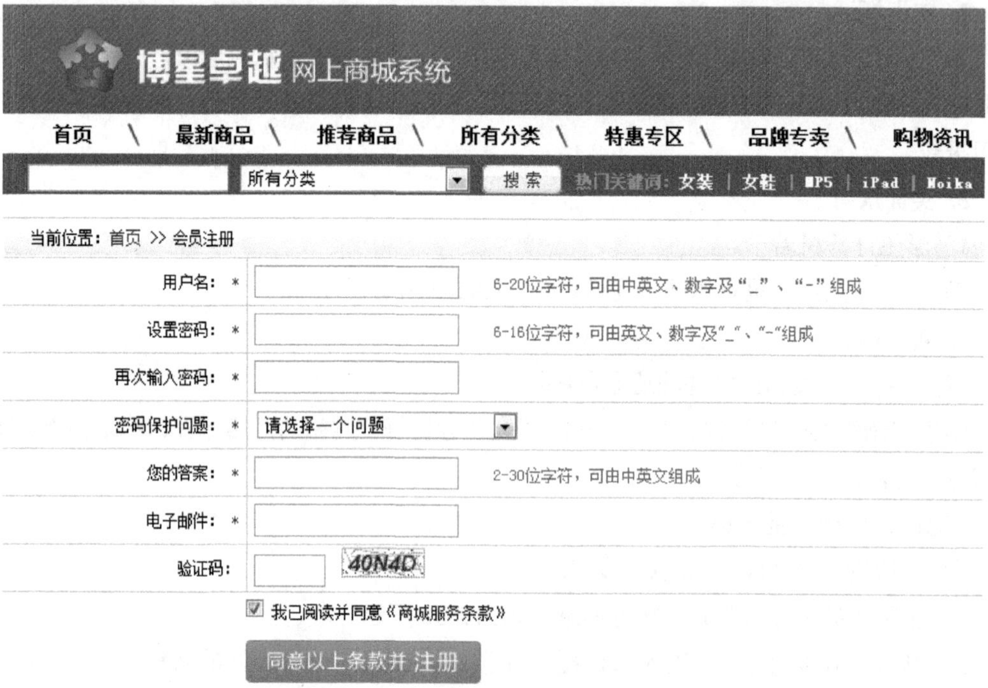

网店运营

图 2-38　会员账号的注册及信息的完善

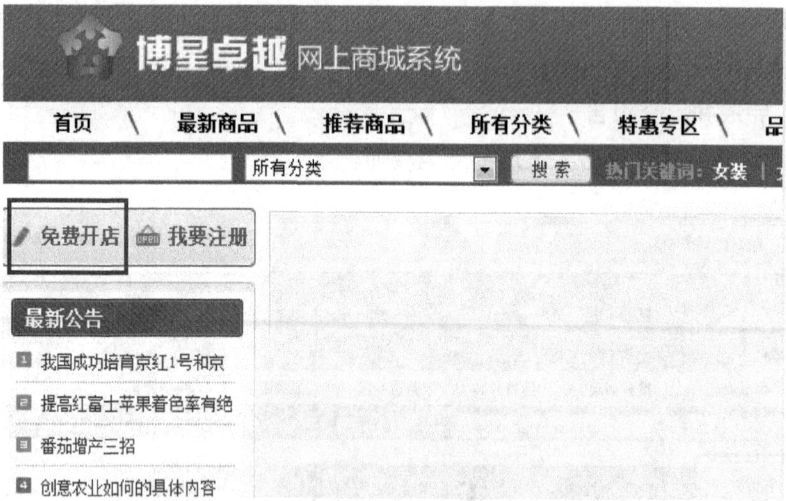

图 2-39　免费开店

图 2-40　设计店铺的名称

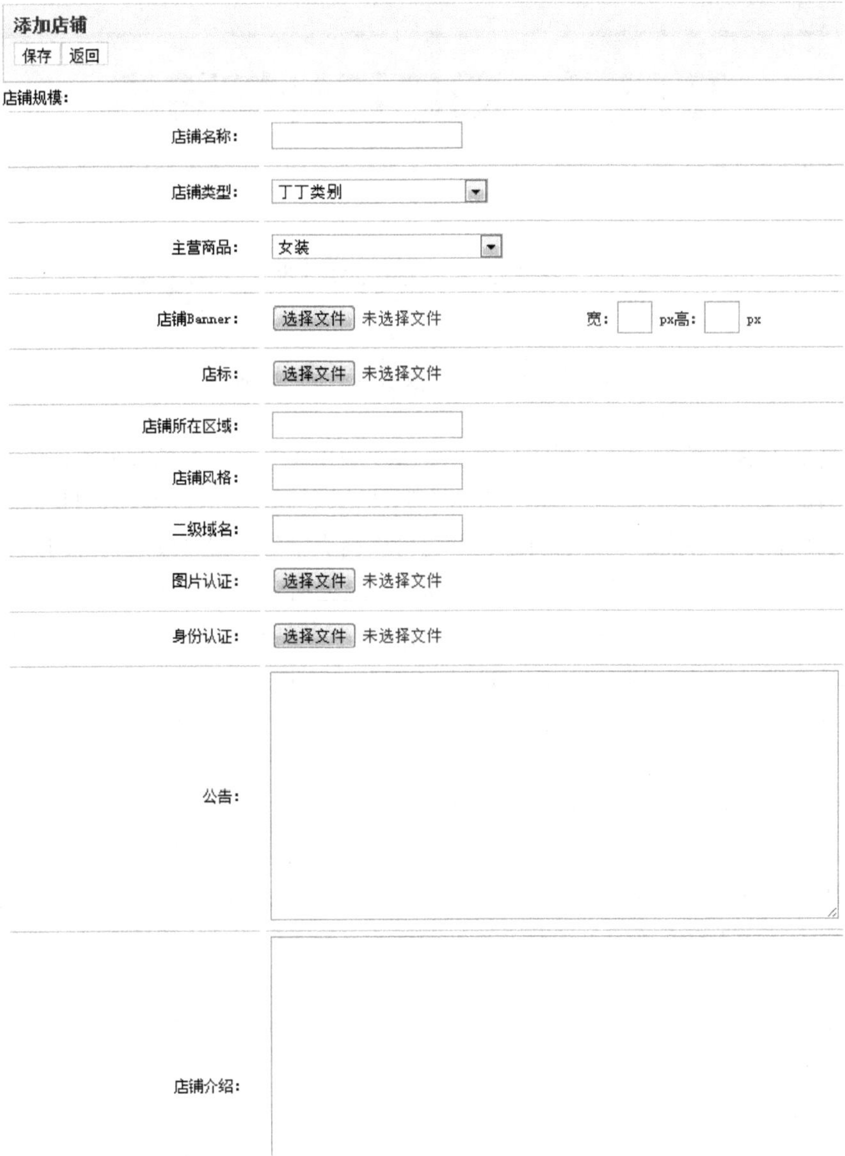

项目二　网店注册与设置

添加店铺

| 保存 | 返回 |

店铺规模：

店铺名称：

店铺类型：　丁丁类别

主营商品：　女装

店铺Banner：　选择文件　未选择文件　　　宽：□px高：□px

店标：　选择文件　未选择文件

店铺所在区域：

店铺风格：

二级域名：

图片认证：　选择文件　未选择文件

身份认证：　选择文件　未选择文件

公告：

店铺介绍：

图 2-41　店铺基本信息的完善

项目三 网店设计与装饰

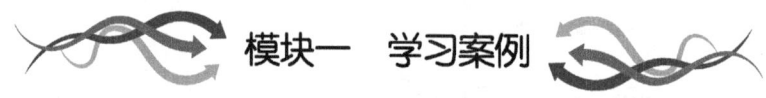
模块一 学习案例

任务一 店招设计与制作

店招是指店铺的招牌,它是网店装修中最重要的模块之一。对顾客来说,店招是其看到店铺后对店铺作出的第一判断,是建立自身对店铺认识的第一步,所以店招是商家用来展示自身店铺名称和形象特点的一种重要途径,它可以由文字和图案组成,表现的方法也十分灵活。但网店店招的表现形式和作用与实体店铺有一定区别,实体店铺的店招作用往往体现在招揽顾客上,因为实体店铺的店招是直接面对街道或其他通道的。而网店店招的作用主要是体现在留客的环节上,因为网店的店招并不直接面对网络街道——搜索页面,而是只有当顾客进入了店铺之后才可以看到店招。因此在设计网店的店招时要更多地从留客的角度去考虑。

农享网作为一家主打农产品销售的网站,倡导城市与农村的对接,以促进城乡的和谐发展为目的,为了更好地推销自身的农产品,它在淘宝网上开设了农享网官方淘宝店。对于网店来说,店招的形式大致可分为两种:一种是动态图片,另一种是静态图片。目前动态的店招图片使用的基本是 GIF 格式,表现手法生动活泼。静态图片的格式比较多,制作也相对简单,能满足大部分卖家对店铺装修的要求。农享网官方淘宝店就制作了静态的店招。在进行静态店招制作前,首先要明确两个问题:淘宝店铺的店招部分的装修该从哪里下手,怎样去下手。

1. 明确店招装修步骤

首先进入淘宝页面,单击"我是卖家"就会在出现的页面左栏"店铺管理"项中看到"店铺装修"一项,如图 3-1 所示。

这时单击"店铺装修",页面将会跳转至店招编辑页面,在这个页面栏的右上角会出现编辑的图标,如图 3-2 所示。

在单击"编辑"后,就可以进入店招编辑模块,开始对店招进行编辑。店招编辑可分为"在线编辑"和"选择文件"两个方法。其中,"在线编辑"是淘宝网推出的一种付费编辑形式,通常店铺装修使用比较多的还是"选择文件"方式,因为"选择文件"方式在店铺风格、表现形式等方面更具有独特性。如图 3-3 所示。

选择好编辑方式后,在店标制作页面,首先要选择招牌显示类型,常见的招牌显示类型有三类:默认招牌、自定义招牌与 Banner Maker。

项目三 网店设计与装饰

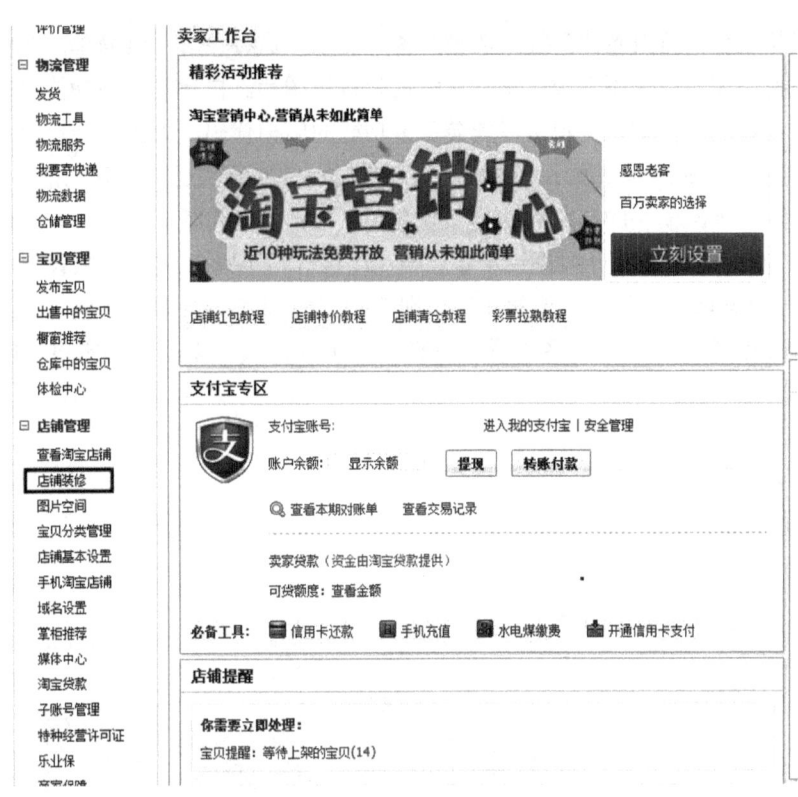

图 3-1 "我是卖家"页面

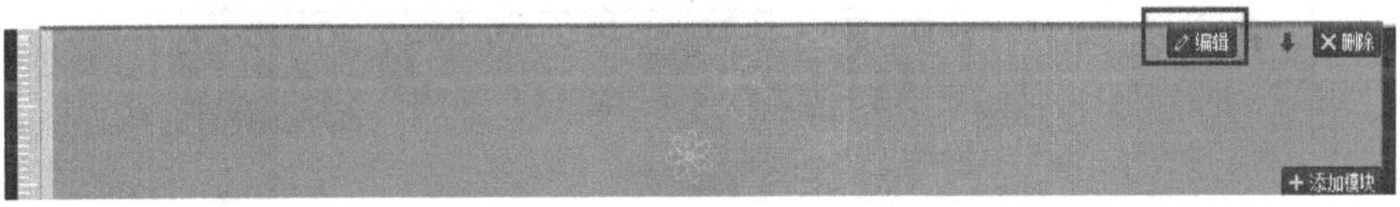

图 3-2 编辑页面

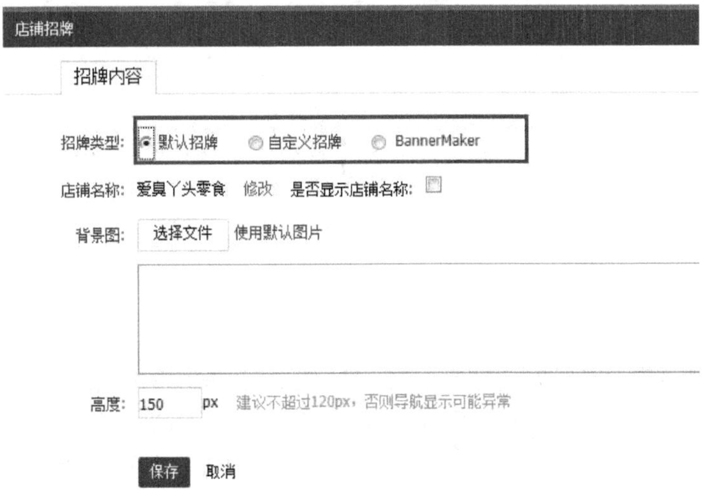

图 3-3 店招编辑

默认招牌是指"背景图片"加"店铺名称"显示，这种设置非常简单，其中的背景图片不但可以更换，还可以使用淘宝店铺默认的招牌背景图片。自定义招牌功能比较丰富，既可以添加自己设计的店招图片，也可以安装更多功能的店招代码，如果不会自己设计图片，则可以选择考虑Banner Maker显示，通过购买淘宝付费的店招快速安装店铺招牌。

另外，淘宝顶部模块的高度默认是150像素，顶部模块包括店铺招牌和导航条，其中导航条高度为30像素，因此一般建议设置店招高度在120像素以内。如果设置店招高度超过120像素，导航条就会被挤压，因此如果出现店招代码或者购买的模板包含了导航条，即店招本身高为150像素，可以选择设置店招高度为150像素，来隐藏淘宝自带的导航条，如图3-4所示。

图3-4　店招自定义设置

2. 设计和制作店招

随着店招的重要性日益被卖家重视，为了更好地突出自身的特点，利用好店招这一"利器"，一般情况下，店家都会考虑以自定义店招的方式来创造自身品牌的独特性，农享网的店招就遵循了店招设计的基本原则，不但直观、明确地告诉顾客自己的店铺的商品定位，还突出了店铺的卖点、自身的优势以及和别人店铺的差异化。而在淘宝店铺装修中，店铺招牌的设计尺寸一般为

960×150px，格式为 JPG 或者 GIF，图片的大小不能超过 80KB。如何在 960×150px 的小小面积上向顾客传达更有价值的信息，是一门店招设计的技巧。利用 Photoshop 软件就可以很好地得出精确的图片尺寸设置，如图 3-5 所示。

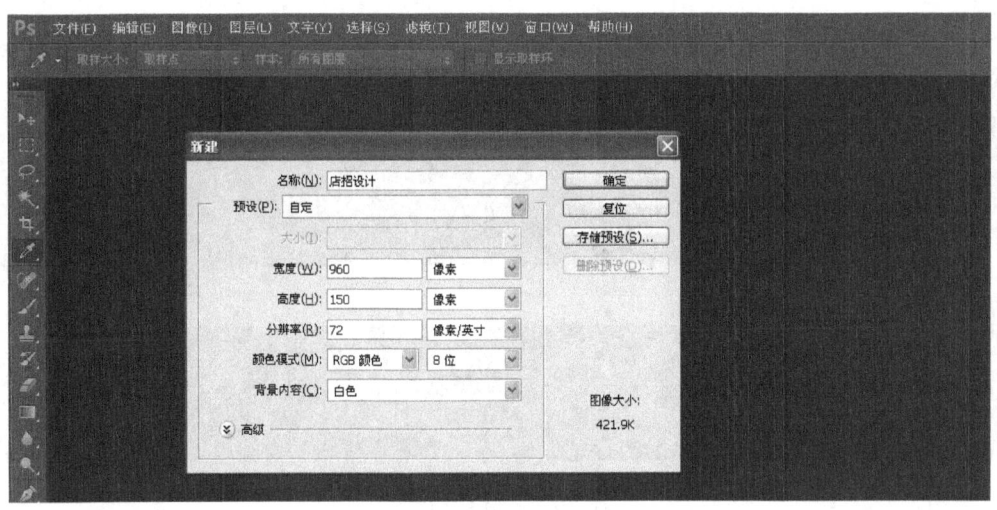

图 3-5　制定店招尺寸

在进行店铺装修时，淘宝根据卖家差异化的需求，为店铺装修提供了很大的灵活度，卖家可以针对店铺装修需求进行模块的调整及布局管理。淘宝将店铺装修模板设置了不同的风格，在很大程度上和店铺经营的产品相关，所以要讲究店招、产品、店铺风格的统一性。并且，店招在网店中一直处在店铺第一屏中最为醒目的位置，是传达信息最好的阵地，因此具有鲜明个性的店招就可以在店招区域直观地去传达自身店铺的经营信息、所属的行业信息以及所卖产品具有的特点。让顾客走进这家店就可以很清晰地了解到店铺的经营性质。

农享网的店招设计理念就很好地突出了这一点。首先确定以简洁大气的白色作为店招的底色，加上绿叶的图案烘托出大自然的生机，如图 3-6 所示。

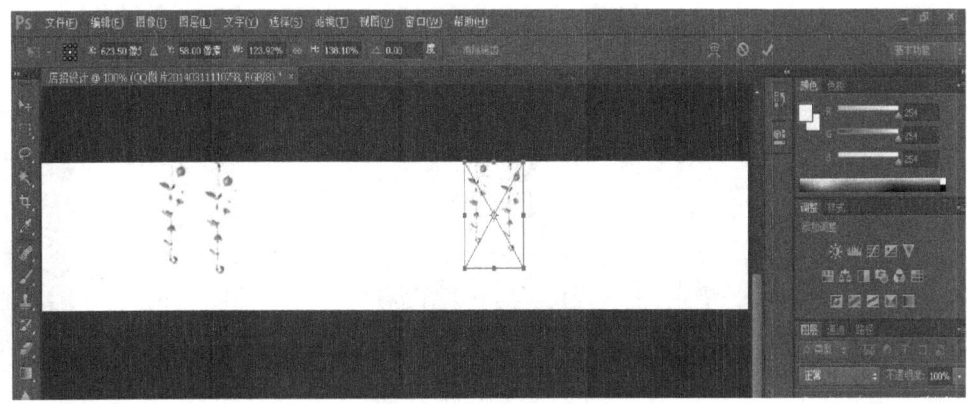

图 3-6　店招图片植入

两边分别以植物与农民辛勤劳作的画面的图片加以拼接，左边的树木隐喻城市的绿茵，右面则直观地表现出了农民的劳作，以此传达出了城市对接农村的品牌口号。并且在一定意义上突显出了品牌纯天然的优点，如图3-7所示。

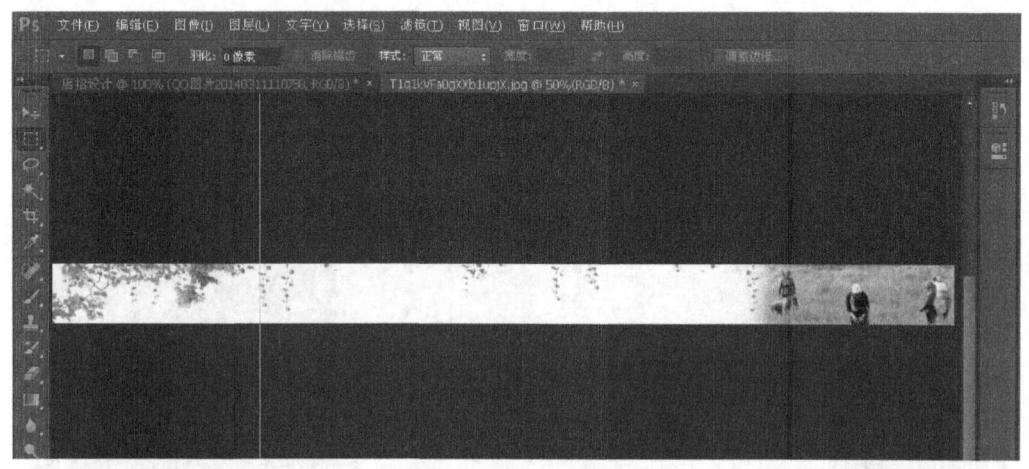

图 3-7　店招图片拼接

在店招字体颜色设置方面，其风格与官网一致，采取统一的浅墨绿色，彰显出农产品的"新鲜"，带出了自身品牌的独特性，如图3-8所示。

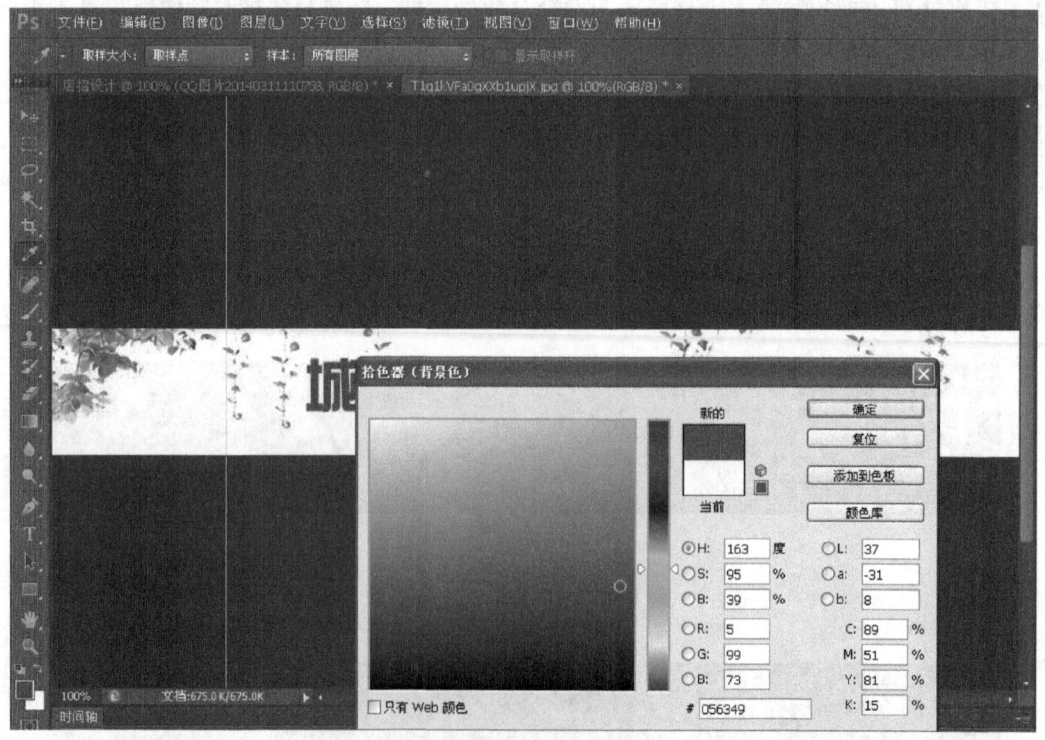

图 3-8　设置店招字体颜色

在店招的文字方面，以"城市对接农村"六个大字，全面体现了农享网提出的电子商务概念，如图 3-9 所示。

图 3-9　农享网店招文字编辑

再者，由于食品行业的特殊性，顾客对网上购买食品存在或多或少的疑虑，为了保证和树立自身品牌的形象，农享网将自身严格遵守淘宝对食品行业的规则的态度也添加到了店招上，把自然、健康、绿色的店铺理念呈现在顾客的眼前，同时也增加了顾客对店铺的信任度，如图 3-10 所示。

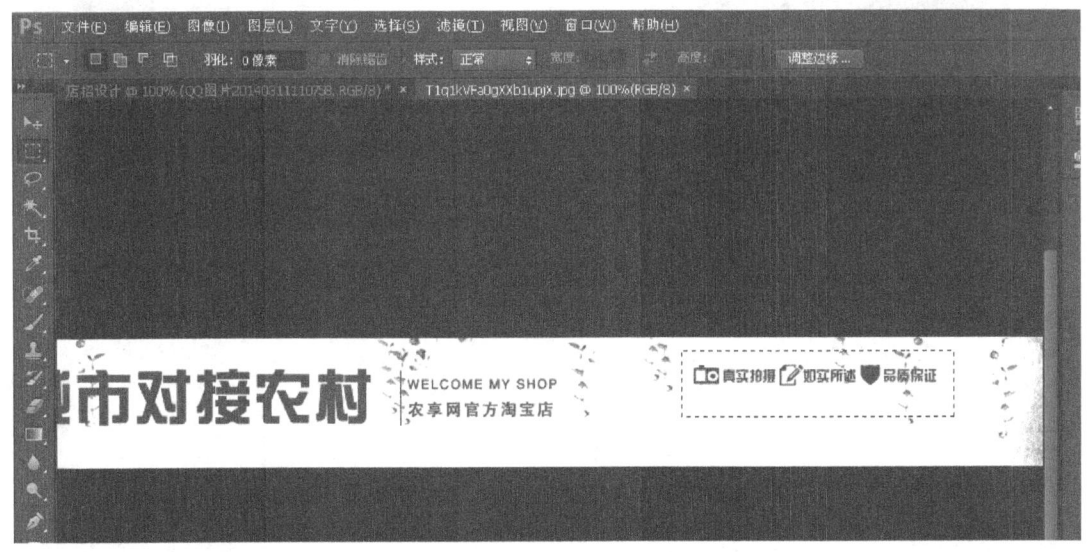

图 3-10　农享网店招素材添加

最终，农享网官方淘宝店的店招设计充分糅合了自身的优点与特色，将自身的品牌内涵通过店招的形式完美地呈现在了顾客面前，如图 3-11 所示。

图 3-11　农享网店招

3. 上传店招

将店招设计好之后，下一步就要考虑该如何把店招运用到自己的淘宝店上去。农享网的店招是根据店铺特点自己设计的，所以选择了直接上传在自己制作的店招。首先，把设计好的图片有条理地保存到计算机的文件夹中，并注意选择店招的图片格式（一般默认为 JPG 格式），如图 3-12 所示。

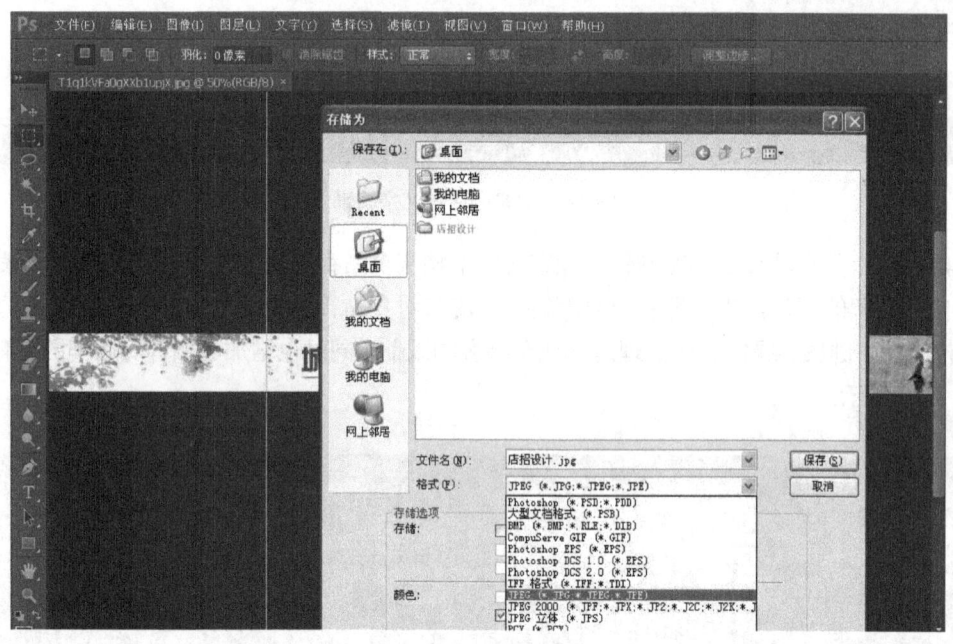

图 3-12　店招保存

保存好图片后，登录淘宝网，进入"我的淘宝"，单击"我是卖家"，跳转至卖家页面，如图 3-13 所示。

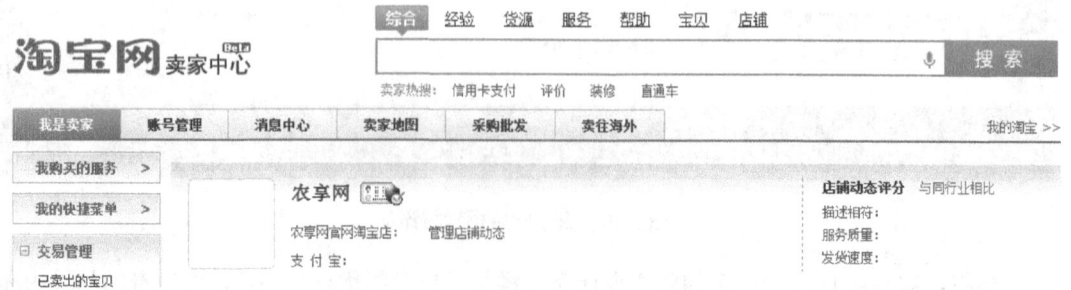

图 3-13　卖家中心页面

在卖家页面，可以看到左栏"店铺管理"项中的细分列表里有"店铺装修"一项，如图 3-14 所示。

图 3-14　卖家页面

单击"店铺装修"，跳转至店铺装修页面，在店铺装修页面可以看到在其右上角有"编辑"一项。这时，单击右上角的"编辑"，就会弹出一个上传店招图片的对话框，在这个对话框中会出现"在线编辑"与"浏览"两个按钮，由于是要上传已保存的店招图片，所以单击"浏览"按钮，浏览已保存好的店招图片，确定好图片的选择后，单击"保存"按钮，这样就可以将默认的店招替换成本地的店招图片了，如图 3-15 和图 3-16 所示。

图 3-15　店铺装修页面

图 3-16　编辑内容对话框

在弹出的页面中单击右上角的"发布"按钮，只有单击了"发布"按钮后，才可以确保替换的店招最终成功地被运用到淘宝店铺中，如图 3-17 所示。

49

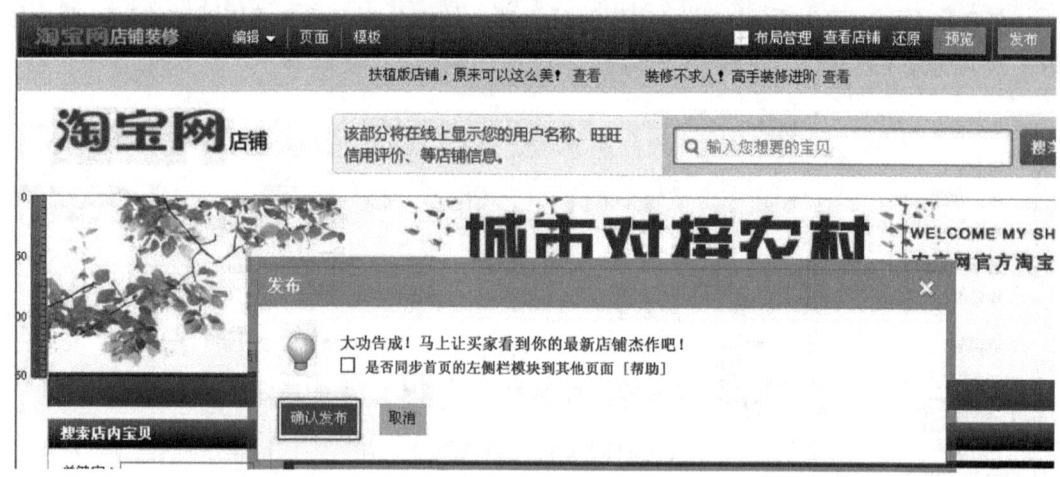

图3-17 店招上传

任务二 店铺头像的确定与设置

店铺的头像是店铺形象的代言，这就要求店铺头像要具有符合店铺定位的特点，既要在头像中凸显店铺的主营产品，又要展现自家产品的独特性，目的是让顾客通过店铺头像就可以清楚地知道该店铺所卖的商品是什么，以及店铺的商品特色是什么。每当买家主动联系卖家咨询相关商品时，第一个出现在买家面前的就是店铺的头像，这是一个向买家宣传自身店铺的好机会。一个好的店铺头像能够让买家在看到的第一时间内就产生浓厚的兴趣。

农享网的店铺头像沿用了官网的 Logo 设计，其头像的确定是为了更好地将淘宝店铺与官网的风格统一起来，并且使农享网的形象深入到顾客心中。但由于店铺头像的尺寸限制，农享网的头像在原有的基础上对官网的 Logo 作了细微调整，其将文字的位置放在了图案的下面，这样的调整使其在保持了 Logo 整体寓意的情况下，又符合了头像上传的尺寸标准。与此同时，对淘宝店铺来说，一个好的头像就等同于免费的店铺推广，农享网就很好地把握了头像对店铺的宣传作用。头像的整体以阳光、无污染大地、生命之水的寓意通过光环交叠的线条营造出水笼罩大地、青葱山林的景象，突出农产品健康、天然的特点。下半部分再以寓意城市的水泥色作为拼合，强调店铺"城市对接农村"的电子商务概念，整体设计除带有农村特色外，还糅合了城市的元素，与农享网的主题"农产品分类信息平台"相呼应，如图3-18所示。

图3-18 农享网店铺头像

在淘宝店铺经营中，店铺宣传的最佳阵地就是淘宝论坛与微淘，前者是人气最旺的经验畅谈地，也是潜在顾客的集聚地，后者是店铺最好的宣传"领地"，在此处可以最及时的方式与顾客互动，与大家分享资源，纵观淘宝店铺的推广，无论是在论坛还是在微淘上拥有一个属于自身店铺的独特头像是至关重要的。同时为了确保店铺宣传的效果更好，最好将头像设计得新颖独特，能凸现店铺优势，这样才能增加店铺的流量，吸引顾客走进自己的店铺，如图 3-19 和图 3-20 所示。

图 3-19　淘宝论坛头像　　　　图 3-20　淘宝微淘头像

　　在确定店铺头像后，就要明确淘宝是如何设置店铺头像的，以及关于头像的规范都有哪些。淘宝店铺的图片规格根据不同的定位有着不同的规范，而店铺头像，其图片格式支持 GIF、JPG、JPEG 以及 PNG 四种格式，并将大小限制在 80KB 以内，尺寸要求为 80×80px，超出规范的头像素材是无法成功上传的。

　　淘宝头像设置的第一步是登录"我的淘宝"，进入卖家页面，可以看到默认的店铺头像，使用鼠标进入头像区域后，会出现"设置店标"的字样，如图 3-21 所示。

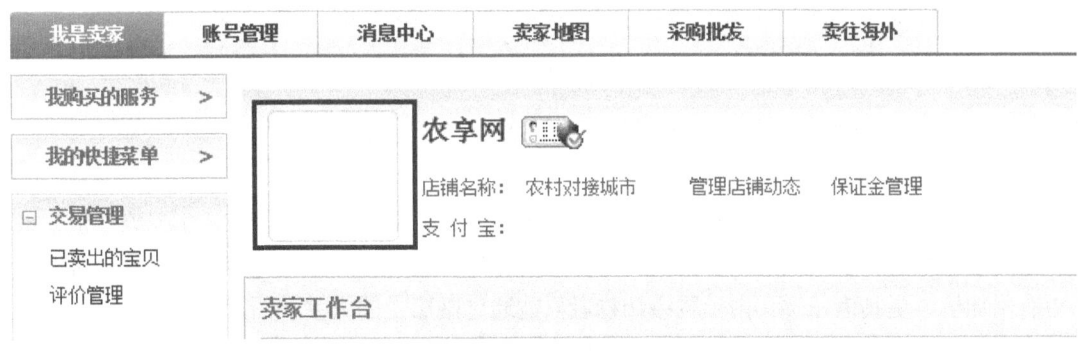

图 3-21　默认的店铺头像

　　单击进入"设置店招"页面后，在页面的默认头像下方，有"上传图标"的按钮，如图 3-22 所示。

　　单击上传按钮，在跳出的框内选择确定好的店铺头像图片，单击"打开"，确定后，会自动生成店铺头像，这时返回店铺刷新查看，即可完成店铺头像的设置，如图 3-23 所示。

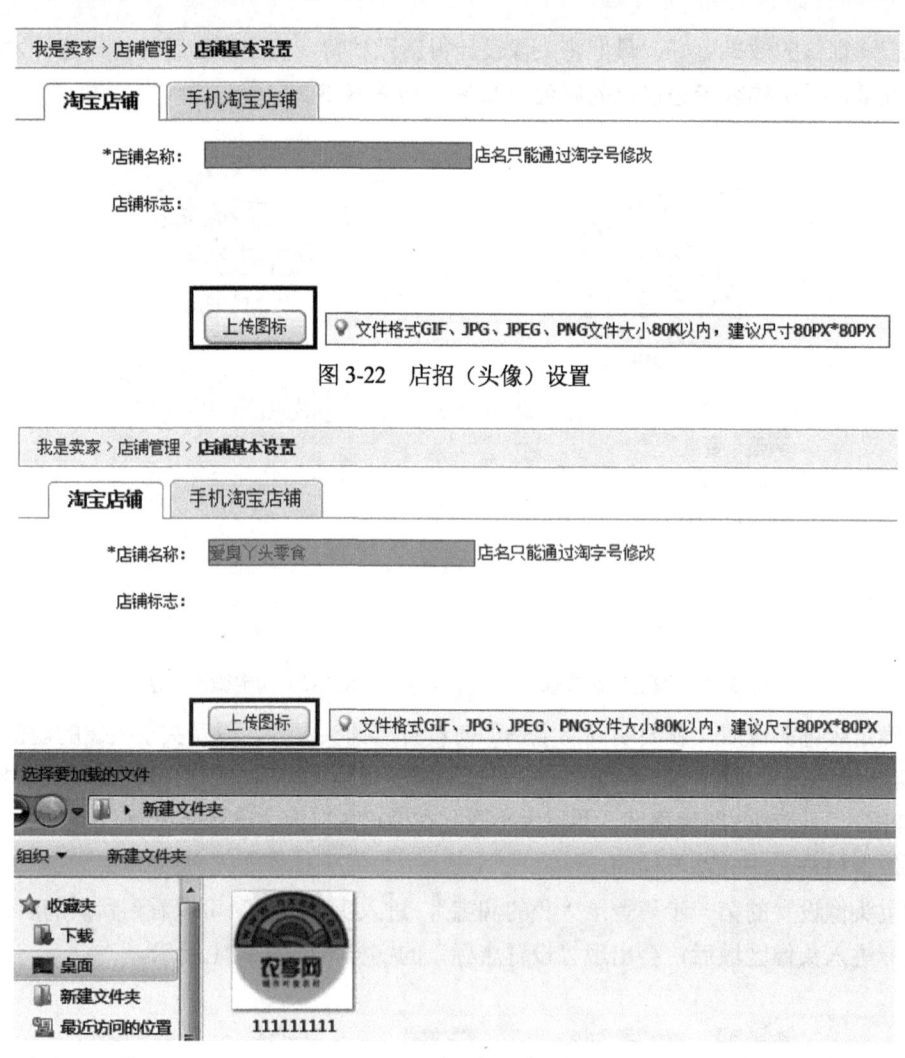

图 3-22 店招（头像）设置

图 3-23 店招头像上传

任务三 店铺装修与美化

网店的装修与美化一直是淘宝行业中最热门的话题。对实体店铺来说，形象设计能为商店塑造更理想的形象，从而加深消费者对店铺的印象。而网上的店铺装修则可以让店铺变得更有附加值、更具信任感。由于网络购物者只能通过网店上的文字和图片来了解产品，所以一个好的店铺无疑能增加顾客的信任感，但店铺的装修更是提高产品附加值和店铺浏览量的重要手段。

店铺的装修分为两种，一种是自身根据产品的特性和需要去设计独具个性的店铺页面，另一种是通过购买淘宝卖家中心提供的店铺模板来装修。

在淘宝店铺中，卖家通过淘宝模板来对自身的店铺进行装修与美化是很常见的一种美化手段。淘宝模板是针对淘宝店铺所开发的一系列装饰模板素材，可以将店铺装扮得更加专业、大方、美观，从而增加顾客的购买欲。其装修模板主要分为店招模板、导航栏模块、轮播、右侧模板、左侧模板、宝贝描述模板和其他的功能模块。并且模板的使用也很便捷，只要在淘宝后台单击"店面装修"就可以自行添加所需的素材来进行美化。

其中要特别了解的是，店铺装修模板是需要付费购买的，是可以根据企业自身的需要定制的。选择淘宝模板可以节省店铺装修的时间，卖家只要在既定的模板中更换相应的信息就可以投入使用了，且设计师事先制作好的淘宝模板一般价格都比较便宜。但由于淘宝模板库中有海量的模板可供选择，淘宝店铺的数量也很多，因此，选择淘宝模板容易出现与其他店铺相互重复的现象，并且成品模板一旦选定好，就是固定的样式和版式，不能根据个人的喜好而随意改动。

农享网了解淘宝店铺布局模板之后，结合自身产品的特性等因素，选择了第一种方式，即根据产品的特性和需要去设计独具个性的店铺页面。并且，在页面的整体色彩上，采用了与官网一致的墨绿色，店铺的商品展示橱窗设计切合了消费者的浏览习惯，还加以自身特点的创新，纵观整个页面，农享网既合理运用了淘宝布局模板的特性，又抓住了用户浏览商品的习惯，将店铺的布局设置得更个性化、更人性化，同时也更合理地突出了自身产品的优势，如图3-24所示。

图3-24 农享网店铺布局

农享网的店铺装修风格选择了遵循农产品的特色，整体以突出产品的绿色、健康为主题，用白色搭配浅墨绿色来作为店铺整体的基础色调。进入农享网淘宝店铺首页，最先出现的除了个性鲜明的店标外，其浅墨绿色的导航栏也让用户产生了对农产品的第一感受：天然、绿色、健康，如图3-25所示。

图 3-25 农享网导航栏

导航栏下方是店铺的 Banner 产品介绍，当顾客浏览一个店铺时，第一屏的信息展示是非常重要的，很大程度上影响了顾客停留的意向，然而光靠文字大面积的堆积，很难以直观而迅速的方式来告知顾客来到店铺可以得到什么有用的信息，此店铺 Banner 的设计在这里就显得至关重要。

农享网在店铺 Banner 设计上采用了以图片轮播的形式，对店铺的重推产品进行展示，并且在这些 Banner 图片设计上，在侧重店铺的经营特色的同时，还强调了自身产品突出的优势。在淘宝店铺装修中，Banner 的标准尺寸为 950×600px，大小可根据自身的需求来进行相关的调整。农享网选择了将 Banner 尺寸放大为 1920×600px，以大图比例增加产品对顾客的视觉冲击，在宣传了产品的同时，也利用这种冲击的效果从侧面提高自身店铺的流量，促进成交率的转化。

如图 3-26 所示是一张介绍"昆仑特级冰山雪菊礼盒"的 Banner 图片。图片以昆仑山自然浑厚的美景作为背景，再配上雪菊礼盒的具体呈现，进一步增加了顾客对产品的初步认知。并且在图片的基础上配以产品的产地与属性的标语，在标语字体颜色选择方面，更是运用了与产品属性相近的绿色。整合全图，农享网的 Banner 图片设计画面整体统一，颜色搭配舒服大气，合理地安排了画面的内容，做到了主次对比鲜明，并采用了有吸引力的宣传用语，突出了产品及其特性，很好地把握住了顾客对店铺的第一眼的猎奇心理，如图 3-26 所示。

图 3-26 农享网 Banner

此外，在完成了店铺的 Banner 图片设计后，接下来要按以下步骤把设计好的 Banner 图片运用到店铺中去，以及设置好 Banner 展示效果：

1）将图片上传到"图片空间"。登录淘宝，单击"卖家中心"，在页面的店铺管理模块中选择"图片空间"项，如图 3-27 所示。

2）在"图片空间"页面单击"图片上传"后，选择"通用上传"，在"上传"文本框中选择分类，选中"图片轮播"，如图 3-28 和图 3-29 所示。

3）单击添加图片，选好图片后，单击"确定"按钮，如图 3-30 所示。

图 3-27　选择图片空间

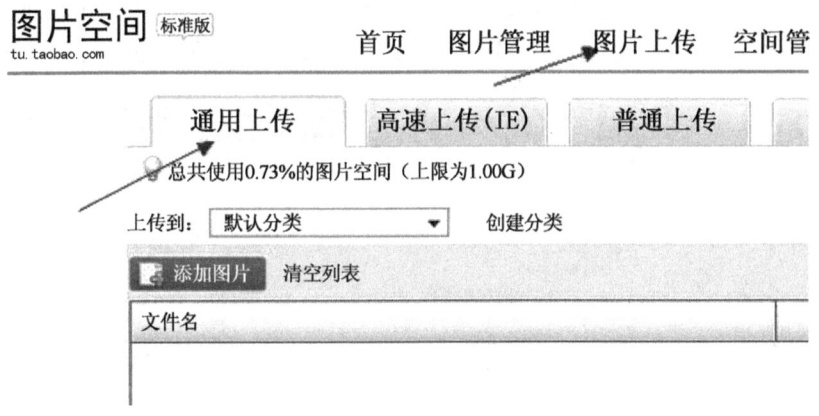

图 3-28　图片上传

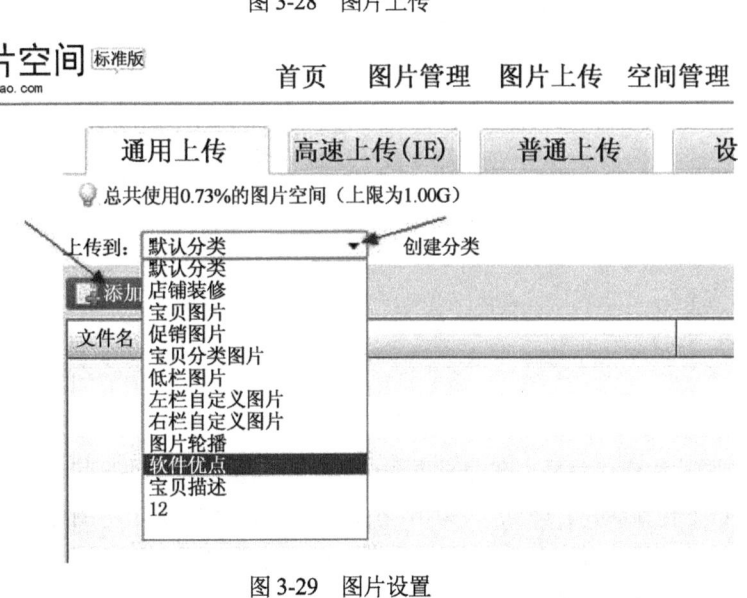

图 3-29　图片设置

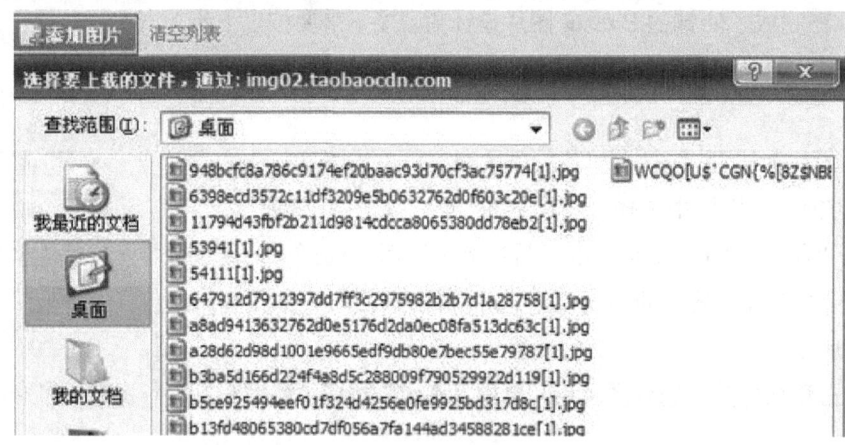

图 3-30 选择图片

4）插入"图片轮播"。返回"卖家中心",单击"店铺装修",单击"在此处添加模块",然后会出现一个选框,单击添加"图片轮播",再单击"编辑"按钮。如图 3-31 和图 3-32 所示。

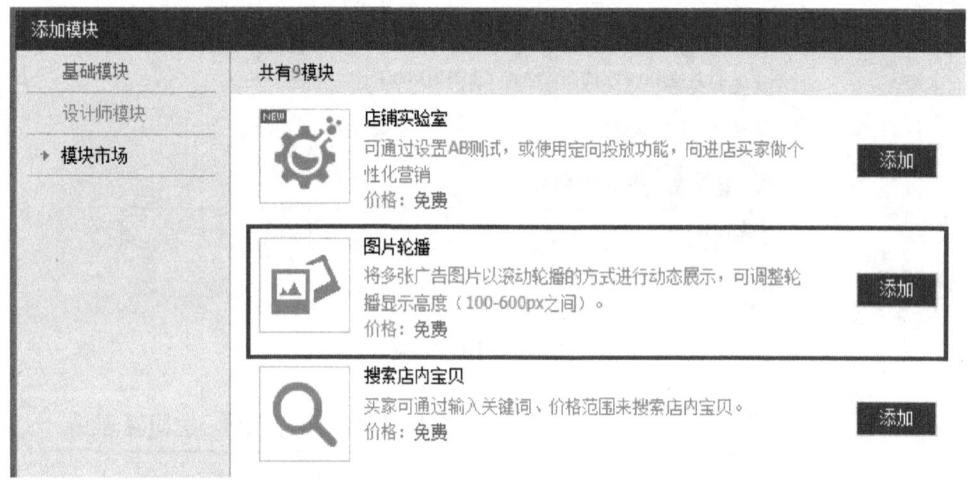

图 3-31 选择图片模式

图 3-32 图片编辑页面

5）指定图片和连接目标。在编辑页面选择"内容设置"模块。其中,图片上传的方法有两种,一种是上传新图片,单击"添加"按钮可增添图片数量。将图片地址和链接地址粘贴到指定区域。另一种是直接单击"图片图标",便会出现已上传至"图片空间"的图片库,直接从中选择,便可插入图片。农享网选用的是后一种方法,如图 3-33 和图 3-34 所示。

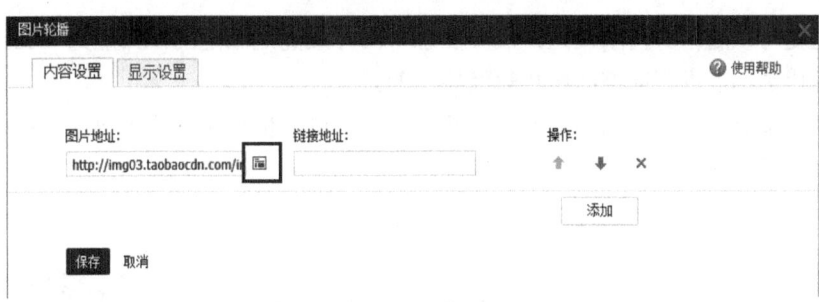

图 3-33　图片选择

图 3-34　图片插入

6）进行显示设置。插入图片后，单击"显示设置"模块，如图 3-35 所示。在设置过程中可以参考以下三点：

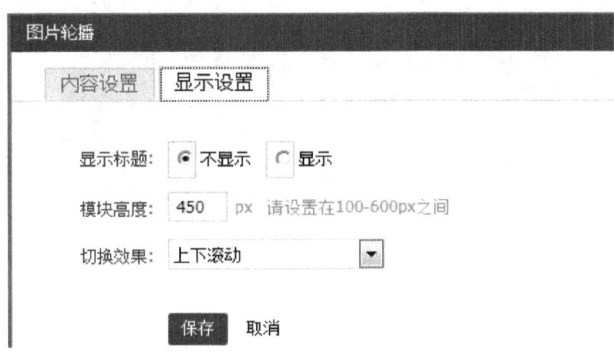

图 3-35　图片显示设置

①显示标题：可以设置模块标题，如果不想显示标题可以单击旁边的"不显示"。
②模块高度：准备的图片的宽度、高度要一致。图片宽度根据图片的实际高度而设置，

图片轮播宽度可以随自身需求调整,但要注意,图片最高是固定的,只能为 600px。超出固定高度的图片是不能进行完整的图片轮播展示的。

③切换效果分为上下滚动和渐变滚动两种方式,可以根据卖家的需要进行选择。

在图片显示设置完成后,即可返回店铺首页进行查看,效果如图 3-36 所示。

图 3-36　查看图片效果

在图片轮播下,默认情况下出现的都是商品分类模块。商品分类是为了方便买家查找,分类不是越多越好,重点在于分类清晰,不可太复杂。商品分类一定要根据买家的搜索习惯去设置,新品和特价、促销商品的分类尽量放在靠前的位置。分类方式可以自由选择、自由搭配,如一级分类按照属性划分,二级分类按照产品风格划分,商品分类的名称要方便顾客挑选商品,尽量不要出现无商品的分类,要做到清晰明了,一目了然。

农享网的店内商品搜索分类栏模块在遵循了分类模块的规划原则外,创新性地利用了色彩的间接配搭,满足顾客喜欢便捷浏览的心理以及兼顾不同顾客的不同需求,使顾客对不同产品的印象得以加深,如图 3-37 所示。

图 3-37　农享网分类栏模块

宝贝分类栏模块下一般出现的是自定义区,自定义区可以添加品牌介绍、物流介绍或邮费介绍、售后服务和退换要求、促销信息、活动资讯等,店铺可设置为五个自定义页面以完善店铺的服务条款、减少客服工作量、提高工作效率、宣传店铺品牌等,让消费者认可。需要注意的是,自定义区域包括品牌介绍页面、购物须知页面等,这些页面的风格要与首页一致,推广活动页面主题要明确,与时令、网络环境、热门字眼等相结合,选取的商品要有代表性。

农享网的自定义区放置了"店铺公告模块",在自定义区下的是"宝贝推荐模块",这两个模块对店铺的装修来说都很重要。好的店铺公告促销可以调动买家的情绪。店铺公告可以是风格体现,是单品秀,是店铺宣传,又或是突出的广告信息或促销信息,店铺公告的布局最好仅次于店招,以利于吸引买家的目光,如图3-38所示。

图3-38 农享网的自定义模块

推荐的商品最好是选择店铺中最有竞争力的商品,应尽量选择需求量高、性价比高、图片清晰且描述详细的商品。推荐商品可以排版成3×3布局大图也可以排版为4×3布局小图,表达方式可以根据店铺的需求来设定。但要求陈列出与品牌的优势或是卖点相关的商品,使得店铺商品种类众多,让顾客感觉很热闹。其中要注意的是,图片风格需要统一,商品需要按照分类来摆放，这样做的目的是使条目更加清晰，增加系列之间的 Banner 横幅，使顾客在浏览商品时不容易产生视觉疲劳。

店铺的底部模块也是不容忽视的，要做到有始有终，首尾呼应，不要让顾客觉得头重脚轻。店铺整齐合理的布局与美化，是增加顾客对品牌的信任感的一种手段。通过前面大篇幅的商品图文宣传，在店铺的底部通常可以巧妙地放置返回某个模块的链接及售前售后的服务理念，或将收藏店铺链接与二维码放置一旁，以此来推动顾客的购买欲望及增强顾客对店铺的黏度。不仅如此，还可以将旺旺客服也放置在这里，以方便顾客就前面看中的商品进行咨询，如图3-39所示。

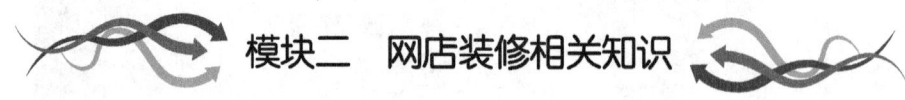

图 3-39　农享网店底部模块

模块二　网店装修相关知识

1. 网店装修的含义

网店装修是指在淘宝、拍拍等网店平台允许的结构范围内，尽量通过图片、程序模板等让店铺更加丰富、美观，以此来达到店铺商品更好的营销效果的一种手段。

2. 网店装修的重要性

成功的网店经营是离不开店铺美化与装修的。店铺通过装修，可以突出整体的风格，更方便消费者了解店铺所售出的商品的性质，从而吸引更多的消费者。网络店铺作为一个网络销售平台，其页面就像是依附店主灵魂的销售员，它的装修与美化与实体店铺的装修本质上是一样的，即让买家从视觉和心理上感受到店主对店铺的用心，并且能够最大限度地提升店铺在买家心中的形象，有利于网店品牌的形成，提高浏览量。与此同时，店铺的装修还可以更好地延长顾客在店铺的停留时间。

好的网店装修不但能带给顾客视觉美感的享受，还能缓解顾客浏览网页时的疲劳，并且好的商品经过适当的修饰，会让顾客更加难以拒绝，更有利于成交率的提高与转化。对网店来说，一个好的店铺设计是必要的元素，因为顾客只能从网页上通过图片和文字来了解店铺、了解商品，所以店铺的装修与美化对增加顾客信任感起到关键的作用，甚至还能帮助店铺树立起良好的品牌形象。

3. 网店装修的内容与步骤

(1) 网店装修一般包括 6 个方面的主要内容：①店铺招牌；②商品分类；③公告栏；④促销区；⑤商品描述；⑥广告牌。

(2) 网店的装修一般包括以下 8 个基本步骤：

1) 收集网店设计素材。
2) 定位网店风格与布局。
3) 创建相关店铺属性图片。
4) 设计网店标题和分类导航栏。
5) 处理优先推荐商品。
6) 设计商品展示区。
7) 裁剪并保存图像为网页元素。
8) 复制粘贴已保存的网页元素，上传到店铺中实现效果。

4. 网店装修的技巧

店铺成功需要五大要素，以商品为核心，与店铺设计、营销推广、服务/物流、客户黏性共同拼成一个店铺的成功版图。商品是店铺成功的基本前提，营销推广会为店铺带来流量和人气，服务/物流可以改善客户体验、增强客户黏性、增加客户的忠诚度。而店铺装修则相当于卖场终端呈现，它搭建了买卖双方的平台。

如何通过店铺装修提高店铺成交转化率和页面访问深度，可从以下 5 个装修技巧来明确：

(1) 店招设计，一针见血

店招，顾名思义，是店铺的招牌，是店铺文化的浓缩，会在店铺首页上方出现。由于其位置比较关键，因此一定要精心布置，既要让新买家印象深刻，又要让经常光顾的买家有新鲜感。要明确自己要为顾客展示什么内容，哪些内容是最重要的，就需要予以突出显示。设计的整体理念为大气、精致，目的是达到对店铺最有效的阐释。

(2) 自定义分类，条例突出

自定义分类模块也是买家重点关注的模块。好的自定义分类可以凸显店铺风格定位、商品重点推介、特惠活动、与买家互动等。正是由于这个模块是可以自定义的，因此如果卖家精心设计，自然会让买家感觉到店铺独具的气质。

自定义分类相当于一个店铺的横向目录，通过单击不同的分类项可以展示不同的页面，加深店铺的浏览深度。

(3) 左侧分类模块，四通八达

左侧分类模块无疑是提高店铺浏览深度的一个非常重要的部分，而其中的类目排列则为重中之重。通过左侧模块可以向顾客展现店铺销售的各类商品，通过合理的排序，可以让顾客便捷、快速地寻找所需商品。增加相应的模块，如帮派入口、推荐商品、热销商品等，在优化分类搜索的同时，更有针对性地进一步向顾客展现产品及卖点，增加客户黏性。

左侧分类模块主要的作用是让顾客快速搜索到相应的货品，增加搜索关联度、增加客户黏性。所以，左侧模块不能太过"素净"。清爽也是一种风格，但是却浪费了宝贵的空间。增加帮派入口、新款推荐、商品类别、本月爆款商品热销排行榜、特价促销、一元换购等，都是很好的策略。这些模块的添加会增加客户黏性，提升买家反复点击或者购买的行为。而买家停留的时间越长，购买的几率也就越高。

（4）右侧模块，一眼万年

右侧模块是店铺的首屏黄金位置，建议设置最新店铺活动、热销款、主打商品、快速导航。须注意的是，右侧模块内容一定要是图片性质，新颖的 Banner 形式更加吸引人。

店铺增加了右侧模块的细节处理，如新品上线日期、商品配搭元素后，配合各种活动满足了对新买家的需求。通过相关数据分析可以发现，店面合理的布局，人气商品、热卖商品、滞销商品的分类排版，商品类目的组合排列，可以促进店铺流量增加、延长顾客在店内的停留时间、提高页面访问深度、提高商品的关联销售，增强客户黏性。

（5）视觉文案，潜移默化

消费者从产生购买心理到发生购买行为，会经过观察、兴趣、联想、欲望、评价、信心、行动 7 个过程，作为卖家，应该创造店铺内的营销气氛，消除消费者的顾虑，增加消费者信心，从而使之产生购买行为。常用的商品促销活动包括：①新品上市，扩大市场份额，追求市场份额最大化的同时，实现店铺利润最大化，提高品牌竞争力；②老产品促销，清理库存，带动店铺所有商品销售，迅速聚拢人气，提升入店率；③节日促销，短期促销，获取最大利益；④店庆周年活动，可塑造店铺品牌形象，推广品牌在消费者之间的传播，培养顾客的忠诚度等。

 模块三　网店装修项目实训

1. 实训流程

网店装修实训流程如图 3-40 所示。

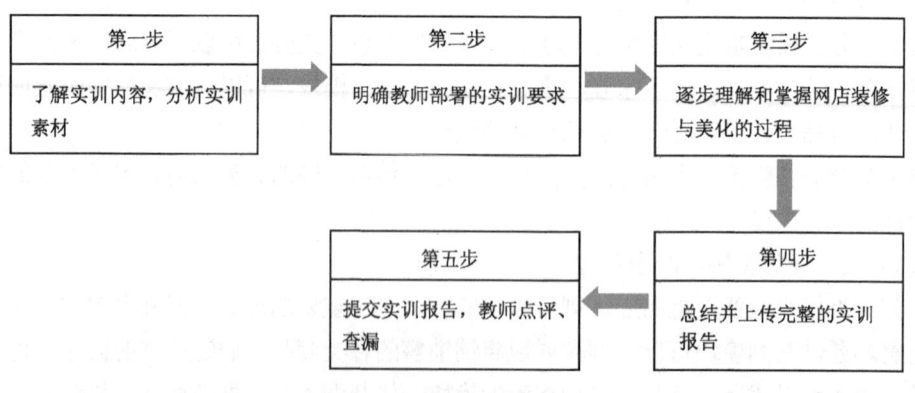

图 3-40　网店装修实训流程

2. 实训概述

本实训要求学生在教师指导下，根据教师提供的实训素材或项目，通过博星卓越网上商城系统，逐步完成网店的装修与美化分析，要求通过实训，掌握网店装修与美化的基本内容与方法，了解网店在店铺装修、美化过程中的具体要求与技巧。通过实训总结得出网店装修的基本特点，并完成学习报告。

3. 实训素材

（1）学生计算机若干。

（2）实训站点：淘宝网、博星卓越网上商城系统。

4. 实训内容

步骤1：认知网店装修

学生登录淘宝网，并打开2~3个商品性质不同的淘宝店铺，对比分析各类店铺装修与美化的异同点。

步骤2：填写实训报告

学生根据研究结果，认真完成如表3-1所示的实训报告参考表。

表3-1　网店装修项目实训报告参考表

店铺类型	店铺风格	布局特点	色彩搭配	头像选择
食品类				
服饰类				
电子产品类				

步骤3：在线收集店铺装修素材

运用相关的站点，对不同的店铺的装修所需素材进行查找整理，分别收集两个或两个以上的不同性质店铺的装修素材，进一步加强对店铺装修与美化的要求掌握。

步骤4：运用素材进行店铺装修

将收集好的资料整理妥当，登录实训站点博星卓越网上商城系统，然后选择"免费开店"，在店铺装修页面依次完成Banner及店标上传、店铺风格选择等步骤，并且在完成后保存任务，如图3-41和图3-42所示。

图3-41　免费开店

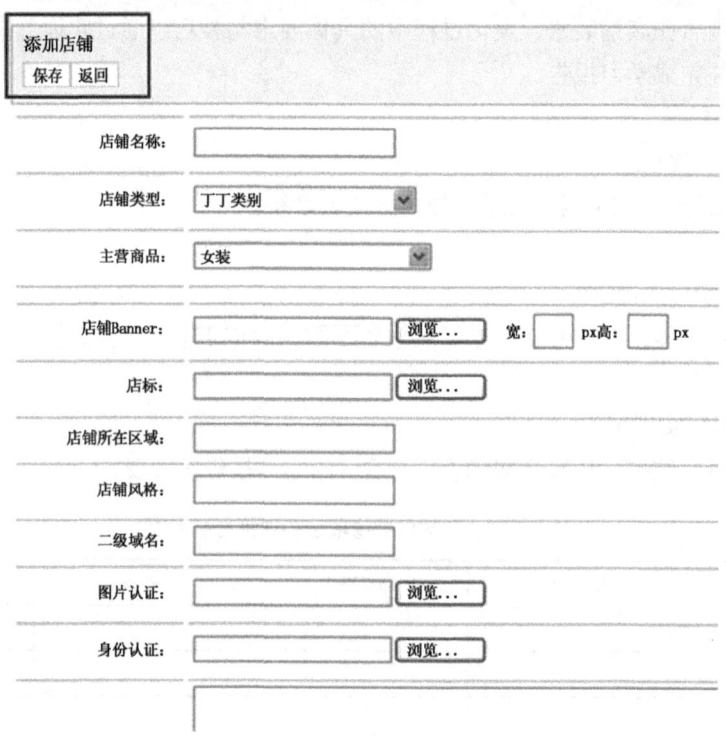

图 3-42 开店流程与美化

根据实训要求撰写报告并提交给教师,教师根据报告与学生完成的任务进行点评。

项目四　网店商品信息维护

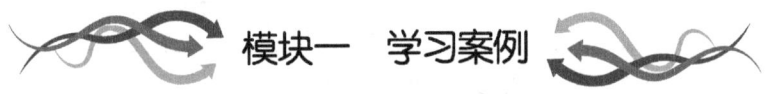

模块一　学习案例

任务一　商品描述合理布局关键字

众所周知，淘宝店铺营销不仅仅是利用产品的图片对顾客进行视觉吸引，还应该包括产品的文字介绍。产品的文字介绍中能给人留下较深的第一印象的就是产品标题，而产品标题中，合理而准确的关键字会起到关键作用。那么怎样利用关键字的合理布局来吸引客户呢？

文字为顾客传递理性信息，图片为顾客传递感性信息。利用感性信息对产品进行初步定义，理性信息精准锁定产品，只有理性信息与感性信息相结合才能使一个完整的产品信息展现在顾客眼前。因此，做好产品描述的关键字布局成为重中之重。

农享网淘宝店以食品类农产品为主要商品，所以在商品描述中主要以食品特色与规格为主，以最简短的语言传达给顾客最清晰的信息。

对淘宝描述关键词的布局可以分 4 个步骤来进行：找词、分词、分配、组合，接下来以农享网淘宝商城中的几个产品为例，具体分析一下描述关键词布局的 4 个步骤。

1. 找词

淘宝网为卖家提供的最简单的找词方法有 3 种：淘宝网搜索下拉菜单、直通车关键词推荐、同行业店铺关键词。

淘宝网搜索下拉菜单是通过统计淘宝店铺商品信息数据、与消费者搜索习惯数据相结合的站内搜索器。为了更加人性化地满足消费者的访问体验，淘宝搜索器通过将消费者搜索习惯与消费习惯进行对比，筛选出最贴合消费者的搜索结果，所以淘宝网搜索下拉菜单就成为寻找商品关键词的首选途径。

打开淘宝网，可以看到页面最上方设置有淘宝搜索框，包括淘宝商品搜索和淘宝店铺搜索。选取相应的搜索类别可以分别搜索到包含关键词的商品和店铺名称，如图 4-1 所示。

农享网淘宝店铺以食品类农产品作为主要商品，主打产品包括蜂蜜、茶叶、五谷杂粮等。如需要寻找与蜂蜜相关的关键词，那么在淘宝搜索框中输入蜂蜜，可以看到系统自动列出与产品蜂蜜相关的关键词，其中有描述蜂蜜特性的如"蜂蜜纯天然""蜂蜜纯天然农家"，有描述蜂蜜衍生产品的如"蜂蜜柚子茶""蜂蜜糕""蜂蜜柠檬茶"，有描述蜂蜜来源的如"蜂蜜进口"，有描述店家对该产品政策的如"蜂蜜包邮"，查询结果如图 4-2 所示。

另外，淘宝直通车为卖家提供了关键词推荐，也成为宝贝关键词筛选的可选途径之一。在淘宝网卖家后台中可以找到淘宝直通车链接。淘宝直通车是由阿里巴巴集团旗下的雅虎中国和淘宝网进行资源整合所推出的一种面向淘宝店铺的全新的搜索竞价模式。它的竞价结果可以在淘宝网上以全新的图片加文字的形式充分展示。每件商品可以设置200个关键字，卖家可以针对每个竞价词自由定价，并且可以看到自家商品在淘宝网上的排名位置，并按实际被点击次数付费。

图4-1　淘宝网搜索框

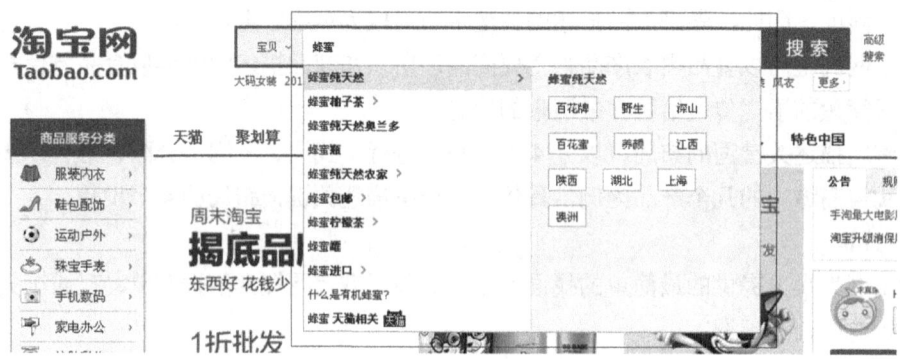

图4-2　淘宝网搜索下拉菜单

开通淘宝直通车需要支付一定的推广费用（见图4-3），但淘宝直通车的关键词分析功能是不需要付费的，在筛选关键词时可以充分利用这一资源进行关键词设置。这里采用的方法是利用重点关键词搜索推荐计划进行筛选，其步骤如下：

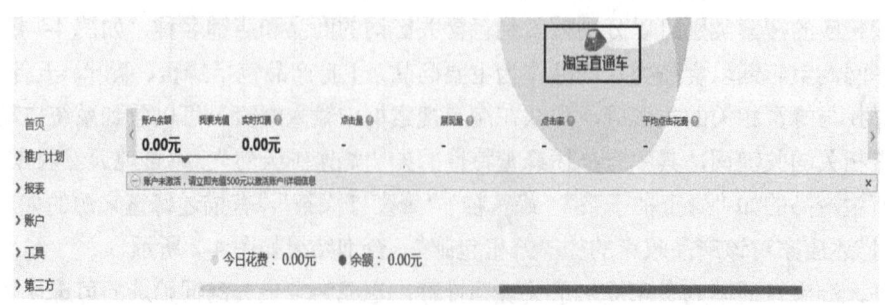

图4-3　淘宝直通车

1）打开推广计划，新建一个宝贝推广计划，如图4-4所示。

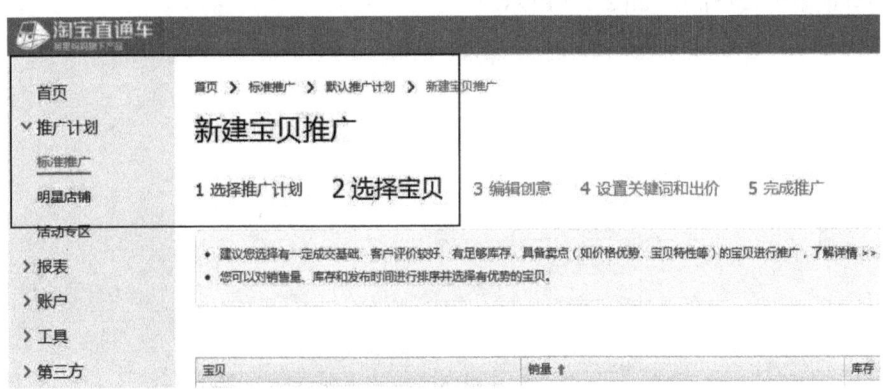

图4-4 新建宝贝推广计划

2）选择店铺内产品。需要说明的是，这一阶段利用淘宝直通车的主要目的是通过淘宝直通车进行产品的关键词设置，合理地利用淘宝直通车"关键词推荐"功能，并不是真的使用淘宝直通车进行产品推广。所以主要目的是进行新建宝贝推广的第4个步骤"设置关键词和出价"，如图4-5所示。

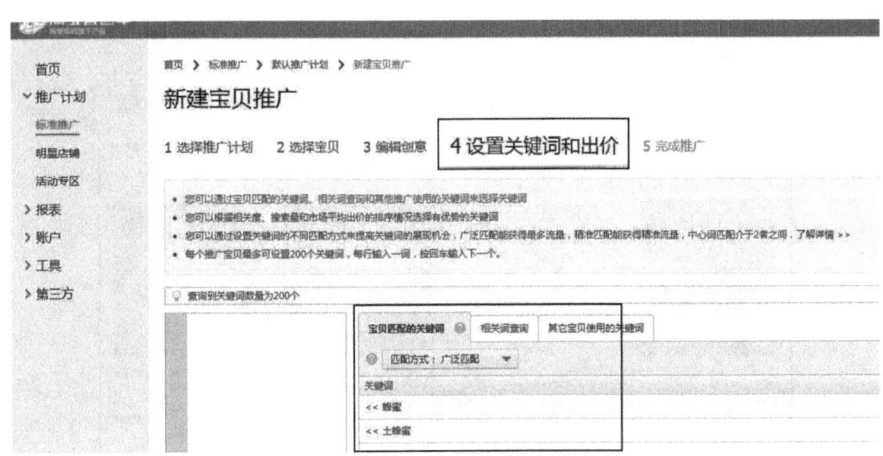

图4-5 新建宝贝推广的第4个步骤

3）从图4-5中可以看到新建宝贝推广的第4个步骤中有"宝贝匹配的关键词""相关词查询""其它宝贝使用的关键词"3种关键词推荐方式，使用"精确匹配"可以准确地找到与需要筛选商品最匹配的关键词。在搜索框中输入"蜂蜜"，使用"宝贝匹配的关键词"进行搜索，操作结果如图4-6所示。

淘宝直通车提供给卖家的信息包括与关键词的相关度、直通车展现指数、市场平均出价。卖家可以筛选出几个与当前商品最匹配的关键词进行记录，作为商品标题设置或内容设置的主要元素。

农享网淘宝店铺所出售的蜂蜜为农家土蜂蜜，为农家自产的纯天然蜂蜜，从搜索结果中可以提取与本店产品相关的关键词，如"纯天然""农家"等，因为淘宝网中同类产品和店铺还有很多，还可以参考行业内其他店铺同类产品描述，在"蜂蜜"这个关键词的搜索结果中可以看到有很多蜂蜜产品，如图4-7所示。

图4-6　淘宝直通车精确匹配搜索结果

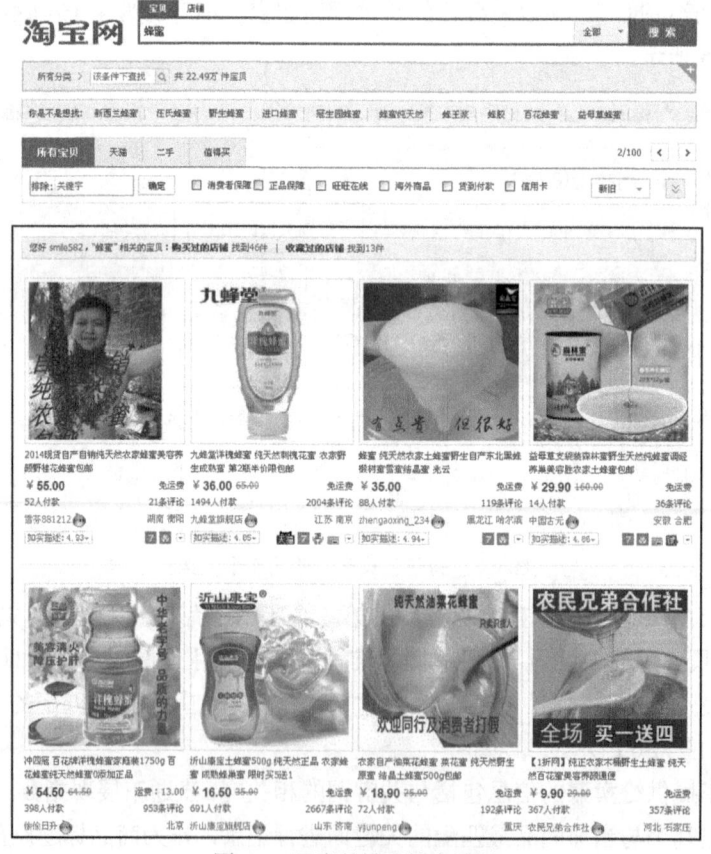

图4-7　同类关键词搜索结果

参考其他商家的关键词分布，发现产品标题中的关键词不但要覆盖产品名称，还需要说明产品特性和产品规格；另外，野生蜂蜜这类产品具有地域性，商家在说明产品特性时还可以强调产品地域。

农享网共有 4 种蜂蜜类产品,分别是四川九寨沟农家所产的洋槐蜂蜜和野生土蜂老蜂巢蜂蜜,以及江西宜春山区树参蜂蜜和一款花粉蜜。四川农家的两款蜂蜜和江西宜春山区的树参蜂蜜属于纯天然蜂蜜,关键字可以锁定在"纯天然"上,还可以设置为产品产地"四川九寨沟"和"江西宜春"。另外关键词还可以设置为产品的规格,如产品重量、产品包装等信息。

2. 分词

商品的名称应该作为一个偏正词组出现,中心词为商品名称及商品的基本信息,再加上一定的形容词或副词作为商品修饰语,阐明商品特征。所以通常情况下,一个淘宝商品名称由两部分组成,即基本的商品名称和简单的商品描述。由于同样的商品可以使用不同的名称进行描述,如蜂蜜,百花蜜,土蜂蜜,所以对于同一件商品而言不同的商品描述方式也会产生不同的效果,如图 4-8 所示。

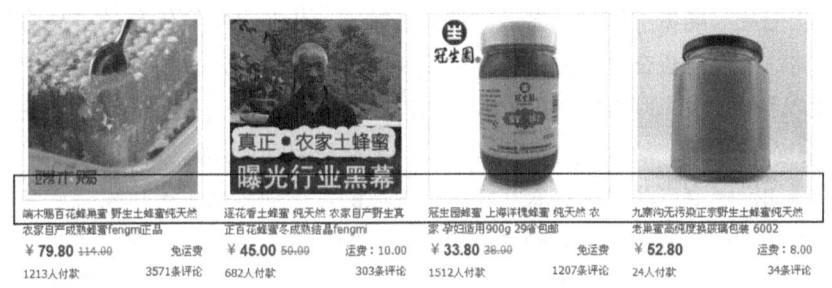

图 4-8 不同店铺对同一商品的描述

3. 分配

在商品关键词确定后要对关键词进行分配,如果是同一店铺同一品类的不同商品,最好采用相同意思的不同关键词来扩大关键词的覆盖范围,此处还是以农享网蜂蜜系列产品为例。农享网蜂蜜有四川九寨沟蜂蜜,有江西宜春山区蜂蜜,有老巢蜂蜜,有花粉蜜,有椴树蜂蜜。为了对不同地区不同种类的蜂蜜作出区别,采用了分词的方法将收集到的关键词进行合理分布,如图 4-9 所示。

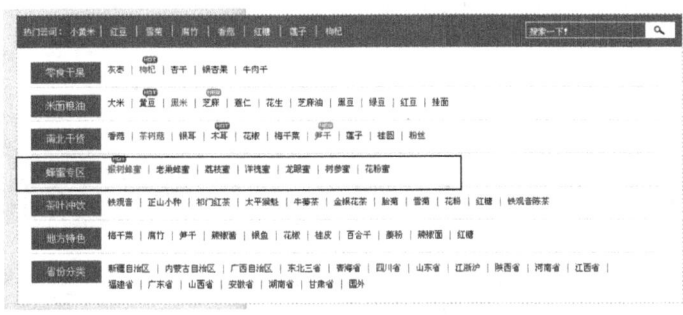

图 4-9 农享网蜂蜜专区的蜂蜜分类

4. 组合

电子商务运营追求的是利润,利润的最小单位就是流量的架势。那么在所有产品都受到先天因素的限制时（产品的基本属性），使用同一个词去描述不同的产品，所产生的流量价值都是不一样的，给店铺带来的利润也有差异。在这种情况下就需要对关键词进行分配。关键词的分配规则很简单，就是比较关键词的流量价值。可以将一个关键词分别带入不同的四种产品中去，通过对比得出其流量价值，敲定流量价值最大的产品，将关键词最终定位在这个产品中去。这样的测试工作非常耗时，因此建议使用淘宝为卖家提供的直通车服务进行。

打开淘宝直通车，将多组关键词分别带入多个产品，利用公式流量价值=客单价×转化率×毛利率，选择流量价值最高的关键词，利用直通车进行关键词测试的主要原因是测试所选关键词在直通车中的转化率，而直通车转化率也被公认为最近似于自然搜索转化率的一个指标。

任务二　填写商品基本信息

关键词和图片等准备工作做好之后，就要开始下一步——填写完整的产品信息了。一般包装好的产品信息通常会在产品的外包装中说明，而食品类农产品可能很少具备一份完整的产品文字信息，但是农享网淘宝店所出售的农产品就是以"纯天然"的农家产品为主，除了向供应产品的农户了解产品特征外，还有一些产品信息是店铺运营团队可控的。还是以蜂蜜为例，众所周知，蜂蜜产品是由蜂农从蜂巢中提取的，一些蜂蜜生产厂家会从蜂农手中收取蜂蜜进行加工和专业包装，形成品牌后进而流入市场销售，而要将蜂农手上的蜂蜜直接面对市场降低成本，就需要自己将蜂蜜进行简易包装，作为"农家天然无加工"蜂蜜出售。除了蜂蜜本身的营养成分与花蜜类别是形成蜂蜜时既定的因素，产品规格与包装也都在产品可控范围内。

农享网的蜂蜜产品大多数由蜂农自己灌装，采用最简单的玻璃罐密封保存，以370g作为包装规格，从这一组信息中就可以提取出"农家""玻璃""370g"3个产品的基本信息，这三条基本信息首先要体现在产品的标题中，再加上产品产地等。

打开淘宝网，登录卖家账号，进入淘宝卖家中心，如图4-10所示。在发布商品的栏目下进行商品发布，商品的发布不仅需要掌握商品的属性及类别，还应具备商品标题的撰写能力，因为商品标题的设置直接决定着店铺的销售转化率，因此对于卖家而言，商品发布就显得尤为重要。

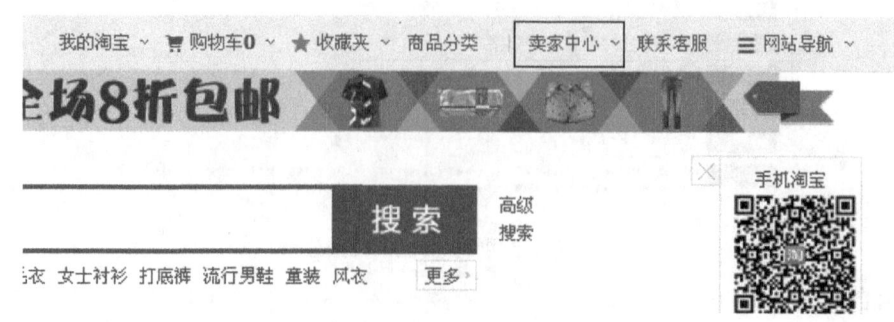

图4-10　淘宝网进入卖家中心

进入卖家中心后,在卖家中心左侧的"我的快捷菜单"中找到"发布宝贝",进入发布商品页面,如图 4-11 所示。

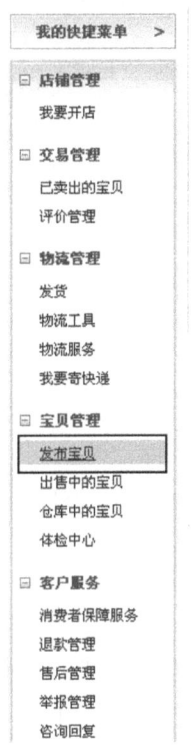

图 4-11　进入发布商品页面

卖家中心是淘宝网提供给卖家的管理后台,涵盖了店铺管理、交易管理、物流管理、宝贝管理、客户服务等淘宝卖家的主要操作动向。打开"发布商品"页面,需要对商品进行类别选择,如图 4-12 所示。

图 4-12　选择发布商品类别

淘宝网对产品类别作了非常细致的划分,可以说是涵盖了网购商品的绝大多数范围,农享网淘宝店上的新产品为天然蜂蜜,在传统滋补营养品的蜂蜜/蜂产品中可以找到具体的蜂蜜类别。点击进入发布类别,打开商品详细内容编辑页面,如图4-13所示。

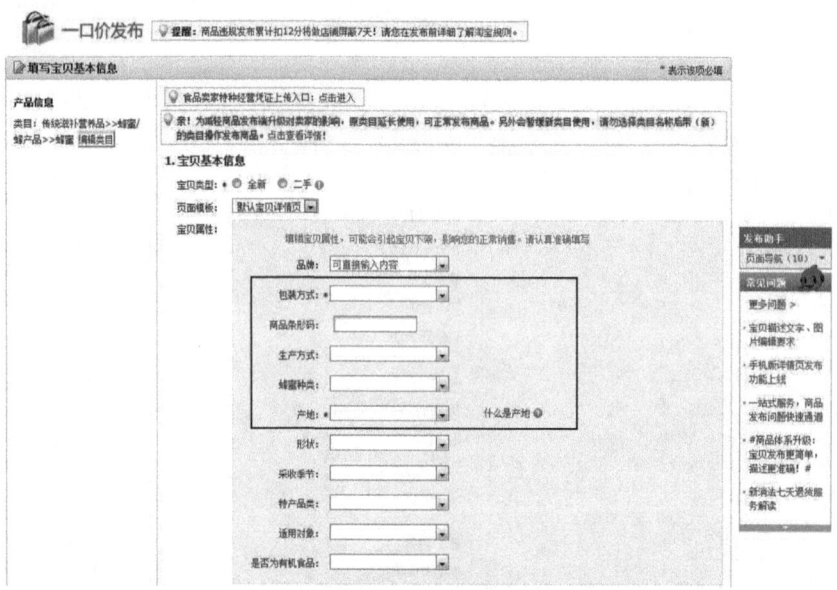

图4-13 商品详细内容编辑页面

商品详细内容编辑页面包含商品类型、使用的页面模板选择以及商品属性,因为淘宝网中有二手物品交易市场,所以宝贝类别分为全新与二手两种。页面模板通常采用默认商品详情页,默认商品详情页是最基础的淘宝商品编辑页面,具有较高的延展性,如果卖家喜欢追求商品展示页面的个性化,也可以自己编辑一个商品详情页作为模板。商品属性会将商品的各方面细分,各项参数均可在商品属性中添加,而农家生产的天然蜂蜜,或许一些属性具备,一些属性不具备,只需要将商品属性中必填项目填写完整即可,是不影响商品发布的。话虽如此,商品属性还是应该尽量详细,商品属性会显示到商品最终发布后的商品参数栏目中去(见图 4-14),详细的商品参数会为消费者带来高度信任感,若商品相对参数不全则其同类商品更容易被消费者所接受。

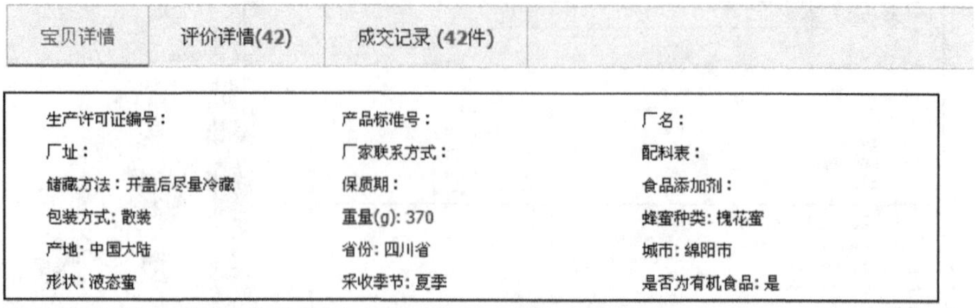

图4-14 商品参数

商品参数填写完成后，需要对商品标题与描述等信息进行编辑，页面下拉可以看到淘宝网设置的编辑框，参照商品参数，将确定好的关键词进行组合后，设置 30 字以内的商品标题，将商品标题、价格、重量、数量等信息填写完整后，就可以进入商品详细描述了，如图 4-15 和图 4-16 所示。

编辑商品的详细描述时需要注意，商品详细描述展示在商品购买页面中商品参数的下方，通常包含图片、文字说明、视频等，这里需要编辑人员与商品图片处理人员对需要添加的素材进行美化处理，然后通过后台上传到商品描述中去。淘宝网对淘宝店铺的后台进行了很细致的划分，并可以将淘宝 PC 端与手机端内容分开添加，大大节省了用户使用手机客户端浏览商品时所需要的流量。在进行文字信息描述时要注意，重要的文字信息可以使用字体放大、颜色变化等进行强调，以引起消费者注意。

商品图片可以由一张或多张图片组成，需要注意的是，如果商品图片较长，最好将图片分解为多个图片组合，以此来提高网页的加载速度。调查显示，用户对网页加载速度较为敏感，如果页面加载超过 1s，那么用户的浏览就会被打断；页面加载超过 3s，57%的用户会放弃当前浏览；74%的用户登录某网站时间超过 5s 后就不会再登录这个网站。加载时间每延长 1s，作为全球最大的 B2C 电子商务网站的亚马逊一年就会减少 16 亿美元销售额。所以无论是独立网站还是承载于网络平台上的电子商务网店，为了提供最好的用户体验并且吸引访问者，都应该专注于更快速的加载网页内容。而图片的大小正是影响网页加载速度的最主要因素之一。

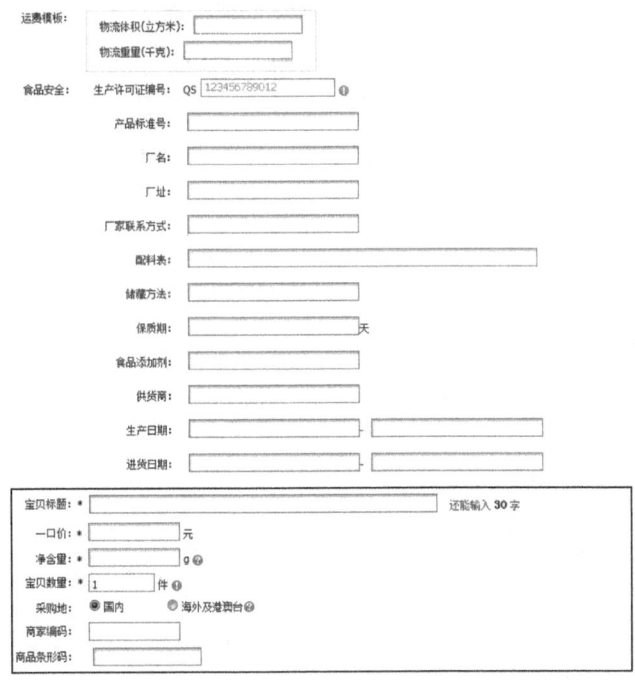

图 4-15　商品信息设置页面

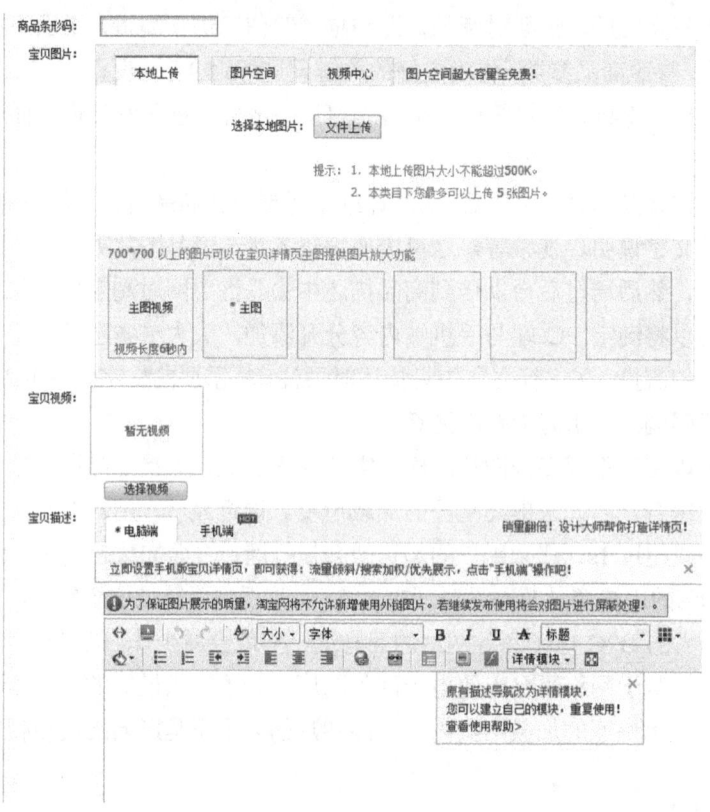

图4-16 商品详细描述编辑页面

商品描述中可以插入多张图片和文字，可以输入25 000字符的内容，足够卖家将商品的详细描述输入进去。同时也可以添加相应图片，可以直接将图片复制粘贴在文本框中，也可以单击文本框上方的图片插入工具进行图片插入，如图4-17所示。

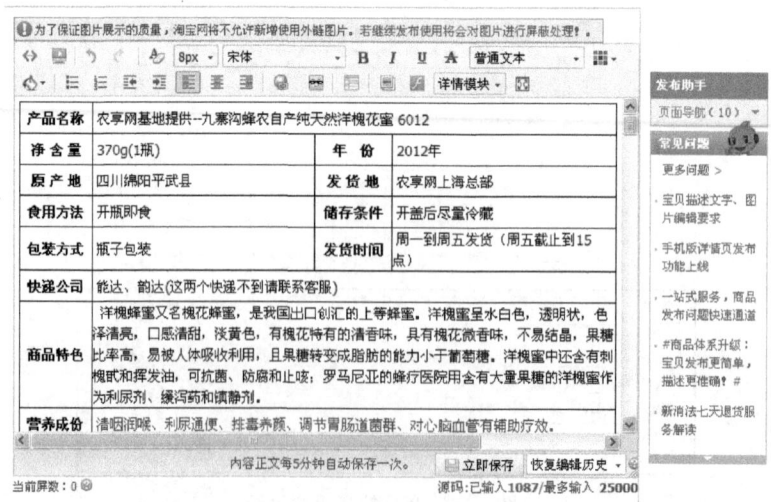

图4-17 插入商品描述

完成了大部分商品描述后，只需再设置物流、售后及其他信息（见图 4-18），就可以完成商品的描述信息，商品物流信息可以提前设置物流运费模板，淘宝网一般会为卖家提供两种物流模式，一种针对大多数地区，另一种针对偏远地区。

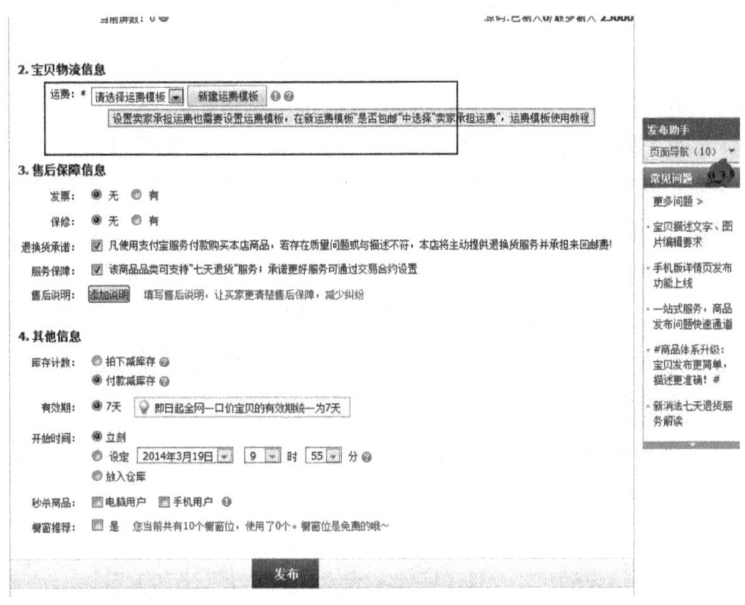

图 4-18　商品物流信息、售后保障信息与其他信息填写

淘宝网为卖家提供了两套物流模板，分别为通用物流模板和中通/申通物流模板（见图 4-19），在运费模板管理中可以进行选择，卖家也可以根据自己联系的快递新建快递模板，详细的操作请参照本书项目七网店物流与配送的相关内容。

运送方式	运送到	首件(个)	运费(元)	续件(个)	运费(元)
快递	全国	1	15.00	1	10.00
快递	四川,陕西,天津,山东,河南,山西,福建,贵州,河北,吉林,江西,北京,安徽,重庆,辽宁,广东,湖南,广西,湖北	1	10.00	1	8.00
快递	澳门,香港,台湾	1	30.00	1	20.00
快递	浙江,上海,江苏	1	5.00	1	2.00
快递	西藏,新疆	1	20.00	1	15.00

运送方式	运送到	首件(个)	运费(元)	续件(个)	运费(元)
快递	全国	1	12.00	1	8.00
快递	浙江,安徽,上海,江苏	1	6.00	1	2.00
快递	青海,甘肃,西藏,内蒙古,新疆,宁夏	1	20.00	1	20.00
快递	台湾	1	30.00	1	30.00

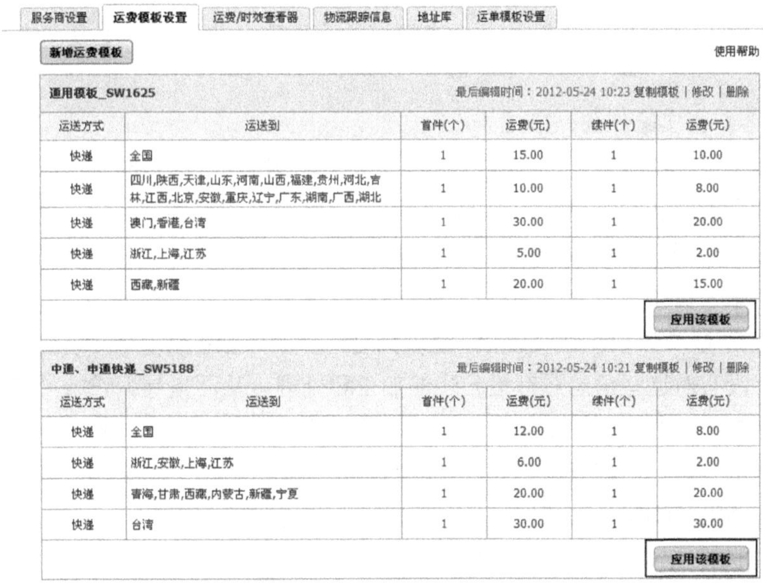

图 4-19　淘宝为卖家提供的物流模板

任务三　完成商品发布

在淘宝上对发布的商品进行优化，最终的目的就是要让商品排名靠前，往往排名靠前的商品更容易引起消费者的注意与购买欲望。所以，发布商品在时间上也要讲究一定的技巧。

1）店铺的多个商品分不同时间发布。淘宝商品排列规则是，上架商品距离结束的时间越近，在商品默认搜索中位置越靠前。从这点来看，如果商品同时发布，那么每星期只有一天时间商品排在最前面。如果将店铺商品分三次隔天发布，那么每周就会有三天该店铺的商品排列在前面。选择上架的时间越短越好，这样查询商品的时候，默认排序按照上架时间算，商品就可以总是排在前面。

2）商品的发布时间最好在一个时间段。从淘宝网的调查数据来看，上午9点到12点、下午2点到5点、晚上8点到10点是网络购物交易量最大的时间段，所以商品最好在上午12点、下午5点或者晚上10点发布。这样可以在人最多的时候使商品排在前面，增加商品曝光度。商品浏览量提高了，成交量也会随之提高。

3）一定要将店铺内既便宜又有特点的商品排在店铺推荐位上。店铺的推荐位最重要，推荐位是吸引访客的店铺招牌，决定了访客对店铺的第一印象。

 **模块二　商品描述与发布相关知识**

1. 淘宝网店店家做好商品描述的技巧

不管是几十人、几百人一个团队的大卖家还是夫妻档的小卖家，只要是做淘宝，都可以有以下几个信息来源：供应商信息、仓库信息、客服信息、竞争对手信息、淘宝信息等。在商品描述上，假如有一个团队，最起码要有以下几个部门之间做好沟通工作：采购部、客服部、策划部、情报部；即使是一个夫妻档的小卖家，也要从以上几个方面去获取信息进行处理。

（1）让客户帮卖家作商品描述

淘宝上除少数几个卖家外，大多数的卖家都有客服部门，但是对客服部门的管理深度够不够，就是管理者的认知水平的问题了。客服不仅可以为店铺接待客户、处理订单信息，他们在这个过程中会获取到大量的用户需求信息，如某个商品或者某个系列的商品。有经验和善于总结的客服人员就会发现，客户咨询的问题往往大同小异，有些客服部门的主管会将这些问题整理成FAQ文档以供培训使用，能做到这一步的客服主管基本上算是合格了，更深入的问题在于有没有对这些信息进行进一步的加工和处理，从而指导编辑人员对商品描述进行修改，假如客户关心的问题在商品描述上都能简明清晰地展示出来，则可以为客服人员节省很多时间，更重要的是，客服的专业性会让客户充分认可店铺。如果客户认可了卖家的专业性，则无疑会增加其购买的可能性。

（2）让竞争对手帮卖家作商品描述

大家都知道，生意都在竞争对手那里，其实，很多时候并不是和客户做生意，而是和竞争对手做生意。怎么理解呢？一般来说，不同的用户即使购买同一件商品，他们关注的焦点也不一定相同，有的人会比较关心价格，有的人会比较关心使用期限，有的人会比较关心包装等，任何一个卖家都不可能满足所有客户的需求。而所谓的和竞争对手做生意，就是去研究竞争对手是用什么来吸引客户的，并且分析客户的需求比重，如关心价格的大概有多少，关心商品质量的有多少，关心包装的有多少，关心运送速度的有多少等。有人说，这些不好分析，其实做好第一步并且持续性地关注竞争对手的信息，一段时间后就会有个大概的印象了。然后再在商品描述上进行有针对性的设置，就会让客户惊喜地发现，原来他需要解决的问题卖家早就帮他解决好了。需要提示的是，在针对竞争对手的商品描述上有两个思路，一个是自己找到了竞争对手的空白点，把它做实，另外一个就是在竞争对手的优势上更显得优势。前一个思路该怎么理解呢？例如，卖家在卖某个电脑桌的时候，特意把官方的网站链接放在商品描述上，并标明官方的价格，另外做了一个供应工厂的资料，意味着是同一家供应商，卖家给出一个回馈用户的理由然后以比官方价格低得多的价格出售，这就是在同等质量上找价格空白，销售数据显示，这招的杀伤力非常强大。后一个思路就不用详细介绍了，常规的价格战就是，自己价格低，别家价格更低，优势上更显优势，当然，价格战比较低劣，其实还有办法找到其他优势的。

（3）让采购人员帮自己作商品描述

很多淘宝卖家的采购人员并不专业，严格地说，他们不是采购，而是购买。购买和采购的区别就在于前者是单纯的货款交易，后者是采集分析后的货款交易。采购人员在采购之前，最起码是获取了三方面的信息并进行分析后才决定的：①市场的信息；②供应商的信息；③本公司的信息。基本来说，采购人员可能是公司中第一个全面了解商品的人员，如为什么要采购这个商品，供应商推荐这个商品的原因是什么，市场接受这个商品的原因是什么，公司有哪些资源能保证把这个商品卖好等。采购人员在采购之前一般都会进行分析，所得数据可以指导编辑人员进行商品描述，一般来说，采购人员也是一开始对商品了解最熟悉的人员，所以在有些公司采购人员要配合培训人员做好商品培训，而且采购人员无疑是和供应商打交道最多的人员，他们往往更容易获取竞争对手的某些信息。

（4）策划编辑人员做好商品描述的注意事项

归根结底，商品描述是必须由策划编辑人员来完成的，如何在商品描述上把需要体现的信息表现好，是策划编辑人员专业能力的体现。一般来说，从客户、竞争对手、采购人员处获取信息后，这些信息经过初步的筛选和处理，并不具备系统性，策划编辑人员首先要对这些信息进行系统化的规整，然后逻辑清晰地进行整理和美工表现。很多卖家会把大量的信息堆砌在商品描述上，让人看得眼花缭乱，这是非常不可取的，应尽量图文混排，而且要图重文轻，图重不是要放大量的图片，而是放重要的图片，文轻不是说文字不重要，而是要把重点表现出来，切忌大篇幅的文字说明，因为大多数的买家是没有耐心去看博士、论文般的商品描述的。

2. 淘宝店商品上架的时机选择

1）首先选择上架时间为 7 天。这样比选择 14 天多了一次下架的机会，可以获得更多的宣传机会。

2）商品一定选择在黄金时段内上架。在具体操作中，可以在 11:00~16:00、19:00~23:00，每隔半小时左右发布一个新商品。不选择同时发布是因为同时发布，也就容易同时消失。如果分隔开来发布，那么在整个黄金时段内，都有即将下架的商品可以获得很靠前的搜索排名，为网站带来的流量也很可观。

3）每天都坚持在两个黄金时段内发布新商品。每天都有新商品上架，那么一周之后，也就每天都有商品下架，周而复始。对于商品数量巨多的卖家，在其他时段也可以发布一些商品，只要坚持做好细节，那么，在每天的黄金时段内，店铺内都有商品获得最佳的宣传位置。

4）所有的橱窗推荐位都用在即将下架的商品上。安排合理的话，所有的推荐位就会发挥巨大的威力。

 模块三　商品描述与发布项目实训

1. 实训流程

网店商品描述与发布实训流程如图 4-20 所示。

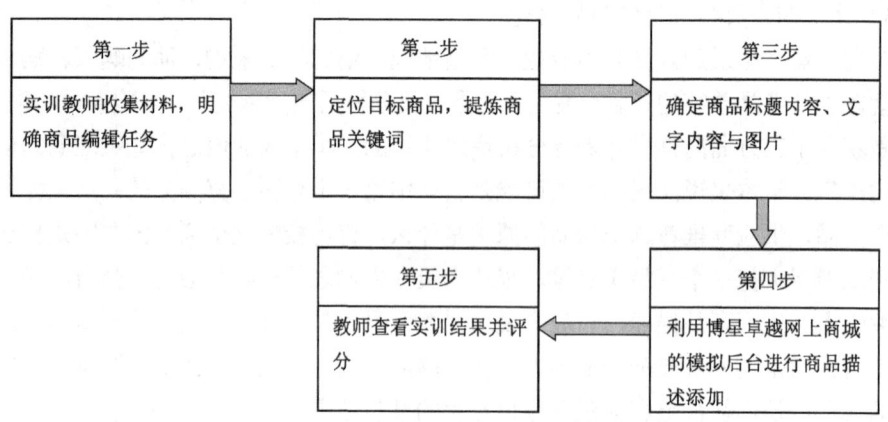

图 4-20　网店商品描述与发布实训流程

2. 实训概述

本项目实训内容为淘宝网店商品描述与发布，学生按照本项目知识点及网店商品描述与发布方法，通过"博星卓越网上商城"软件，将教师指定的任意商品作为商品描述与发布的主要对象，要求在商品描述时阐明商品特征，紧抓商品关键词。

3. 实训素材

博星卓越网上商城实训软件。

4. 实训内容

步骤1：明确目标商品属性

授课教师为学生提供目标商品（不同种类），学生在互联网中查找目标商品属性，并将商品进行归类。填写商品属性归类表，见表 4-1。

表 4-1　商品属性归类表

商品名称	商品属性
目标商品名称	为商品进行归类，明确其属性

步骤 2：提炼目标商品关键词

根据商品属性归类，通过淘宝网搜索，利用互联网资源，确定商品关键词，填写关键词分配表，见表 4-2。

表 4-2　关键词分配表

商品名称	网络推荐关键词	确定关键词
目标商品名称	通过互联网平台进行关键词的收集与整理	对整理的关键词进行提炼

步骤 3：组织语言对目标商品进行描述

根据确定的商品关键词，对商品进行描述，整理商品的基本信息并填入商品信息表中，见表 4-3。根据商品信息表组织语言文字进行描述，并通过博星卓越网店运营实训系统将整理好的信息进行后台添加。

表 4-3　商品信息表

商品名称	商品规格	商品描述
目标商品名称	通过互联网平台进行关键词的收集与整理	对整理的关键词进行提炼

步骤 4：完成商品发布

学生提交实训成果，教师根据学生所提交的商品描述对实训进行评分。

项目五　网店商品拍摄与美化

 模块一　学习案例

任务一　了解基本的拍摄技术

电子商务飞速发展，现在网上开店的卖家都知道商品拍摄的重要性。如何才能把商品真实、清晰地呈现在买家面前，是卖家必须掌握的一项基本技能。商品拍摄是网店运营中不可或缺的内容，也是在销售过程中起着决定性作用的重要环节。

网店的美化与实体店店铺的装修一样，都是为了让店铺变得更有吸引力，使顾客流连忘返。店铺美化和装修就是在淘宝平台允许的结构范围内，尽量通过图片、程序模板等让店铺更加丰富和美观，因为网购的顾客都是从网上的文字和图片来了解商家及其商品的，所以，店铺商品的拍摄与美化就显得尤为重要，而且它直接决定顾客在店铺中停留时间的长短，顾客在店铺中停留的时间越长，成交的可能性也就越大。

开店离不开商品展示，在网上开店，商品展示只能通过拍摄商品图片来实现，所以，准备一台符合商业拍摄条件的数码相机是开店的必备条件之一，而掌握基本的拍摄要领是每一个网络零售从业者的必修课。

不管是拍摄哪一类照片，都会使用到相机的一些基本功能和简单设置。一张好的商品照片中凝聚着拍摄者的灵感和技巧，而这些灵感与技巧的获得，又来自于长期的拍摄实践，唯有厚积薄发，积累起大量的实用拍摄经验，才能拍摄出更多优秀的作品。

1. 光圈

光圈代表了相机上孔洞开启的大小，光圈越大，进光量越多，光圈越小，进光量越少。光圈值的大小用"f"来表示，大的f数值代表了一个小孔洞的开启，而小的f数值则代表了一个大孔洞的开启，这说明f越小，光圈越大，f越大，则光圈越小，只要根据这个规律来记忆，就会知道f/2.8是一个大光圈，但f/16却是一个小光圈，如图5-1所示。

2. 景深

光圈和景深有密切的关系，因为通过调整光圈的大小可以直接控制景深，景深是指在镜头聚焦调节中，所能清晰成像的最远部分和最近部分之间的距离。

以人眼为例，当把手指放在眼前，然后集中视力看清楚这根手指时，会发现手指之外的背景全部模糊了，这便是小景深效果；当眺望远方时，会发现眼前的事物全部都很清晰，可以延伸到视力范围内无限远的距离，这便是大景深效果。相机的光圈是根据人眼的这个原理来设计的，光圈相当于人眼的瞳孔，当瞳孔放大时，看近处的物体显得非常清晰，远处的画面就模糊；当瞳孔缩小时，视力范围内无限远的景象在眼中都是清晰的，调节光圈产生的景深效果也是如此。

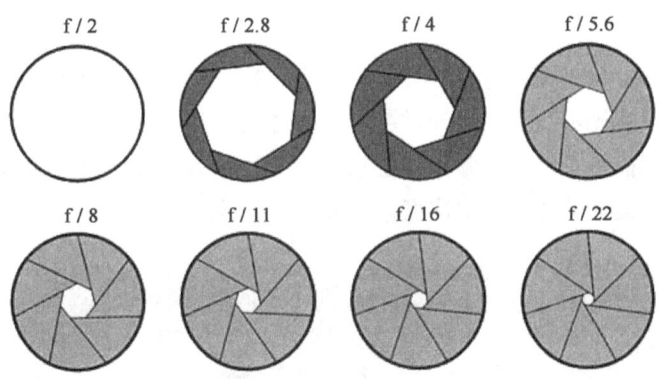

图 5-1 数码相机的光圈值

如图 5-2 所示的三张图片是同样的两个物体不同的拍摄效果，仔细观察就会发现，1 号图片是采用小光圈拍摄的，对焦点区域的拍摄效果很清晰，而其他区域拍摄效果则很模糊，这就是常说的小景深拍摄效果，这张图片上第二把椅子清晰可见，很显然，这说明拍摄时的对焦点是在第二把椅子上。

2 号图片同样是用小光圈拍摄的，但是对焦点落在了前面的椅子上，从前面椅子上可以清晰地看到它的对焦点。

3 号图片是采用大光圈拍摄的，前景和后景都很清晰，但是对焦点是落在前面一把椅子上的，因此，这把椅子的拍摄效果在此基础上又更加清晰。

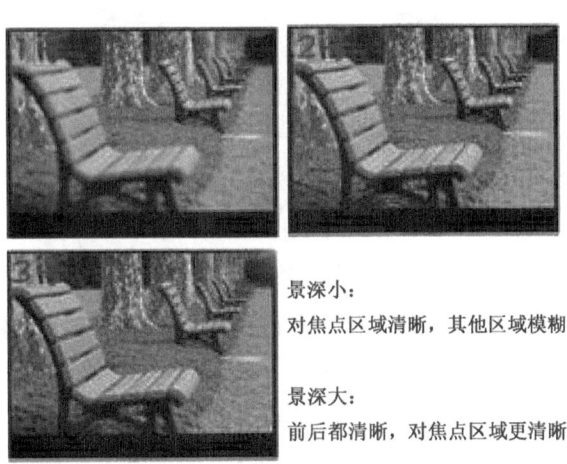

景深小：
对焦点区域清晰，其他区域模糊

景深大：
前后都清晰，对焦点区域更清晰

图 5-2 数码相机的景深拍摄效果

在拍摄需要突出主体的商品照片时，通常会采用小景深拍摄，当需要拍摄成套系列商品的照片时，就会采用大景深拍摄，将所有商品都清晰地呈现出来。

决定景深的三个基本因素如下：

1）光圈：光圈大小与景深成反比，光圈越大，景深越小。
2）焦距：焦距长短与景深成反比，焦距越大，景深越小。
3）物距：物距大小与景深成正比，物距越大，景深越大。

3. 曝光补偿

曝光补偿也是一种曝光控制方式，其值一般为±2～3EV，当拍摄环境过亮或者偏暗时，拍出的照片就会出现曝光不足或者曝光过度，这两种情况都会导致被拍摄物体的细节呈现不理想，因此，这时就需要手动调节曝光补偿来增加或降低曝光量，使被拍摄主体获得合适的曝光量，让画面达到最佳的亮度和对比度。如图5-3所示。

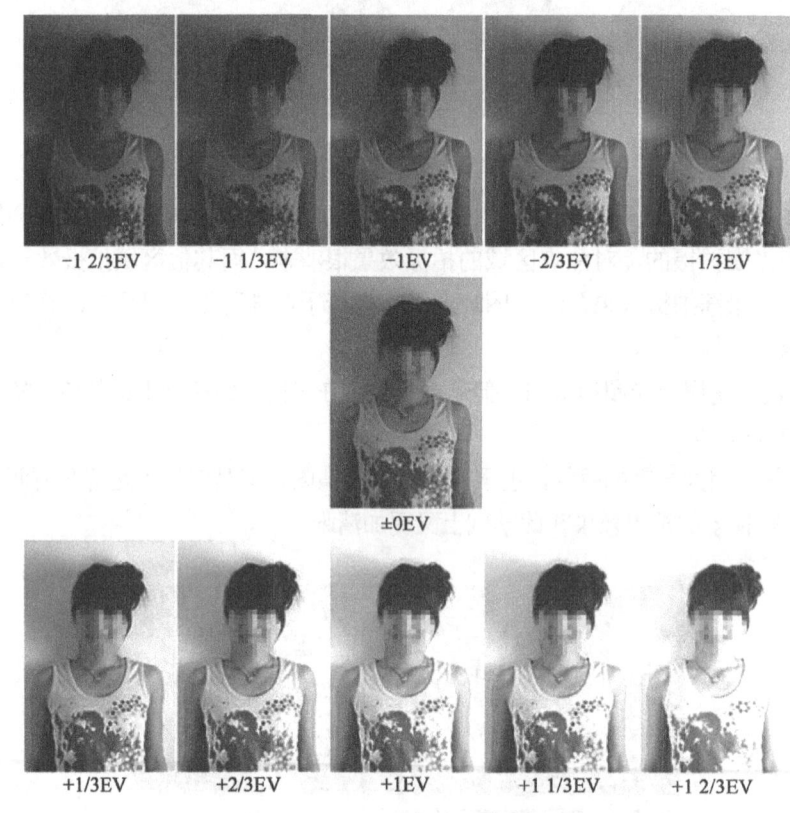

图 5-3　手动调整曝光补偿值

图5-3中的照片是将相机设置为光圈优先自动曝光模式，并使用曝光补偿功能分级改变照片亮度进行拍摄的。和相机判断为"合适"曝光值的照片（无曝光补偿：±0EV）相比，不管是正向曝光补偿还是负向曝光补偿，补偿值越高，亮度变化就越明显。不难发现，仅仅在1/3EV的补偿也会产生亮度差。相机计算出的曝光值并不完全正确。另外，相机计算出的"合适"曝光值和实际见到的美丽效果不一定是一致的。拍摄时要根据自身情况来判定什么程度的亮度最合适。

4. 白平衡功能

物体反射出的颜色受光源色彩的影响很大，人的大脑可以侦测并更正光源引起的这种色彩改变，因此看到的白色物体都是白色的，然而数码相机不同，它所侦测到的由不同光源产生的"白色"不尽相同，有的呈浅蓝色，有的呈黄色或红色，为了使最后拍出来的照片还原被拍摄物体正确的色彩，即在最终的照片中，使白色物体能够呈现出人类肉眼所看到的正常的白色，数码相机就必须模仿人类大脑，根据光源来调整色彩，这种调整就称为"白平衡"。

目前数码相机白平衡的调整方式通常分为光源种类和色温值两类，一般家用数码相机多采用按照光源种类来区分的设置方式，如日光、阴影、阴天、闪光灯、荧光灯、钨丝灯和手动调节等，而高端的数码单反相机在这些类别的基础上还会增加色温值的调整选项，就是可以手动调节具体的色温数值，一般调节范围都在2500~10000K，下面详细介绍这两种调节白平衡的方式。

（1）按照光源种类设置

"白平衡"这个概念早在胶片相机时代就有了，是指感光元件还原白色的能力，因为在不同光源下，物体反射的颜色都不相同，而人眼是可以在任何光源下准确地还原白色的，但是感光元件却不行，所以就需要让感光元件正确还原当时光源下的白色。当白色被准确还原了，那么其他颜色也可以正常显示。

有的相机是拍摄之前在菜单里预设白平衡模式，有的相机可以在菜单选择时通过液晶显示屏观察所选模式的变化、预览拍摄效果，有了直观的感受以后再确定使用哪一种广元模式，如图5-4所示。

不同的光源模式会达到不同的调整效果，下面再来了解一下如何在不同的光源情况下设置白平衡模式。

1）自动白平衡。自动白平衡为相机的默认设置，相机中有一个结构复杂的矩形图，它可以决定画面中的白平衡基准点，以此来达到白平衡调校。在一

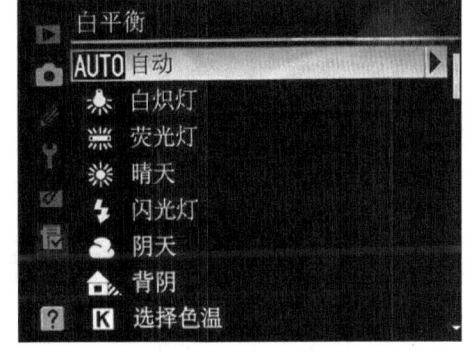

图5-4　白平衡的设置

般情况下，自动白平衡的准确度还是比较高的，但在环境色温过高或过低时，它的效果就有些差强人意了。

2）日光白平衡。日光白平衡是室外摄影最应当使用的一种白平衡设置，是指根据一般情况下日光的色温来进行色彩调整。由于日光是最理想的摄影光线，光线中各种颜色光的比例也是最恰当的，因此在日光条件下自动白平衡一般都不会出现大的偏差，所以，在室外光照适宜的条件下反而是最不需要手动设置的，多数情况下用自动白平衡就可以应付。

3）白炽灯白平衡。普通白炽灯所发出的光线色温要比太阳光低很多，如果白平衡设置不当，所拍摄的照片就会偏黄，为此，多数数码相机专门设置了针对白炽灯光的白平衡，在白炽灯下拍摄时，只要设置成这种白平衡，就可以获得基本正常的色彩还原。因此，在拍摄有模特穿着的服装照片时要特别注意。

4）荧光灯白平衡。荧光灯是最复杂的一种光源，因为荧光的类型有很多种，如冷白和暖白，因而有些相机并不只有一种荧光白平衡调节，拍摄者必须确定照明是哪种荧光，才能对

相机采用效果最佳的白平衡设置。

5）多云、阴影白平衡。多云天气或者大面积阴影下,由于光线中红色部分被吸收或遮挡,色温偏高,如果使用自动白平衡或者日光白平衡,照片就会偏蓝,色彩还原不正确,尤其是人像的肤色会很难看,这就需要选择使用恰当的白平衡设置来校正色彩。

6）闪光灯白平衡。虽然电子闪光灯的色温与日光非常接近,但如果用闪光灯作为主光源,最好设置为专门的闪光灯白平衡,这样,照片的色彩才会更真实。

7）手动调节白平衡。当现场光源很复杂,各种白平衡模式都不适用时,使用手动白平衡设置可以正确还原现场色彩,如图5-5所示。

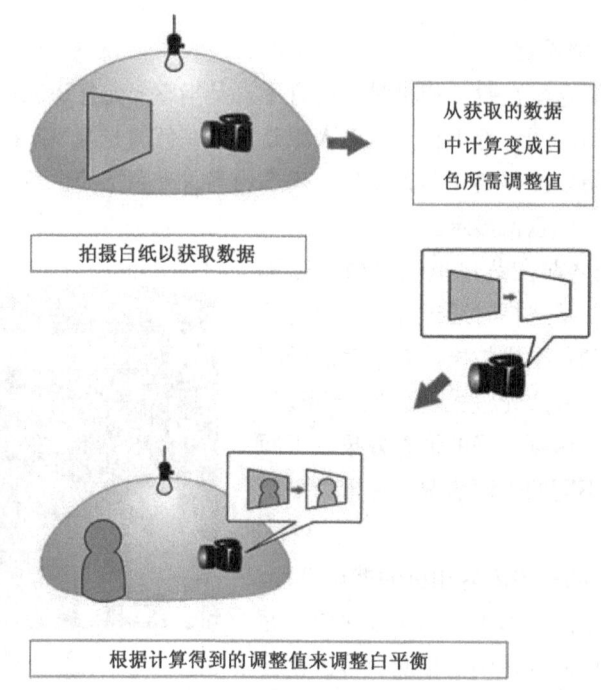

图5-5 手动白平衡的技巧

手动设置白平衡不需要将相机对准参照物聚焦,只需要把相机改为手动对焦模式,将镜头设置为无限远对焦,然后拿一张白色打印纸或名片,放在镜头前完成手动设置,或者因地制宜,在现场找一些白色的物体作参照物来帮助完成手动白平衡的调整。

（2）按色温高低设置

与"白平衡"相关的另一个概念就是"色温",其作用是区别光的变化,解决拍摄过程中对不同光源的不同光谱组合。由于"色温"的概念是爱尔兰第一代开尔文勋爵（Lord Kelvin）威廉·汤姆森（William Thomson）在1895年提出的,所以,"色温"就以开尔文（K）为单位。

需要注意的是,色温表示的是光源不同光谱的组合,而不是光线的实际温度,色温值越低,图像颜色越偏向于红色,色温值越高,图片颜色越偏向于蓝色,如图5-6所示。其实,红和蓝并不是光线本身的颜色,只是表明光谱中的红或蓝成分较多。

项目五 网店商品拍摄与美化

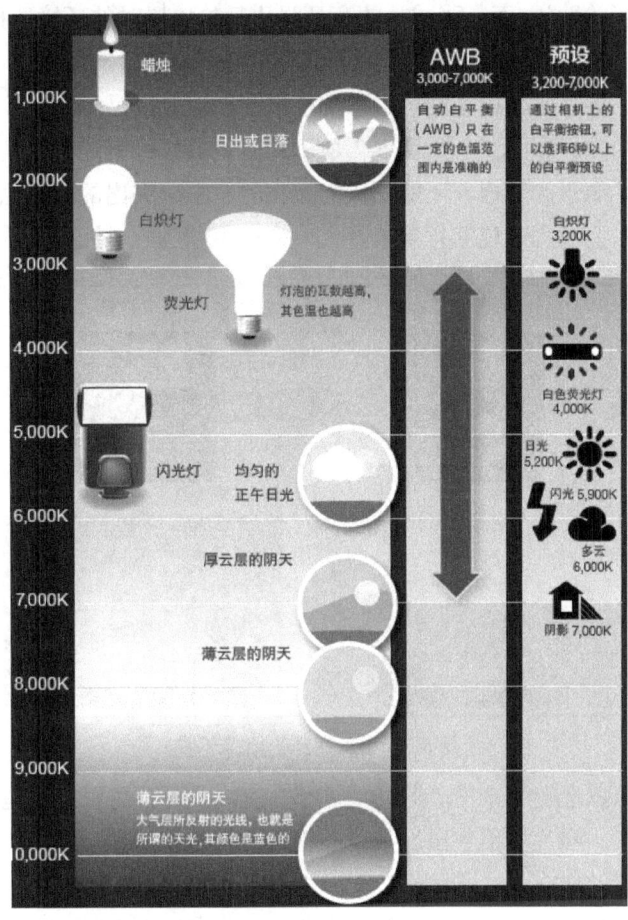

图 5-6 色温调节与白平衡设置

下面来了解一下色温中的常见标准：

"绝对零度"在开氏温标中表示为 0K，对应的是-273.15℃或-459.67℉，在这个温度下物质的活性完全丧失。

1）蜡烛的色温一般为 1800K。

2）100W 白炽灯的色温为 3000K，40W 白炽灯的色温为 2600K。

3）晴天日光的色温为 5200K。

4）阳光直射下日光的色温为 5000K。

5）阴天日光的色温为 6500~9000K。

6）深蓝的天空本身可以达到 20 000K。

综上所述，只要掌握了白平衡模式的设置方法，就能拍摄出色彩还原准确的照片，当然，要想成为摄影高手还需要在实际操作中不断地摸索和总结各种拍摄技术和技巧，使拍摄的商品照片不仅漂亮美观，还能具有生命力和吸引力。

5. 环境与布光

图片是商品的灵魂，一张漂亮的商品照片可以直接刺激顾客的视觉感官，让他们产生了

85

解商品的兴趣和购买的欲望,而一张成功的商品照片又与拍摄时的环境选择和布置密不可分。

(1) 拍摄环境

小件商品适合在单纯的环境空间里进行拍摄,由于这类商品本身体积很小,因此在拍摄时也不必占用很大的空间和面积,如图5-7所示的微型摄影棚就能有效地解决小件商品的拍摄环境问题,免去了布景的麻烦,还能拍摄出漂亮的、主题突出的商品照片。如果没有准备摄影棚,尽量使用白色或者纯色的背景来替代,如白色和颜色单纯、清洁的桌面等。

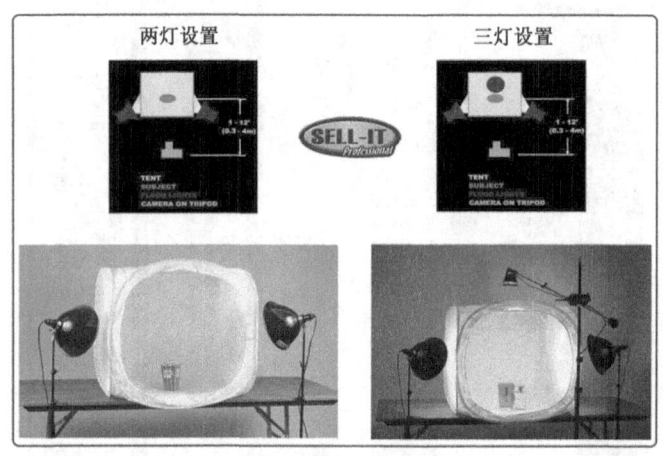

图5-7 小件商品的拍摄环境

大件商品拍摄可以选在一个空旷的场地进行,室内室外都可以,在室内拍摄时要尽量选择整洁和单色的背景,照片里不宜出现其他不相关的物体和内容,除非是为了衬托商品而使用的参照物或配饰。

如图5-8所示是室内拍摄大件商品的环境布置,室内拍摄对拍摄场地面积、背景布置、灯光环境等都有一定的要求,准备这样的拍摄条件才能拍摄出具有专业感的照片。外景拍摄主要是选择风景优美的环境作为背景。采用自然光加反光板补光的方式进行拍摄,这样的照片风格感更加明显,比较容易形成独有的个性特色和营造商业化的购物氛围。

图5-8 服装类大件商品的拍摄环境

如图 5-9 所示的这家店铺将拍摄的外景选在了巴厘岛、中国香港、马尔代夫、南非、日本等风景优美的国家或地区，这些商品图片形成了专属于店铺的一种前卫时尚和潮流风格，这样让人耳目一新的商品图片可以有效地对顾客产生心理暗示与影响。

图 5-9　服装类大件商品的外景拍摄环境

（2）拍摄时的布光

拍摄静止的物体是一种造型行为，布光是让塑造的形象更具有表现力的关键，但在拍摄照片时必须面对无数不可预知的外在环境因素，如灯光、布置、清晰范围、拍摄时刻等，而在室内环境里拍摄商品照片则可以完全排除这些影响，在这个特殊的领域，可以完全控制周围的状况，在拍摄中运用不同的布光来表现出商品的软硬、粗细、轻重、薄厚甚至冷热的视觉感受，使消费者直观地看到商品的不同形态，由此去联想他们在享受商品时可能获得的感受。

如图 5-10 所示是常见的几种布光方式，有正面两侧布光、两侧 45°角布光、单侧 45°角的不均衡布光、前后交叉布光、后方布光这 5 种布光方式。下面来简单介绍一下这 5 种布光方式的特点。

1）正面两侧布光。正面两侧布光是商品拍摄中最常用的布光方式，采用这种布光方式拍摄照片时，正面投射出来的光线全面而均衡，商品表现全面，不会有暗角。

2）两侧 45°角布光。两侧 45°角布光可以使商品的顶部受光，正面没有完全受光，该种布光方式适合拍摄外形扁平的小商品，不适合拍摄立体感较强且有一定高度的商品。

3）不均衡布光。若采用单侧 45°角的不均衡布光，商品的一侧会出现严重的阴影，底部的投影也很深，商品表面的很多细节无法得以呈现，同时，由于减少了环境光线，会使拍摄难度增加。

4）前后交叉布光。从商品后侧打光可以表现出表面的层次感，如果两侧的光线还有明暗的差别，那么，就能表现出商品的层次又保全了所有的细节，比单纯关掉一侧灯光的效果更好。

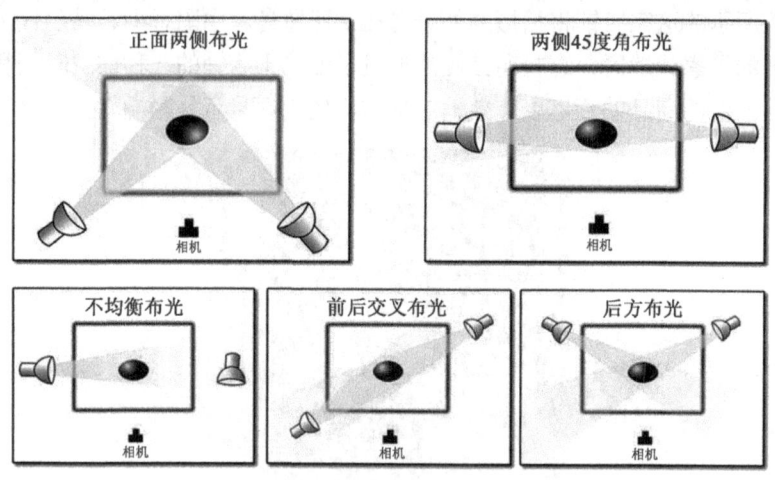

图 5-10 常见的布光方式

5）后方布光。从背后打光，商品的正面因没有光线而产生大片的阴影，无法看出商品的全貌，因此，除拍摄琉璃、镂空雕刻等具有通透性的商品外，最好不要轻易尝试这种布光方式。同理，如果采用平摊摆放的方式来拍摄，可以增加底部的灯光，也是通过从商品的后方打光来表现出这种通透的质感。

以上是静物拍摄时常见的布光方式，但由于要拍摄的商品在结构、质地和表面肌理上各不相同，所以吸收光和反射光的能力也不同，因此，根据不同商品表面质感对光线作出的反映，可以将它们大致分为吸光体、反光体和透明体三类，由于有些商品的质地介于吸光、反光和透明中的两者之间，或是三者兼有，因此，将物体分为这三种类型只是一种概括性的分门别类，并非精确和精准的分类方式。

静止的商品拍摄不仅需要拍摄者对光影有充分的理解，还要有高度的灯光组织能力，针对上述这 3 种类型的商品，可以在常用的 5 种布光方式的基础上增加辅助光源进行拍摄，以此达到更好的商品展示效果。

1）吸光体的布光方式。表面吸光的商品包括皮毛、衣服、布料、食品、水果、粗陶、橡胶、亚光塑料等，它们的表面通常是不光滑的，因此对光的反射比较稳定，即物体的固有色比较稳定统一，而且这类商品通常本身的视觉层次就比较丰富，为了再现吸光体表面的层次质感，布光的灯位通常以侧光、顺光、侧顺光为主，这样可以使其层次和色彩都表现得更加丰富。

如图 5-11 所示是在拍摄一个具有吸光表面的木质雕漆手镯时采用的布光方式。主灯位于手镯的右前方，闪光灯上可以加装伞用反光罩，这样做的目的是让照射面积相对使用标准反光罩更小、更集中，其作用在于完整勾勒出商品的形状，使其更具有立体感。

顶灯位于手镯的左上方，这时，如果在闪光灯上加装一个柔光箱，可以使该商品均匀受光，并且能够有效地减弱主灯照明使商品产生的投射阴影。

背景灯位于手镯的右后方，最好是给闪光灯加装标准反光罩、挡光板和蜂巢，其作用在于通过标准反光罩上加装的挡光板和蜂巢来控制背景的照射面积及亮度。

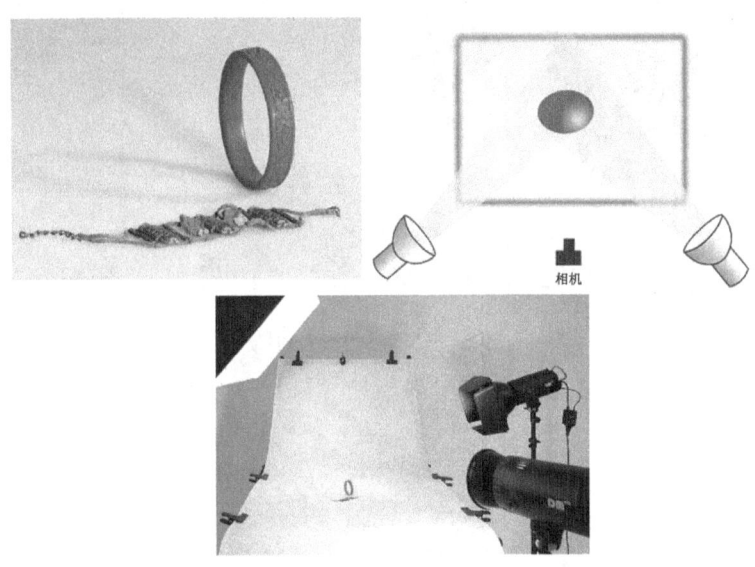

图 5-11　拍摄吸光体的布光方式

2）反光体的布光方式。反光体的表面非常光滑，对光的反射能力也比较强，犹如一面镜子，所以，拍摄反光体一般都是让其出现"黑白分明"的反差视觉效果。反光体多是一些表面光滑的金属饰品，或是没有花纹的瓷器，要表现出表面的光滑质感，就不能使一个立体面中出现多个不统一的光斑或黑斑，因此最好的方法就是采用大面积照射的光或利用反光板照明，光源的面积越大越好。

在大多数情况下，反射在反光表面上的白色线条可能并不均匀，但必须保持统一性和渐变效果，这样才会显得真实，如果反光面上出现高光，则可以通过很弱的直射光源降低高光效果。反光体布光最关键在于反光效果的处理，特别是一些有圆弧形表面的柱状和球型商品，所以，在实际拍摄中通常会使用黑色或白色卡纸来打反光，以加强商品表面的立体感。

如图 5-12 所示拍摄的商品里既有反光体又有吸光体，手机链和鲜花的制作材质是纺织品，属于典型的吸光体，化妆镜和手机虽然表面都做了磨砂处理，但还是具有反光的特点，当然，和表面光洁度更高的金属饰品相比，它们的反光度就小得多。拍摄这类商品时，要注意相机和拍摄者的倒影不要反射到商品的反光面上，否则就会出现黑斑，应该用大面积的柔光光源来降低商品表面反射的锐度，使商品的色调和层次更加丰富，准确地表现出光滑的表面质感。

图 5-12 中，主灯位于被拍摄商品的右前方，灯光照射角度为 45°左右，闪光灯安装了柔光箱，布光时要特别注意闪光灯照射的角度对手机金属边和化妆盒表面带来的反光影响。

辅助灯位于被拍摄商品的左侧，是一盏带有柔光箱的闪光灯，这个位置布光的作用在于对暗面进行补光处理，同时减弱由主灯照射带来的商品阴影。

背景灯位于被拍摄商品的右后方，闪光灯上需加标准反光罩、挡光板和蜂巢，其作用在于勾勒商品轮廓的同时又照亮背景，在拍摄时需要注意挡光板位置的调整，以此来控制辅助灯的光照范围。

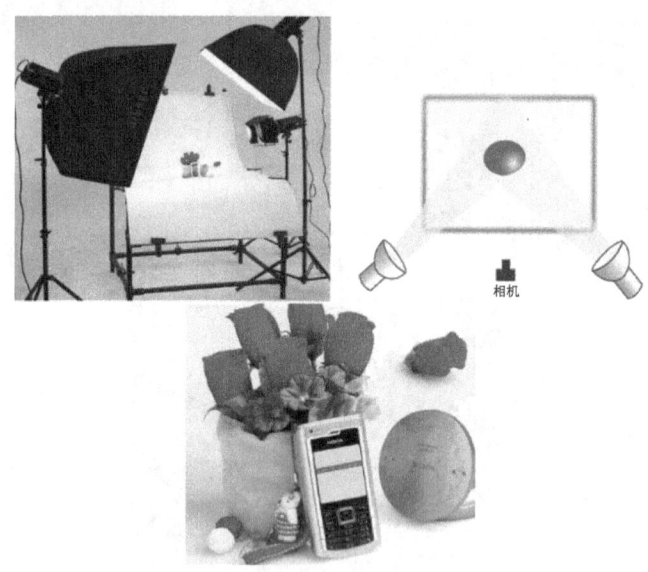

图 5-12　拍摄反光体的布光方式

3）透明体的布光方式。透明体表面非常光滑，这种清澈、透明的材质能够自由地传导光线而不改变其特征，使其产生玲珑剔透的艺术效果，体现质感，透明体大多是香水、化妆品等液体或玻璃制品。

如图 5-13 所示拍摄的香水不管是里面盛放的液体还是做外包装的玻璃瓶，都属于典型的透明体，由于光线能轻松地穿过这类透明材质，所以在拍摄这类商品时，一般都采用折射光照明，让逆光、侧逆光的光源可以穿过透明体，表现出它们精致和玲珑剔透的质感。

图 5-13 中，主灯位于香水瓶的侧前方，用一盏带有柔光箱的闪光灯来照亮香水瓶身正面的立体雕刻和 Logo。

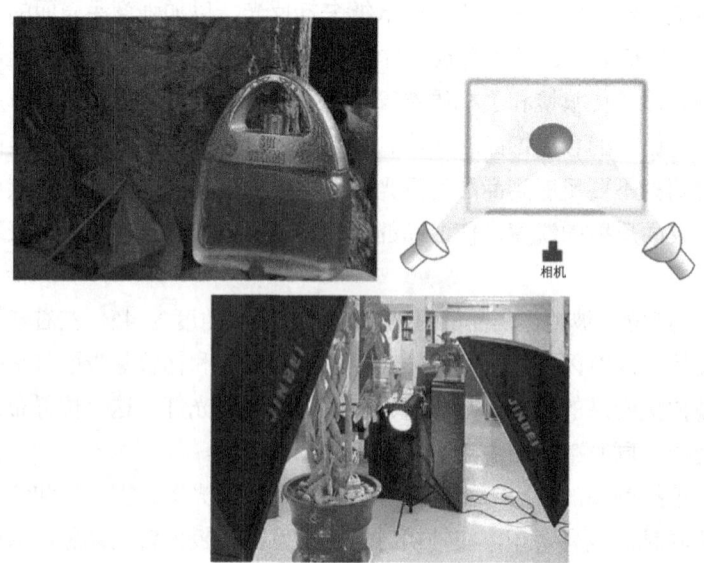

图 5-13　透明体的布光方式

辅助灯位于香水瓶的左侧，利用这一盏柔光闪光灯来对香水瓶的暗面进行补光，同时减弱由主灯和轮廓灯的照射而产生的阴影。

一盏加装了标准反光罩、挡光板和蜂巢的闪光灯作为轮廓灯，放置于香水瓶的侧后方，主要是利用蜂巢来控制光的走向，让挡光板来控制光照范围。这一盏轮廓灯可以使光线穿透瓶身，勾勒出香水瓶的外部轮廓和造型，体现出通透的质感。

拍摄时并非每次都能把主灯、辅助灯和背景灯派上用场，拍摄前不妨把每种布光方式在脑子里过一遍，预想一下想要取得的拍摄效果，再用每盏灯逐个进行实验，同时不断变换灯位，最终确定产生最佳效果的布光方案。

任务二　商品的拍摄与美化

在掌握了基本的拍摄技巧之后，卖家需要对在售中的产品进行拍摄以及美化，只有这样在店铺首页展示出来的效果才会吸引更多的买家。因此，商品的拍摄与美化在店铺的整体效果中占据着十分重要的地位。

不同的商品会有不同的拍摄方法，而最简单的办法就是根据商品的外形尺寸进行区分，即将被拍摄物体分为小件商品和大件商品。能够放进微型摄影棚进行拍摄的都属于小件商品，如手机、化妆品、食品等，这些小件商品在拍摄时的构图和布光等都大同小异，因此以销售食品为主的农享网淘宝店铺在拍摄过程中更倾向于小件商品。

1．商品的拍摄与摆放

（1）商品的组合与陈列

在拍摄商品照片之前，必须先将要拍摄的商品进行合理的组合，设计出一个最佳的摆放角度，为拍摄时的构图和取景做好前期准备。商品采用什么摆放角度和组合最能体现其产品性能、特点及价值，这是拍摄者拍摄之前需要思考的问题，因为拍摄前的商品摆放决定了照片的基本构图。

商品的摆放其实也是一种陈列艺术，同样的，商品使用不同的造型和摆放方式会带来不同的视觉效果。如图 5-14 所示为新疆吊杆红枣，但由于摆放和组合方式的不同产生了完全不同的构图和陈列效果。当顾客看到这张图时，会因视觉上出现的美感区别产生出不同的感受，而这个感受将直接影响到消费者是否会购买这件商品。这就是商品照片和产品照片之间本质的区别，因为商品照片归根结底是要刺激消费者的购买欲，而视觉感受恰恰是消费者价值判断中最重要的因素之一。

通过图 5-14 可以看出组合与摆放搭配的效果，使得商品在美观上和整体视觉上更上一层，更加突出商品的特点。农享网在商品拍摄与摆放中更多的是学习淘宝网的专业卖家，积累经验，从而有效地减少其在拍摄和图片后期处理时的补救工作。

（2）商品摆放的角度

如图 5-15 所示同样是新疆吊杆红枣，用不同的摆放方式可以让其视点引向红枣肉质细腻的角度，从这个角度可以很清楚地看到肉质的细腻，并且，这样的摆放方式可以使视觉中心正好落在肉质上。

图 5-14 商品的组合与陈列案例

图 5-15 商品摆放的角度

(3) 商品外形的二次设计

每一件商品在从流水线上出来时,其外部形态就已经被决定了,而卖家在拍摄商品时需要充分发挥自身的想象力,去重新定义二次设计和美化商品的外部线条,使之更具有设计感和美感。如图 5-16 所示为新疆吊杆红枣的原始包装,商品本身形状浑然一体,但为了更好地展示商品的外观,卖家在展示商品时都会进行二次设计,使得商品更加美观。

(4) 商品的搭配

时至当下,越来越多的消费者在购买商品时,不再满足于商品的直白外观,在拍摄商品时,卖家不得不想方设法去展示商品的特性。如图 5-17 所示同样为新疆吊杆红枣,在兼顾拍摄摆放的技巧之外，卖家在红枣排列上，采用了具有堆积感的方式来展示红枣的饱满和色泽，为了进一步展示红枣的新鲜和美味，还在盘子的边缘放置了绿色的植物和红酒来作衬托。

图 5-16　新疆吊杆红枣的原始包装

图 5-17　商品的搭配

2．商品的美化

商品拍摄完成之后，就需要对图片进行美化。其原因在于，图片美化可以补足拍摄过程中的瑕疵，而且可以对图片像素和大小进行再次调整，使得商品展示效果更好。

常用的图片处理软件有 Photoshop、CorelDRAW 及 Illustrator，对新手来说，可以利用 Photoshop 简单地调整照片的大小，也可以加一些图框和文字作适当的美化处理。而农享网已经拥有十分成熟的团队，因此在商品的美化上经验十分丰富。

如图 5-18 所示为新疆吊杆红枣的原始拍摄图片，从图片的拍摄效果来看，亮度和曝光度都不足，使得拍出来的照片模糊，而且没有光泽效果。但农享网编辑利用 Photoshop 对拍摄出来的照片进行美化处理，使得图片效果焕然一新。其具体步骤如下：

图 5-18　相机拍摄出来的新疆吊杆红枣原始照片

1）将已经下载好的 Photoshop 软件打开，依次选择菜单中的"图像"→"调整"→"色阶"命令，如图 5-19 所示。

图 5-19　"图像"→"调整"→"色阶"命令

2）在弹出的如图 5-20 所示的对话框中选择"自动"，然后观察图片的预览效果，调整好色阶之后，单击"确定"按钮保存校正效果。

3）色阶调整以后照片的亮点强弱较之前有所改变，但还是比较暗，接下来还需要对照片作提亮处理。依次单击"图像"→"调整"→"曲线"，如图 5-21 所示。

图 5-20 色阶自动调整

图 5-21 曲线命令

4）选择"曲线"命令以后进入如图 5-22 所示的操作界面，可以使用鼠标按住曲线上的小黑点，可以上下左右移动，此时图片亮度和对比度随着小黑点的移动发生变化，小黑点越往上，亮度越高，小黑点越往左，对比度越弱；反之，往右边移动时，亮度变暗，对比度随之加强。同时也可以单击"自动"按钮来执行命令。调整好亮度之后，单击"确定"按钮保存亮度结果。

通过上述两个步骤的操作，照片的色彩和亮度明显得以校正，如图 5-22 所示。为了进一步突显商品的特点，农享网编辑在提升了图片的亮度和色彩之后，选择在图片上再添加一点文字，使得图片效果更佳突出，同时也可以提升商品的曝光率。

图 5-22 经过色阶和曲线调整之后的图片

5）在添加文字之前，首先将已经完成了亮度调整的图片在 Photoshop 中打开，单击左边操作栏中的"T"字标志，然后输入文字。吊杆红枣产自新疆，而且该产品在国内屡次获得好评及嘉奖，因此编辑在文字内容上采用了突出地方特色、彰显产品特点的内容。如图 5-23 所示为在打开已经处理过亮度的图片中输入的文字。

6）在输入完文字之后，为了使文字大小和商品的效果主次分明，编辑在此处将文字大小调整为 18 号，字体样式采用了文鼎习。这种字体可以直接展现出文字的特效，而且可以使消费者一目了然地看到商品的介绍。如图 5-24 所示，在完成了文字的输入之后，单击位于 Photoshop 软件操作栏中的"T"字标志，调整字体的大小和字体样式。

而由于字体的颜色和背景图片的颜色均为白色，因此在选择了字体的样式之后，还需要添加字体投影，这样可以让文字特效展示得更全面，不会造成阴影缺少的残骸。投影的添加可以通过在 Photoshop 软件中单击"图层"→"图层样式"→"投影"来完成，根据弹出来的界面进行投影结构调整，调整完成之后单击"确定"按钮保存图片效果。如图 5-25 和图 5-26 所示分别为投影界面的调整和图片文字最终添加效果预览。

图 5-23　输入文字效果

图 5-24　文字大小和字体的选择

图 5-25 投影界面的调整

图 5-26 图片文字最终添加效果预览

经过这一系列的操作，简单的几个功能的使用就可以让原本偏色、灰暗的图片变成如图 5-26 所示的样子，虽然对于原本图片的形貌而言变化并不大，但是在给消费者的视觉冲击上效果是十分明显的，因此对于淘宝卖家来说，图片的拍摄和美化非常重要。

模块二 商品图片拍摄与美化相关知识

1. 商品拍摄技巧

（1）商品拍摄的特点和要求

商品拍摄对象，从广义上来说，是指一切可以出售的物体，它包括自然界的花卉、树木、瓜果、蔬菜、日常用品、工业用品、手工艺品、历史文物等。从狭义的角度来看，拍摄的表现范围是室内饰物、花卉、器皿、工艺品等一些体积较小、可以人工摆放的物品。商品拍摄不同于其他题材的摄影，它不受时间和环境的限制，一天 24h 都可以进行拍摄，拍摄的关键在于对商品有机的组织、合理的构图、恰当的用光，将这些商品表现得静中有动、栩栩如生，通过拍出的照片给买家以真实的感受。

1）商品拍摄的特点如下：

①对象静止。商品拍摄区别于其他摄影的最大特点，是它所拍摄的对象都是静止的物体。

②摆布拍摄。摆布拍摄是商品拍摄区别于其他摄影的又一个显著特点，不需要匆忙的现场拍摄，可以根据拍摄者的意图进行摆布，慢慢地去完成。

③还原真实。商品拍摄不必要过于追求意境，应尽量保持商品的本来面貌。

2）商品拍摄的总体要求是将商品的形、质、色充分表象出来，而不夸张。

①质是指商品的质地、质量、质感。商品拍摄对质的要求非常严格，须体现质的影纹层次必须清晰、细腻、逼真，尤其是细微处，以及高光和阴影部分，对质的表现要求更为严格。用恰到好处的布光角度、恰如其分的光比反差，以求更好地完成对质的表现。

②商品拍摄要注意色彩的统一。色与色之间应该是互相烘托，而不是对抗，是统一的整体。"室雅无须大，花香不在多"，在色彩的处理上应力求简、精、纯，避免繁、杂、乱。

（2）器材准备

1）既然是网店商品拍摄，就要有一款适合静物拍摄的相机，最好有微距功能。模块一已介绍过相机，此处就不赘述了。

2）三脚架是从事商品拍摄乃至其他各类题材摄影不可或缺的主要附件。为避免相机晃动、证影像的清晰度，使用三脚架是必须的。

3）灯具是室内拍摄的主要工具，如果有条件，应具备三只以上的照明灯。建议使用 30W 以上三基色白光节能灯，价格相对便宜，色温也好，很适合家庭拍摄使用。

4）商品拍摄台是进行商品拍摄必备的器具，但也可以因陋就简、灵活运用。办公桌、家庭用的茶几、方桌、椅子和大一些的纸箱，甚至光滑平整的地面均可以作拍摄台使用。

5）背景材料。如果到照相器材店购买正规的背景纸、布，费用很大，在一般小的房间里使用起来也不一定方便。可以到文具商店买一些全开的白卡纸来解决没有背景的问题，切忌使用复印纸，也可以到市场购买一些质地不同（纯毛、化纤、丝绸）的布料来作背景。

（3）光线的使用

商品拍摄与其他摄影题材在光线的使用方面有一定的区别。

商品拍摄的对象多数是能够放在拍摄台上的东西，物体的质感表现和画面的构图安排较其他的摄影题材表现要求更高。而且拍摄中灯光使用较多，自然光使用较少，所以在画面布局和灯光处理方面比较复杂。

下面介绍两种拍摄商品的光线使用方法：

1）室内自然光。如果使用室内自然光拍摄商品，就应该了解这种光线的特点和使用要求。这种看似简单而且容易使用的光线条件，很可能导致拍摄的失败。由于室内自然光是由户外自然光通过门窗等射入室内的光线，方向明显，极易造成物体受光部分和阴暗部分的明暗对比，既不利于追求物品的质感，也很难完成其色彩的表现。对于拍摄者来讲，运用光线的自由程度也受到限制。

要改变拍摄对象明暗对比过大的问题，一是要设法调整自己的拍摄角度，改善商品的受光条件，加大拍摄对象与门窗的距离；二是合理地利用反光板，使拍摄对象的暗处局部受光，以此来缩小商品的明暗差别。利用室内自然光拍摄商品照片，如果用光合理、准确且拍摄角度适当，不但能使商品的纹路清晰、层次分明，还能达到拍摄对象受光亮度均匀、画面气氛逼真的效果。

在商品拍摄光线的使用方面，如果有条件，最好利用人工光源，根据自己对商品拍摄的理解认识，去进行拍摄实践。

2）人工光源。人工光源主要是指各种灯具发出的光。这种光源是商品拍摄中使用非常多的一种光源。它的发光强度稳定，光源的位置和灯光的照射角度可以根据自己的需要进行调节。如何使用人工光源进行拍摄，要根据拍摄对象的具体条件和拍摄者对表现方面的要求决定。灯光是以点状光源或是柔光棚光源及反射光线等形式对商品发生作用。在许多情况下，拍摄对象的表面结构决定着光源的使用方式。

在一般情况下，商品拍摄是依靠被拍摄商品的特征吸引买方的注意，光线的使用会直接关系到被拍摄商品的表现。要善于运用光线明与暗、强与弱的对比关系，了解不同位置的光线所能产生的效果。侧光能很好地显示拍摄对象的形态和立体感；侧逆光能够强化商品的质感表现；角度较低的逆光能够显示出透明商品的透明感；角度较高的逆光可用于拍摄商品的轮廓形态。

熟悉和掌握上述各种位置灯光的作用和效果，在拍摄过程中，可以先使用一只照明度较大的单灯在拍摄对象的前后、左右不同的位置进行照明实验，细心观察不同位置光线所能产生的不同效果。了解它对拍摄对象的表现所产生的作用。利用室内灯光进行商品照片的拍摄，其光线的类型大致可以分为主光、辅助光、轮廓光、背景光、顶光、地面光等。在一般情况下，拍摄的过程只采用3～4种光线类型即可。

对拍摄者来说，在布置各种类型的光线时，切忌将所有的灯光一下子全部照射到被拍摄对象及其背景等处。这样做势必造成光影的混乱。正规的布光方法应该注重使用光线的先后顺序，首先要重点把握的是主光的运用。因为主光是所有光线中占主导地位的光线，是塑造拍摄主体的主要光线。当主光作用在主体位置上后，其灯位就不再轻易移动，然后再利用辅助光来调整画面上由于主体的作用而形成的反差，要适当掌握主光与辅助光之间的光比情况。

辅助光的位置一般都安排在照相机附近，灯光的照射角度应适当高一些，目的是降低拍摄对象的投影，不致影响到背景的效果。辅助光确定以后，根据需要再来考虑轮廓光的使用。轮廓光的位置一般都是在商品的左后侧或右后侧，而且灯位都比较高。使用轮廓光时，要注意是否有部分光线射到镜头表面，一经发现要及时处理，以免产生眩光。其后再按照拍摄需要，考虑背景光等其他光线的使用。全部所需光线部署好以后，再纵观全局，做一些必要的细微调整。当然，这种有主有从、有先有后的布光顺序是在一般情况下，面对一些特殊的拍摄对象、光线的使用，并不一定拘泥于从主光到辅助光再到轮廓光这种用光顺序。有时只需要一只灯照明，有时将顶光作为主光使用。所以，拍摄者可以通过反复实践，掌握用光的规律，来把握商品拍摄中光线的使用效果。

下面介绍几种不同表面结构商品的光线运用方法：

①粗糙表面商品的光线运用。有许多商品具有粗糙的表面结构，如皮毛、棉麻制品、雕刻制品等，为了将它们的质感很好地表现出来，在光线的使用上，应采用侧逆光或侧光照明，这样会使商品表现出明暗起伏的结构变化。

②光滑表面商品的光线运用。一些具有光滑表面的商品，如金银饰品、瓷器、漆器、电镀制品等，它们的表面结构光滑如镜，具有强烈单向反射能力，直射灯光聚射到这种商品表面，会产生强烈的光线改变。所以拍摄这类商品时，一是要采用柔和的散射光线进行照明，二是可以采取间接照明的方法，即灯光作用在反光板或其他具有反光能力的商品上，用反射出来的光照明商品，能够得到柔和的照明效果。

③透明商品的光线运用。玻璃器皿、水晶、玉器等透明商品的拍摄一般都采用侧逆光、逆光或底光进行照明，可以很好地表现出静物清澈透明的质感。

④无影静物的光线运用。有一些商品照片，画面处理上完全没有投影，影调十分干净。这种照片的用光方法是，使用一块架起来的玻璃台面，将要拍摄的商品摆在上面，在玻璃台面的下面铺一张较大的白纸或半透明描图纸。灯光从下面作用在纸的上面，通过这种底部的用光就可以拍出没有投影的商品照片，如果需要也可以从上面给商品加一点辅助照明。在这种情况下，要注意底光与正面光的亮度比值。

⑤光线与气氛。商品拍照所表现的气氛是给予购买者的一种情感反应，这种气氛是在拍摄过程中由于光线的作用而产生的。由特定的光线所表现出来的气氛，只在有意识地保留这种光线照明特征情况下，才能真正体现出来。例如，在逆光的照明条件下，拍摄对象的明暗反差会很大，被拍摄物体朝向照相机镜头的这个"面"往往会呈现在阴影中，如果使用过量的辅助光线，从物体的正面照射，把物体的背光面照得很亮，想着去表现被摄体更多的细部层次，不仅会失去画面上逆光摄影的光线感觉，还会破坏照片画面的整体气氛。气氛的表达要借助光线的作用，而光线的作用则是依据主体的表现需求，在遇到上述情况时，首先应想到如何协调质感表现、气氛渲染与主体内容表达之间的关系。根据所使用光线的造型作用和特点，调整好主光与辅助光的光比结构，利用画面气氛，更好地刻画静物拍摄画面的主体。

（4）商品的布局

此处可将商品的布局理解为静物画面的构图。商品拍摄在构成方面遵循摄影的一般构图要求，只是在某些方面，商品拍摄的构图要求更高、更细。因为商品拍摄不同于其他的题材摄影，它是通过拍摄者主观意图摆设出来的，所以构图就要求更加完整、严谨，画面中各种关系的处理也要求合理。

商品在画面中布局的过程，就是建立画面各种因素的开始，其中包括主体的位置、陪体与主体的关系、光线的运用、质感的表现、影调与色调的组织与协调、画面色彩的合理使用、背景对主体的衬托、画面气氛的营造等。

按照构图的基本要求，在简洁中求主体的突出；在均衡中求画面的变化；在稳定中求线条和影调的跳跃；在生动中求和谐统一；在完整中求内容与形式的相互联系。在准备拍摄之前，要对被拍摄商品进行仔细的观察，取其最完美、最能表现自身特点的角度，然后将其放在带有背景的静物拍摄台上。构图时要根据不同的拍摄对象作不同的安排。拍摄历史文物时，为求其平稳、庄重，一般都将被拍摄物放在画面居中的位置；拍摄陶瓷奔马，就应该在主体的奔跑方向前留出一些空间；拍摄细长的静物，就可以将其放在画面中间略偏向一边的位置，用其投影来达到画面的平衡；拍摄大一些的物体，画面布局应当充实，给人一种大的感觉；拍摄小的静物，画面上就可适当留些空间，让人感觉物体的细小；拍摄多个物体，就应考虑物体相互间的陪衬和呼应关系。

（5）背景的选择和处理

商品拍摄中，背景在表现主体所处的环境、气氛和空间方面，以及在表现整个画面的色调及其线条结构方面，有着很重要的作用。由于背景的面积比较大，因此能够直接影响画面内容的表现、背景处理的好坏，在某种程度上决定静物拍摄的成败。背景使用的材料主要有专用的背景布/纸、呢绒、丝绒、布料、纸张和墙壁等。

1）背景灯光的运用。在商品拍摄中，背景灯光如果运用合理，不仅能在一定程度上清除一些杂乱的灯光投影，同时也能更好地渲染和烘托主体。背景灯光的布光有两种形式：①将背景的照明亮度安排得很均匀，尽可能地在背景上没有深浅明暗的差异；②将背景的光线效果，布置成中间亮、周围逐渐暗淡的效果，或背景上部暗、逐渐向下过度的光线效果。通过用光线对背景的调整，可以使背景的影调或色彩既有明暗之分又有深浅之别，将拍摄对象与背景融成一个完美的整体，会得到非常好的拍摄效果。

如果将背景灯置于主体物的后面，从正面照亮背景，就会在背景上形成一个圆形的光束环。灯光位置距离背景的远近决定了光束环的大小，可以根据主体表现的需要自行调整。这种方法既简便，又可以表现出较好的画面效果，尤其适合静物照片的拍摄。

2）背景色彩的处理。背景色彩，应追求艳丽而不俗气、清淡而不苍白的视觉效果。背景色彩的冷暖关系、浓淡比例、深浅配置、明暗对比，都必须从更好地突出主体对象这一前提出发。可以用淡雅的背景衬托色彩鲜艳的静物，也可以利用淡雅的静物配以淡雅的背景。在这方面没有一定的规律和要求，只要将主体和背景的关系处理得协调、合理即可。黑与白在商品拍摄背景中的使用，已逐渐受到人们的重视，对于主体的烘托和表现，黑与白有着其他颜色背景达不到的效果。尤其是白背景给人的那种简练、朴素、纯洁的视觉印象，会将主体表现得清秀明净、淡雅柔丽。

3）背景的"虚化"处理。如果在室外拍摄静物照片，会受到杂乱背景的影响。因此，为了不影响主体的表现，对背景进行虚化处理是很有必要的。处理的方法是：①采用中长焦距的镜头进行拍摄，发挥这种镜头焦距长、景深小的优势，虚化背景；②拍摄时尽量不用太小的光圈，避免产生太大的景深；③控制主体与背景之间的距离，来达到虚化背景的目的。

如果在室内运用自然光拍摄静物照片，利用较慢的快门速度，在拍摄开启快门时，同时将背景进行左右或是上下的快速移动，同样可以达到虚化背景的目的。但需要两个人进行操作，快门速度也应该在 0.5s 以下。

2. 产品图片美化的重要性

图片是网店的灵魂，优质产品图片是网店的基础。产品图片的质量显得尤为重要。下面从三个方面分析网店中产品图片质量的重要性。

（1）从网店推广角度分析

很多网店经营者有过以下困惑：为什么产品相同，花费广告费用也差不多，推广效果和询盘数量却千差万别。

尽管商品自身品质没有改变，但有冲击力的高品质商品图片能大大提升目标客户的购买欲望。相反地，质量差的图片不仅无法激发客户的购买欲望，还会平添买家对网店的负面印象。虽然图片质量与商品质量、网店形象没有本质联系，但大多数买家都是感性的，几乎所有买家都是通过网店中的商品图片来直观感受商品质量和网店形象。

必须说明的是，产品照片需要经过专业工具处理后方能成为网店中的产品图片。产品照片的质量同时还严重影响着网店推广的绩效。

（2）从网店图片的细节分析

在网店上，产品图片是对产品的展示，是对产品文字描述进行补充，它既能展示产品的外形，也能让客户看到产品的价值，因此产品图片的质量就很重要。页面上的空间通常是有限的，因此要有效地利用空间，不要将珍贵的空间用于那些效果一般或者很差的图片。

应当选择那些能够显示出客户所关心的有关细节的产品图片，这样才能对他们的浏览行为进行支持。应当把图像大小和分辨率设置得尽可能低，以便保持网店的高效性，但要确保为客户保留充分的细节，使得他们可以轻松地看出重要的元素。

要确保买家可以对图片进行放大以便仔细地观察产品。看到某个特定的细节或对其质地进行评估会有助于增加客户下订单的信心。大部分网店都提供了产品图片的缩放功能，表现形式有多种，如小图片旁边有单击大图的按钮，或者是鼠标放在小图上就有大图显示。图片缩放功能已被广泛使用，它确实是一种非常好的产品展示功能。

（3）网店图片带来好的用户体验

在线上销售系统中，目前是很难达到"所见即所得"的商品展示效果的。无论提供多少图片、从何种角度、运用何种技术手段，也都只能无限接近于现实购物的物理真实感受，很难将商品的真实信息完完全全地展示出来。而到实体店铺购物则不同，例如，买衣服时可以拿着衣服，用手触摸，感受材质，近距离品味设计，还可以试穿等，线下购物一切都很美妙，但是需要花费相当多的时间以及在价格上承担店铺的额外费用。而线上购物虽然在物理体验上会有逊色，但仍有其独特优势，如方便、省时、价格实惠等，但如果因为对商品不够了解而买到不称心的商品，顾客要么退货要么默默忍受，总之，这种不好的购物体验会降低顾客再次购买的欲望，卖家有可能会永远失去这个宝贵的顾客。

所以，商品展示非常重要。不仅要尽量提供丰富、真实的图片，更重要的是，尽可能添加缩放功能并对图片进行美化处理，为顾客提供良好的购物体验，让顾客充分了解商品并感受到卖家的诚意，以激发其购买欲望。

综上所述，商品图片的展示在网店运营中占据着非常重要的位置，每个商家都应该在这方面尽量做好。

 模块三　商品图片拍摄与美化项目实训

1. 实训流程

商品图片拍摄与美化实训流程如图 5-27 所示。

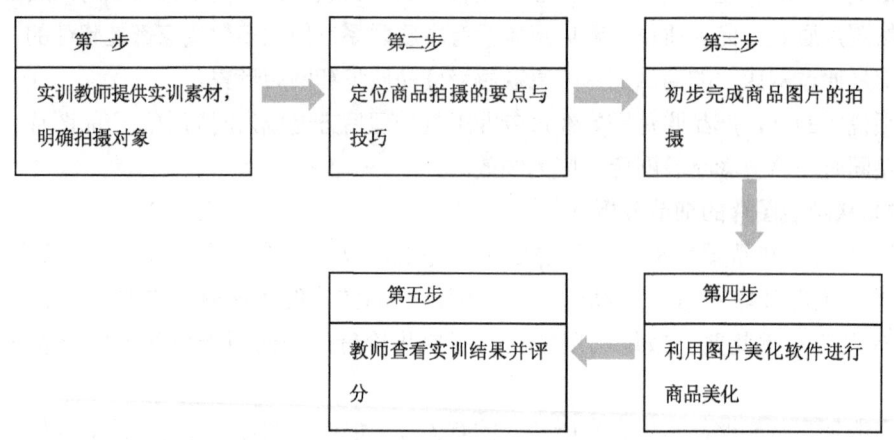

图 5-27　商品图片拍摄与美化实训流程

2. 实训概述

本项目实训内容为商品图片的拍摄与美化，学生按照知识点及商品拍摄与美化的方法，通过图片美化软件，将教师指定的任意商品作为拍摄与美化的主要对象，要求在商品拍摄中抓住拍摄要点及拍摄技巧，并娴熟地使用美化软件进行图片的处理。

3. 实训素材

学生可以在实训教师规定的范围内选择一款日常用品为对象，然后进行实物的拍摄，并进行图片的美化和处理。具体场景素材如下：

1）计算机若干（装有图片处理软件）。

2）相机一部。

4. 实训内容

步骤1：了解基本的拍摄技术

授课教师为学生提供目标商品（不同种类），学生通过互联网查看商品拍摄相关知识和技巧。

步骤2：商品的拍摄与美化

1）学生根据商品的拍摄效果，利用图片美化软件进行商品图片的美化，并掌握美化软件的使用技巧。

2）学生提交实训成果，教师根据学生所提交的商品描述对实训进行评分。

项目六　网店日常经营与管理

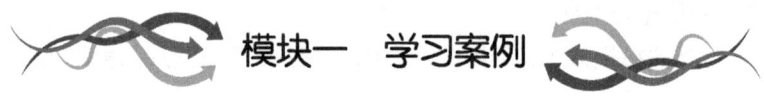

任务一　网店助理软件的使用与设置

对于淘宝店铺的卖家来说，在正常情况下，店铺的商品图片不会少于100张，而这些图片的上传与管理就无形中增加了卖家的工作负担。针对这种情况，卖家可以通过网店助理软件的使用与设置，来减轻自身的管理任务。

在众多的网店助理软件中，最常用的是由淘宝网开发制作的软件——淘宝助理，淘宝助理是一款提供给淘宝卖家使用的、免费的、功能强大的客户端工具软件，它可以使卖家不登录淘宝网就能直接编辑商品信息，快速批量上传商品。淘宝助理的这种强大的批处理功能大大地省去了卖家上传和修改商品信息的时间，更好地提高店铺效率，从而使卖家能有更多的时间关注经营和其他工作。

淘宝助理的使用与设置具体分为以下几个步骤：

1. 下载与安装

登录淘宝页面，找到"淘宝助理"，单击"下载淘宝助理"按钮，单击"保存"按钮，将执行文件下载到本地计算机上。然后双击安装文件，并单击"运行"按钮，然后根据向导逐步完成安装步骤，如图6-1所示。

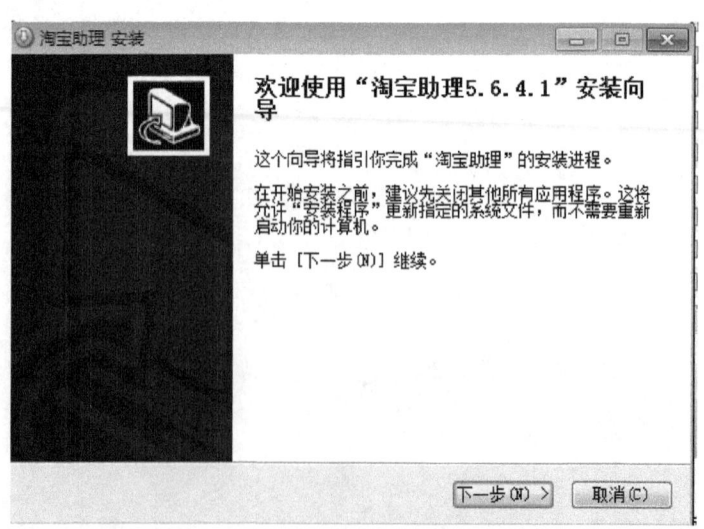

图6-1　安装淘宝助理

2. 淘宝助理的登录

1）在桌面双击淘宝助理的图标，或者选择"开始"，单击"所有程序"，选择"淘宝网"，单击"淘宝助理"，系统将显示淘宝助理的登录界面，如图6-2所示。

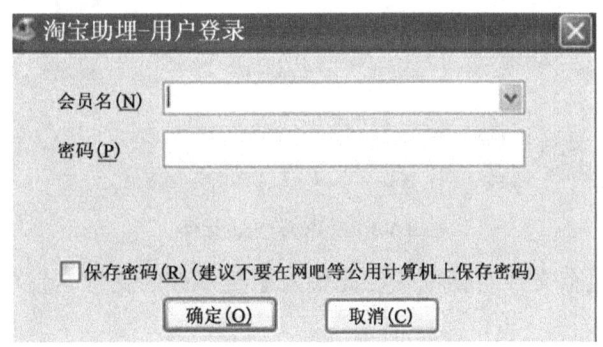

图6-2　淘宝助理的登录界面

2）如果卖家是首次使用淘宝助理，系统将会有以下的提示对话框"您没有在本地登录过，接下来需要连接到服务器进行身份验证才能登录，您希望继续吗"，这时选择"是"，输入淘宝会员名和密码，单击"确定"按钮。密码验证成功后，系统将显示淘宝助理的主界面。这时系统也将自动同步商品属性，而无需卖家手动操作，如图6-3所示。

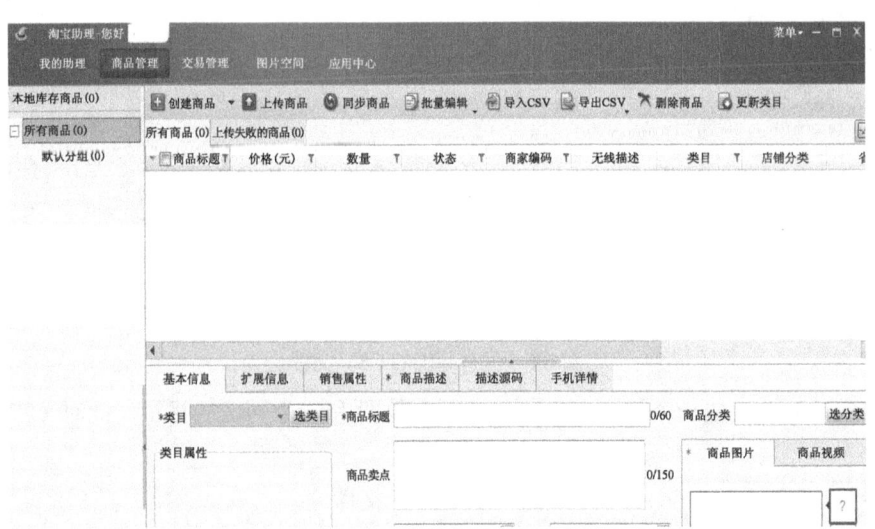

图6-3　淘宝助理的主界面

3. 淘宝助理中数据的导入与导出

淘宝助理中数据的导入与导出功能是为了方便用户备份数据或者转移数据而设置的，具体的设置方法如下：

（1）导出为CSV文件

首先，在商品列表页面，选择要导出的商品，单击鼠标右键，在弹出的下拉列表里，选择"导出到CSV文件"项，如图6-4所示。

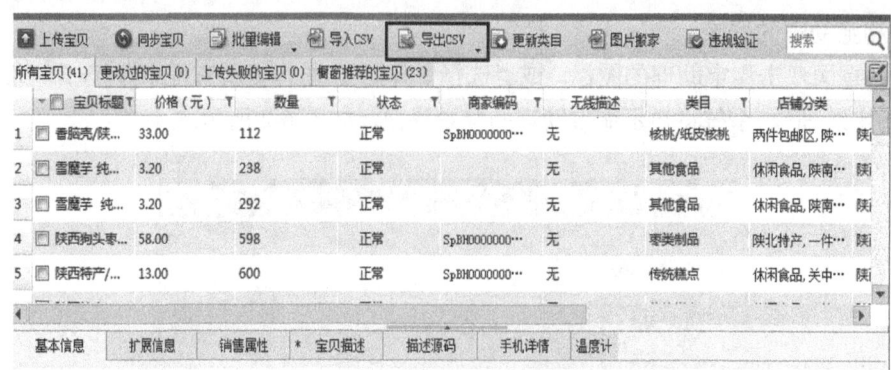

图 6-4　导出为 CSV 文件

然后，会弹出保存文件对话框，在此输入想要保存的文件名，单击"保存"按钮，如图 6-5 所示。

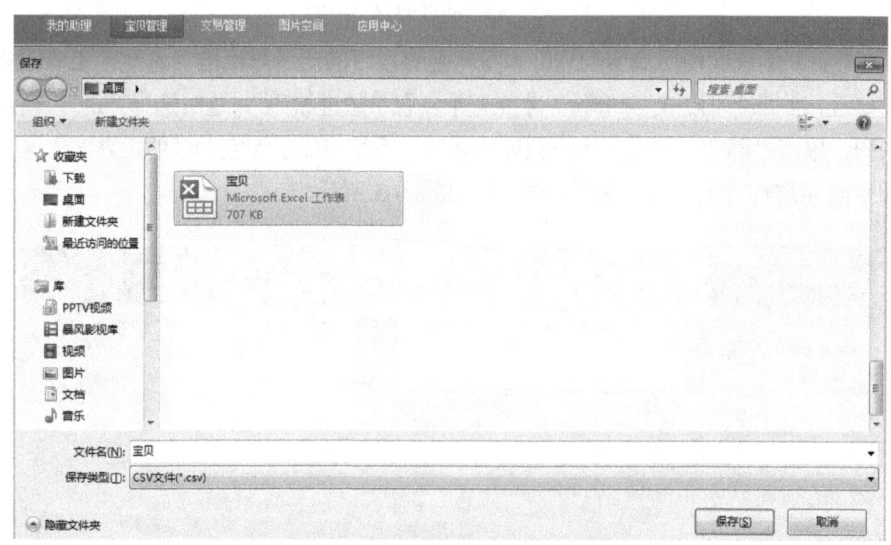

图 6-5　保存导出的 CSV 文件

保存成功后会生成一个扩展名为".CSV"的文件和一个同名的目录，此时 CSV 文件的导出也就完成了。

（2）导入 CSV 文件

在"淘宝助理"左边的目录中选中"商品模板"或"库存商品"项，然后选中右边的商品列表框，单击鼠标右键，在弹出的菜单中选择"从 CSV 文件导入"，此时会弹出一个文件选择框，选中要导入的 CSV 文件并单击"打开"，就会开始导入数据的进程，并且当进度条数据显示为 100% 时，就表示导入完成。卖家就可以在商品列表中看到数据了，如图 6-6、图 6-7 和图 6-8 所示。

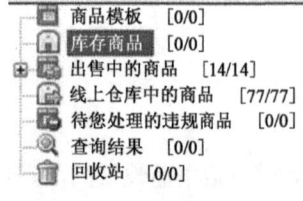

图 6-6　"淘宝助理"目录

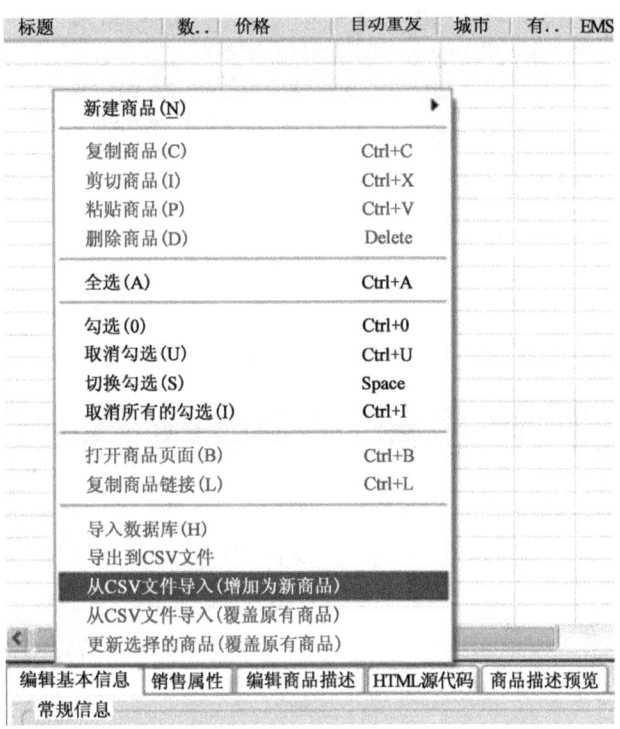

图 6-7　弹出的菜单

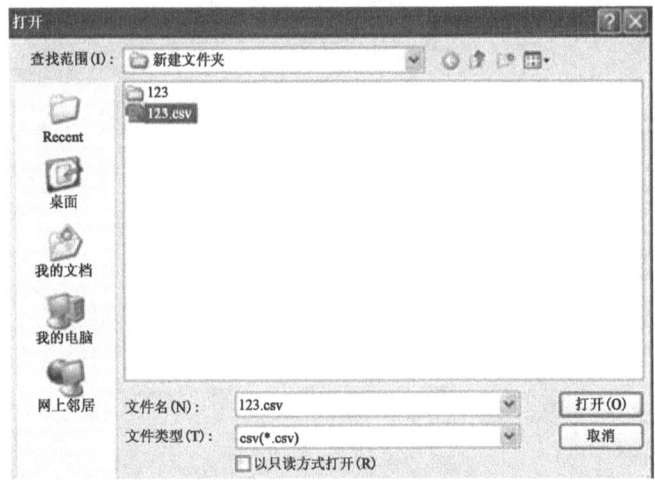

图 6-8　文件选择框

（3）导入数据库

选中左边目录中的"库存商品",再单击"工具"项,选择"导入数据库",会弹出"数据导入"对话框,再单击"浏览"按钮选中备份的数据库（扩展名为".db"的文件）,单击"打开"按钮,选择所需数据导入,单击对话框上的"确定"按钮。这时会显示导入进度对话框,当进度条显示为 100% 时会弹出导入成功的信息,表明数据已成功导入了,如图 6-9、图 6-10、图 6-11 和图 6-12 所示。

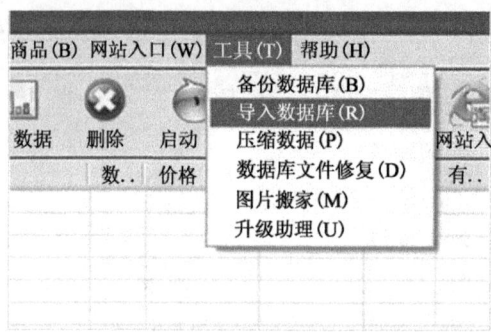

图 6-9 选择"导入数据库"

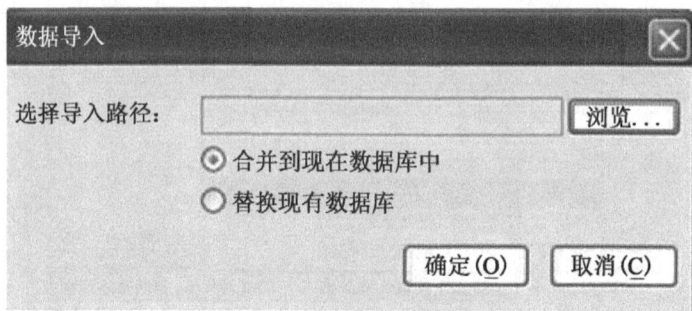

图 6-10 选中备份的数据库存

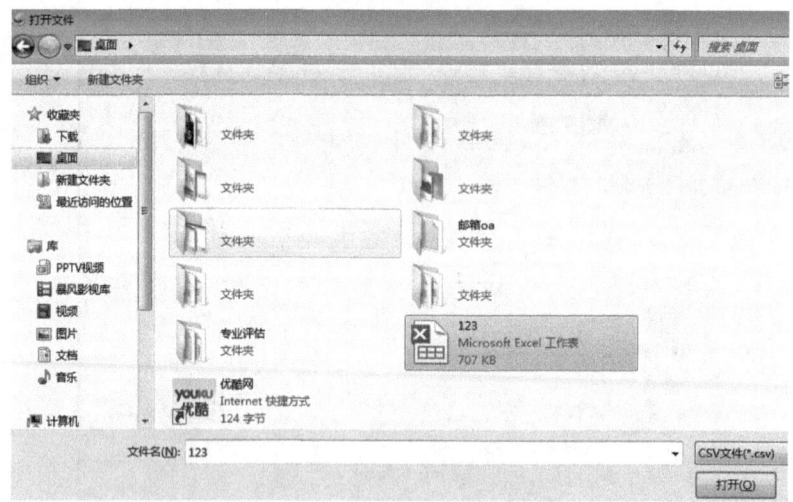

图 6-11 选择所需数据

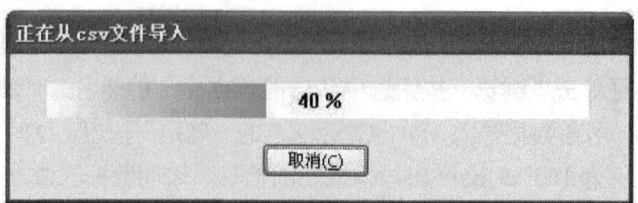

图 6-12 导入进度对话框

4. 淘宝助手上传商品

新建成功的商品会放在"库存宝贝"目录中，如果卖家想发布这件商品，可以在"库存宝贝"目录中选中商品，然后单击"上传宝贝"，如图 6-13 和图 6-14 所示。

图 6-13 "库存商品"目录

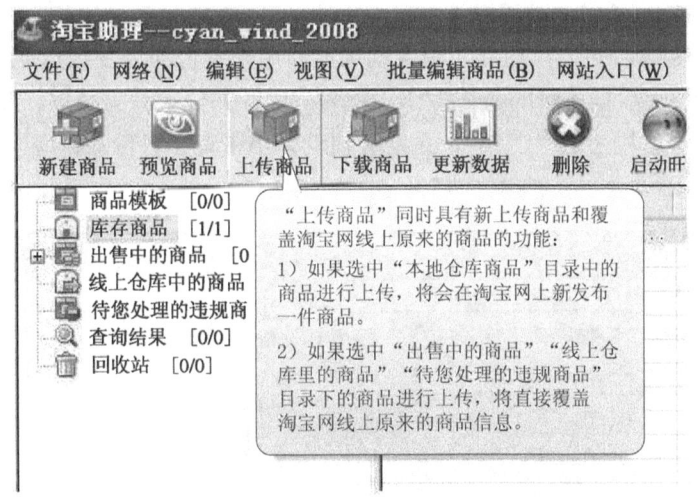

图 6-14 上传商品

确认要上传的商品后，单击"确定"按钮，选择的商品就会发布到淘宝网上。需要首先明确该商品是否有图片，没有图片的商品可能会被客服下架。

5. 淘宝助理更新数据功能

淘宝助理的"更新数据"功能具有同步更新淘宝网页上的类目、属性和店内类目等信息的优点，卖家及时、阶段性地更新这些信息，可以保证淘宝助理本地的信息与淘宝网线上保持一致，避免发布的商品出现问题。要想更新商品信息，直接在导航栏上单击"更新数据"即可，如图 6-15 所示。

图 6-15 更新数据

6．使用淘宝助理备份商品信息

数据库是淘宝网店的运行基础。淘宝助理能够用来备份和恢复数据库，实现数据库的下载、保存和转移。数据备份的具体操作步骤为：运行并登录淘宝助理，打开"淘宝助理"操作界面，单击导航栏上的"工具"，系统会自动弹出带有"备份数据库"选项的对话框，如图 6-16 所示。

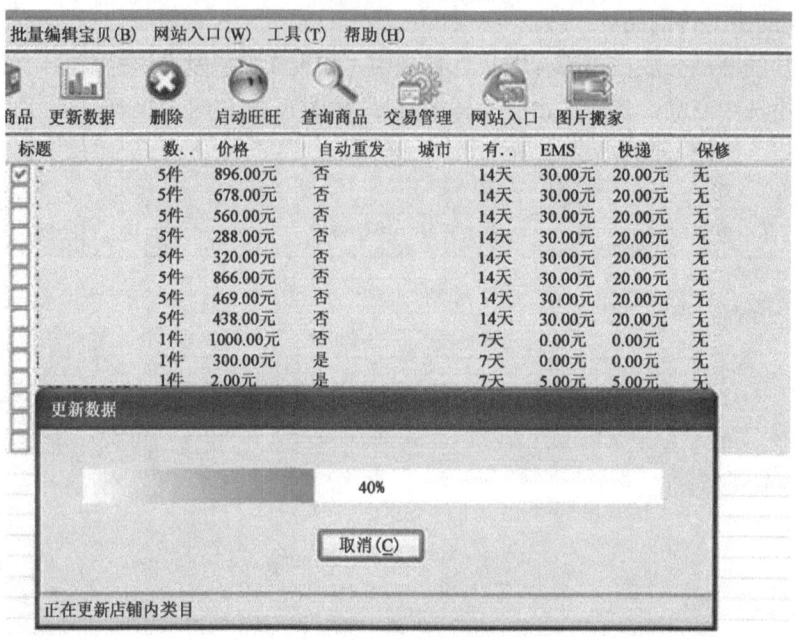

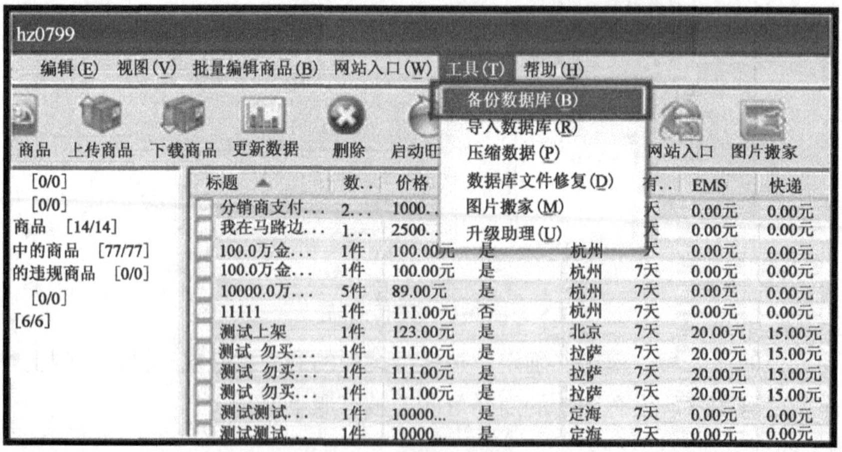

图 6-16 "备份数据库"

单击"浏览"按钮，选择要保存的目录和文件名，再单击"保存"按钮，在数据备份对话框上单击"确定"按钮，如图 6-17 和图 6-18 所示。

完成以上操作后，就开始备份数据了，当进度条显示为 100%时，即为备份完成，之后会弹出备份成功的对话框，如图 6-19 所示。

项目六　网店日常经营与管理

图 6-17　选择要保存的目录和文件名

图 6-18　确定保存所选数据

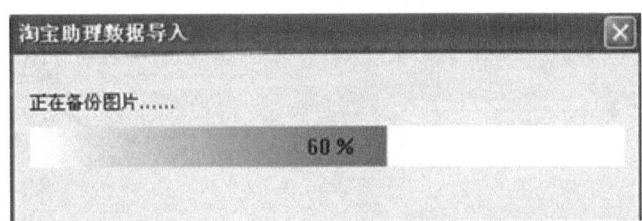

图 6-19　备份进度显示对话框

7．淘宝助理下载商品

针对卖家在管理店铺时删除或者丢失了一些淘宝助理上的店铺商品数据，想重新编辑的情况，淘宝助理特设"下载商品"功能，利用该功能可以把店铺的数据全部下载到淘宝助理上，重新批量编辑，可以省去不必要的麻烦，简单、快捷。具体操作为在主菜单上单击"下载商品"，如图 6-20 所示。

在"下载商品"对话框中有几种选项："根据商品类目和店铺类目下载"（如果卖家的店铺分类使用了图片，将显示分类 1、分类 2 等）；"根据商品的状态下载"，例如，需要修改出售中的商品，就选择"出售中的商品"；"根据商品创建的时间下载"，例如，选择下载 2013 年 7 月 2 日这天创建的商品；"根据商品的关键字下载"，当店铺有很多种类型的商品时，通过这个功能可以下载特定的商品，如果没有特别指定，也可以不填写。在确定下载方式后，即可单击"下载"按钮，开始商品下载过程，如图 6-21 所示。

113

网店运营

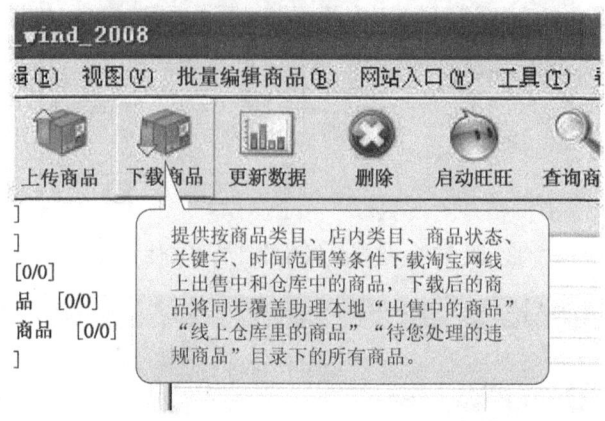

图6-20 "下载宝贝"页面

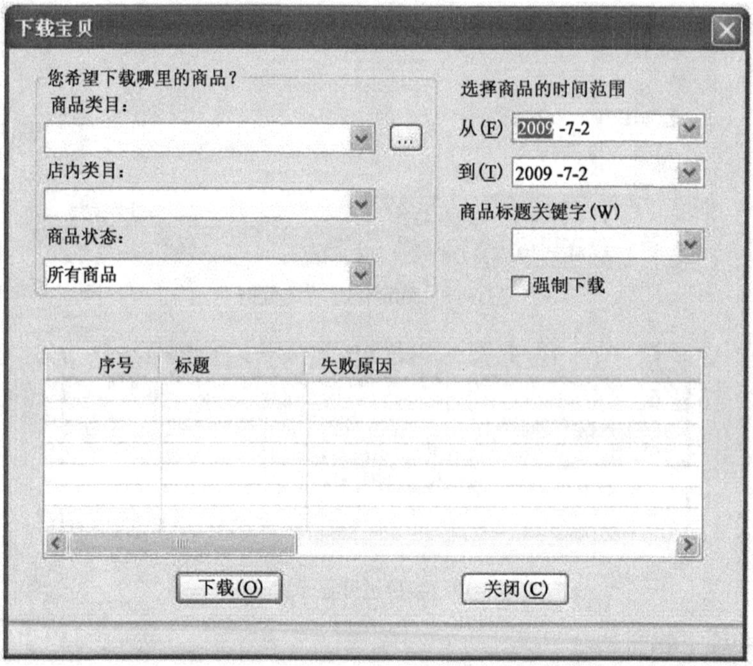

图6-21 根据商品的状态下载

在下载的过程中,对话框中部会显示下载商品进度条,提示当前商品下载的完成情况,并且当有商品下载失败时,系统会提示卖家失败的具体原因。卖家可以根据这个提示调整下载范围,或者向淘宝网反馈错误原因。不仅如此,在对话框底部还会有下载个数提示,提示卖家当前一共下载了多少个商品、有多少个下载失败,整个过程有条有理,如图6-22所示。

下载完成后,被下载的商品将出现在淘宝助理左侧的区域中,并按照卖家设置的类目区分开,方便卖家查看,这时,如果需要批量编辑名称,则选中"编辑"复选框,并根据需要选择"前缀",填写相关内容,最后单击"预览"按钮,即可看到修改后的商品页面,如图6-23所示。

项目六 网店日常经营与管理

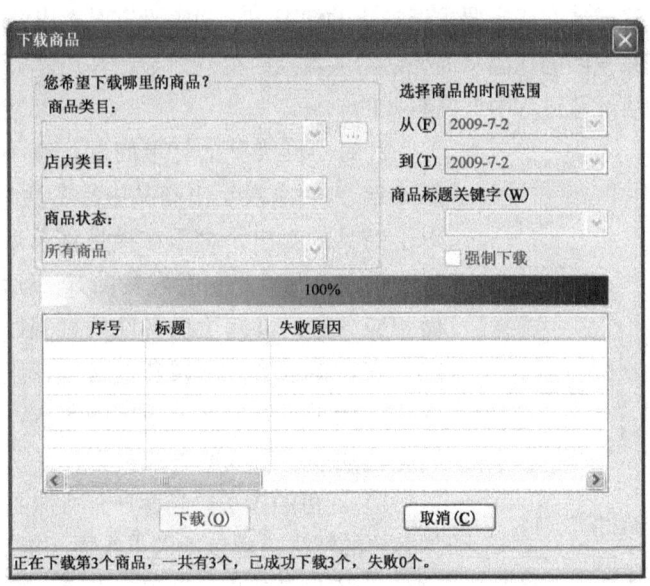

图 6-22 下载商品进度条

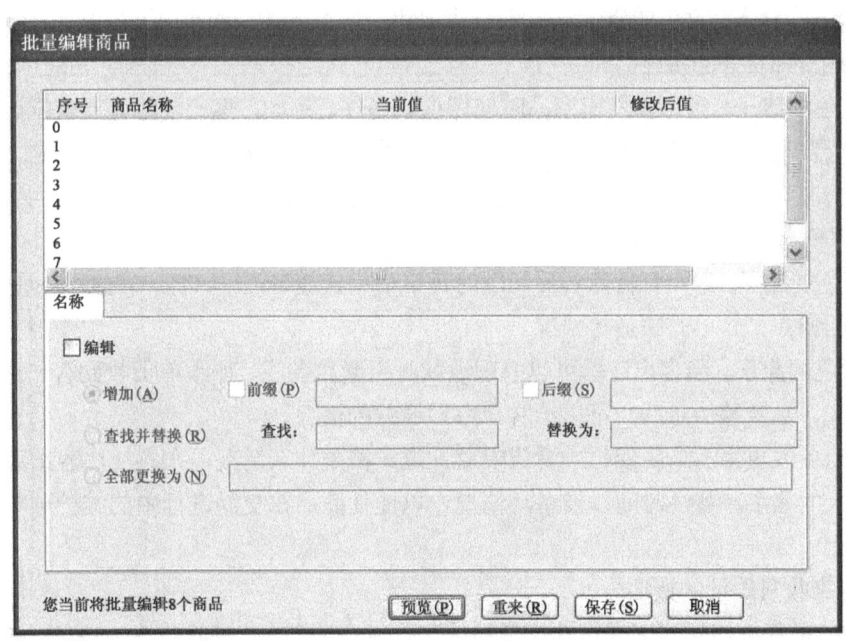

图 6-23 批量编辑页面

任务二 卖出商品的维护

卖出商品备注是淘宝网店日常工作的交接，通过注明买家目前订单的情况，可以方便后期的商品跟踪与管理。假设一笔订单买家联系的是售前客服，而客服没有备注说明此订单的情况，则当工作交接至售后时，便要再次向买家询问其订单情况，那就容易引起买家的厌烦

115

心理与不良情绪,又或者在买家要求退换货的情况下,卖家没有对卖出商品进行备注,那售后将不知道买家商品发回的原因从而无法给买家及时处理,导致客户体验下降,所以备注好买家订单情况是网店经营过程中非常重要的一环。

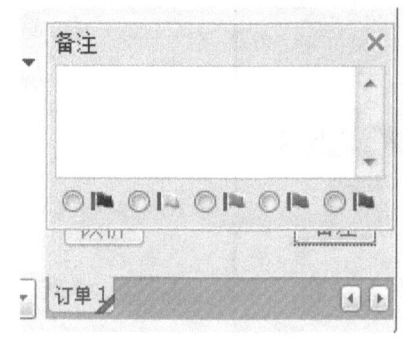

图 6-24 备注框

针对不同类型的订单问题,有不同的备注方式。图 6-24 为卖家对卖出商品进行备注时的备注操作框。对于商品的卖出,客服在接受订单后必须询问客户的快递信息(尤其是自身发货的),然后根据客户的要求做相应备注,并写上做备注的客服姓名或者客服旺旺ID,在审单或者仓库发货前必须仔细查看每个订单的备注。为了更好地区分不同的需求,在备注框下有不同颜色的插旗组成的备注类型:

1)红色的旗子。当客户有特殊要求时用红旗备注。如客户的特殊需求包括送小礼物、指定快递、换地址等情况,备注应该注明售后问题和运费的承担方以及处理的进程,格式一般如:尺码小了;买家自理来回运费;收到退件后换成××款式、颜色、尺码等。

2)黄色的旗子。黄色的旗子一般用于售前售后客服备注,如暂时不发货、补单、推迟发货、有拍换货邮费等的备注。

3)绿色的旗子。当可以发出商品时使用绿旗备注。例如,客户之前有要求推迟发货或要求具体哪天发货,到了客户指定的发货时间时,就可以将黄旗改成绿旗。又或是之前有补换货邮费的情况,当卖家店铺这边又已经收到退件可以给客户换货时,就将黄旗改为绿旗。(提示:绿旗和黄旗可以灵活搭配使用)

4)蓝色的旗子。客户有特殊售后问题时可以使用蓝旗备注,如客户有给中、差评的情况,这位客户的特点,订单有缺货等情况。

5)紫色的旗子。当客户订单可以办理退款时用紫旗备注。如跟单员收到客户退件后,确认退回款式、数量等信息后,可以给客户办理退款的情况。

为了让备注更为清晰明朗,一看旗帜就知道大概是什么情况,在备注内容结束后一定要注明备注人的名字、备注时间以及备注情况,以便使商品在交易进行中的维护顺利持续到交易完成为止。

1. 买家收货地址的核实

1)发货前仔细核对买家提供的收货地址和收货人(或其代理收货人)姓名,如果买家提供的收货人姓名和地址与其原来在网上提供的不一致,为了避免错发,可将买家提供的收货地址或收货人姓名用阿里旺旺、站内信、邮件等最能确保买家能收到信息的方式,发给买家让其确认,以避免不必要的争议。尽量利用 E-mail 或站内信的方式与买家联系,并保留与买家联系的资料。组建好商品后续的处理保障,如果是填错了收货地址或收货人姓名,则由卖家负责赔偿;但如果是由于买家提供的收货信息有误,导致商品延迟到达或丢失,则卖家不负责赔偿。

2）发货时对邮寄的商品进行仔细的检查和完备的包装，以确保商品在运输途中的"安全性"，确保商品不会在运输过程中损坏。与此同时，假如出现买家说有质量问题的情况，卖家自身能大致掌握商品的原本状况，降低店铺的损失率。不仅如此，卖家应在买家填好收货地址之后认真检查一次，确认地址、电话、姓名等重要信息无误，做到查漏查缺，让商品准确、顺利地到达买家手中，完成交易。

3）发货后请通过邮件、阿里旺旺、站内信和发货备注等途径提示买家，如"货物已经通过×××发出，单号是×××××，请注意查收，收货时请当着快递工作人员的面打开检查，如有异常，请快递工作人员签字盖章，也好保护您的利益"，并保存好发货的凭证。此后如果出现买家说货物有损坏的情况，可以请买家出示快递工作人员的签字确认的单据，在合理的范围内，保护自身的利益。

2. 店铺留言

店铺留言区是店主与用户的一种交流方式，只要在店铺管理平台上选择显示店铺留言模块，那么用户在此区域的留言一旦被店主回复即可显示出来。店铺留言的种类很多，留言的用户出于不同的目的，通过到店铺留言的方式来向店主传达相应的信息，店主看到这些信息后，可以根据自己的需要来作出回复。回复的流程一般为：进入"我的淘宝"页面，单击"我是卖家"项，选择"管理我的店铺"栏，单击其下的"店铺留言"项，即可看到店铺留言的详细信息。选择一条需要回复的留言，单击"回复"，输入想要回复的内容，单击"确定"按钮，即回复成功。这时回到店铺留言管理页面，就可以看到该留言呈现已回复状态。

此外，被回复的留言可显示在店铺的下方，最多可显示 3 条。但通过"查看全部留言"功能，可以看到其他所有被回复过的留言。如果发现骚扰、有恶意或无聊的留言可以及时删除。

3. 买家收货地址错误的处理

在网店交易过程中，如果出现买家填错收货地址的情况，卖家可以在"价格及发货管理"页面选择"发货管理"，对整个订单的收货地址进行修改，或单独修改单笔交易的收货地址。相应的操作具体如下：

（1）整个订单地址修改

先进入"发货管理"页面，单击订单头部的"修改地址"，然后在弹出的浮动层中填写正确的地址，单击"确定"按钮，地址即修改成功。

（2）单笔交易地址修改

进入"发货管理"页面，单击单笔交易后的"修改地址并发货"，然后在"发货页面"选择该笔交易对应信息，单击"修改买家地址"，最后在弹出的浮动层中填写正确的地址。需要注意的是，单笔交易修改地址，只有在交易发货成功后，地址才会被保存，如果没有发货成功，则修改的地址不会被保存。

4. 买家下订单后想取消订单或卖家缺货

在买家下订单后，如果在交易中出现了买家想取消订单或卖家缺货的情况，卖家可用"关闭交易"的功能，将交易直接关闭，但前提是，假如买家想取消订单，需要与卖家先进行协商,再将交易关闭,以免被卖家投诉"拍下不买"。同样的,如果卖家缺货,也必须先与买家协商后再关闭交易,以免被买家投诉"成交不卖"。关闭交易的具体操作为,首先在"价格及发货管理"页面选择"订单价格修改",在跳转后的页面中单击需要关闭的交易下的"关闭交易"按钮,然后卖家选择"关闭交易"的理由,单击"确认关闭"按钮,即可完成交易的关闭。

5. 延长确认收货的时间

如果淘宝卖家已经发货了,但是由于物流配送不通畅,导致买家久久未收到货,这时买家可以自己延长收货时间也可以通过请卖家帮忙来延长。不仅如此,在交易发生换货的情况下,也要注意及时延长收货时间,避免因特殊情况而无法及时确认收货,导致交易超时、系统自动打款成功。

延长收货时间的操作是两面性的,可以由卖家执行,也可以由买家执行。这里主要介绍由卖家执行延长确认收货的方法。卖家如须延长买家的收货时间,可进入"已卖出的商品",找到须延长的交易,单击"延长收货时间"后选择延长的期限即可,而且卖家可以给买家延长交易收货超时时间,如3天、5天、7天、10天,次数限制,如图6-25所示。

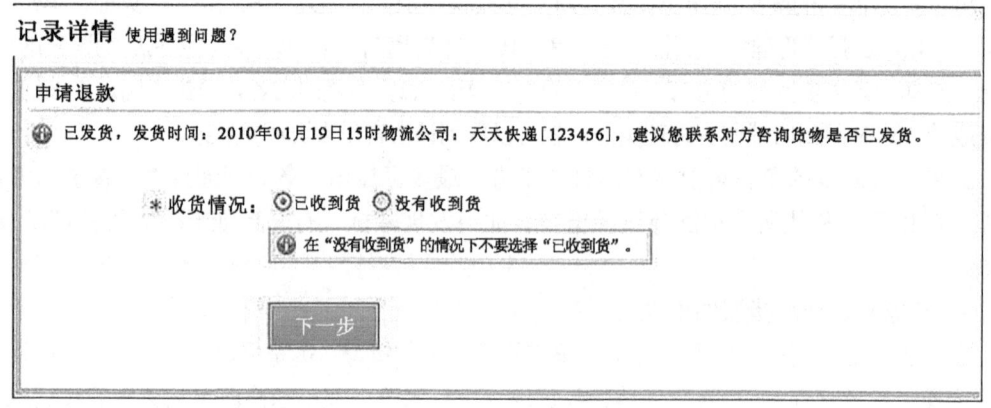

图6-25 卖家延长收货时间页面

6. 解决买家收到货后想退货的问题

当买家收到货物后因为产品问题或者其他原因需要退货,卖家首先应与买家进行沟通,如果沟通过后买家仍旧坚持退货,那买家可以根据以下操作来进行:登录支付宝,在"交易记录"页面找到需要退款的交易,单击"退款"按钮,需要注意的是,在一般情况下,退货由买家承担运费的,如交易创建时买家选择快递,在卖家发货后,系统默认10天后付款到卖家的账号,如图6-26所示。

图6-26 "交易记录"页面

在跳转的退款页面中选择"已收到货",单击"下一步"按钮,在没有收到货的情况下不要选择"已收到货",否则将导致钱货两空。

项目六　网店日常经营与管理

在进入申请要退款的选择页面时，会出现退货退款和仅退款两个选项，若选择"退货退款"，须填写的信息有退货退款的原因、需要退款的金额、退货退款的说明及上传凭证4项内容，然后单击"提交申请"。如图6-27所示为退货退款页面。

图6-27　退货退款页面

若选择"仅退款"，需要填写是否收到货、退款说明及上传凭证3项内容，然后单击"提交申请"。如图6-28所示为仅退款页面。

图6-28　仅退款页面

买家申请退款后，接下来就是等待卖家确认了，卖家有15天的时间来处理退款协议，如超时未处理，退款协议将生效，交易进入退货流程；卖家可以在后台查看买家的退款状态，如图6-29所示。

119

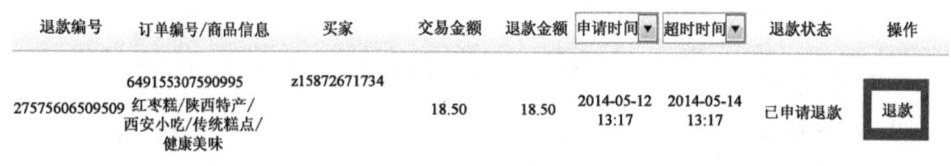

图 6-29　查看退款状态

当卖家同意退款协议时，卖家选择退货地址，将其保存并通知买家，退款协议达成，等待买家退货，单击"退款"，如图 6-30 所示。

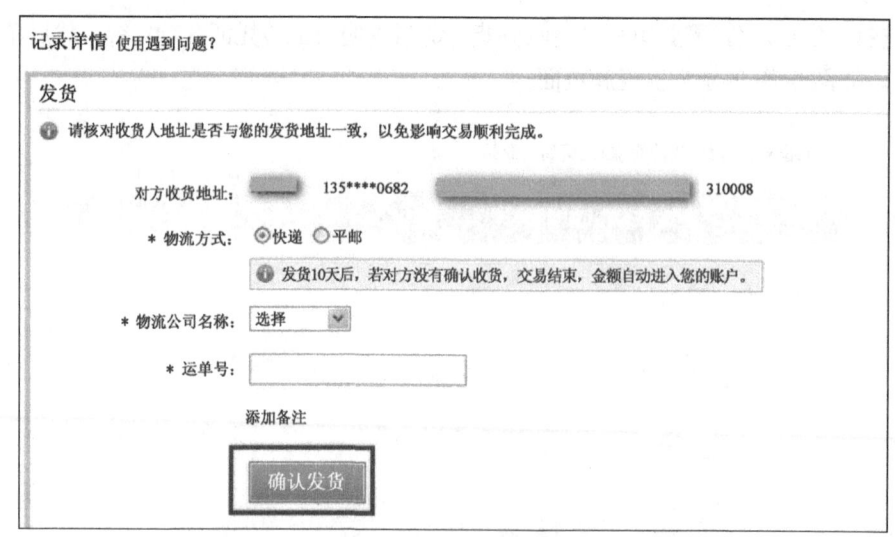

图 6-30　退款管理页面

收到卖家发出的退货通知后，买家填写发货方式及选择物流公司，单击"确认发货"按钮，提交退货申请，等待卖家确认收到退货，最后卖家同意退款协议，即可退货退款成功。如图 6-31 所示为买家退货确认页面。

图 6-31　买家退货确认页面

7. 买家声明一直没有收到货的情况处理

针对买家一直声明没有收到货物的问题，解决办法可以分为两种，一种是买家自身通过与卖家进行沟通，让卖家与物流公司取得联系，了解具体的快递情况，并要求卖家进行后续的跟进处理；另一种是卖家先联系物流公司，找出具体问题出在哪里，再与买家进行友好沟通，又或是卖家与淘宝客服进行沟通，了解具体的签收情况，并要求提供签收底单和第三方合法签收凭证，让淘宝客服进行处理。不管是哪种处理方式，要想将网店经营成功都需要以诚信、负责的心态去处理在经营过程中遇到的每一个问题，并且从中学习、总结。

任务三　店铺日常运营管理

1. 商品违规处理

淘宝网对店铺商品违规处理作了严格的要求，淘宝网管理平台将商品违规分为一般违规行为和严重违规行为，其中，一般违规行为包括滥发信息、虚假交易、延迟发货、描述不符、违背承诺、竞拍不买、恶意评价、恶意骚扰、不当注册、未依法公开或更新营业执照信息等。严重违规行为包括发布违禁信息、侵犯知识产权、盗用他人账户、泄露他人信息、骗取他人财物等。淘宝卖家做出了一般违规行为的，淘宝管理人员将会对违规卖家进行扣分及违规产品下架的处罚，其中，违规商品累计到 5 件，淘宝会通知会员整改其商品。在通知发出的 3 天内，淘宝可能会继续管理该会员的违规商品，但相关的商品数不会累计；违规商品累计到 10 件，会员会被限制发布商品 2 天，下架所有未出价商品；违规商品累计到 15 件，会员会被限制发布商品 7 天，下架所有未出价商品，同时关闭店铺 7 天；违规商品累计到 30 件，会员会被限制发布商品 30 天，下架所有未出价商品，同时关闭店铺 30 天；违规商品累计到 45 件，会员会被限制发布商品 90 天，下架所有未出价商品。违规商品累计数每一自然季度进行一次清零，在季度清零前被限权的会员，其累计数在限权期到、处罚结束后才会清零。

会员因违规商品累计被处罚，每次处罚后，将会扣 2 分。

用户做出一般违规行为正在被处罚，又因为一般违规行为被扣分，且分值到了下一个节点的，例如，1 月 1 日，某会员因一般违规行为被扣到了 14 分，开始执行 7 天店铺屏蔽的处罚。1 月 5 日，该会员因一般违规行为又被扣到了 26 分，那么 1 月 7 日第一个处罚期届满，马上执行第二个处罚，至 1 月 14 日，第二个处罚期届满，处罚结束。

2. 物流纠纷

物流纠纷中卖家要注意的最重要的问题就是避免淘宝客服介入，那么为什么要避免淘宝客服介入呢？首先来了解一下淘宝客服介入率。

所谓介入率，是指买家通过请求淘宝官方客服介入交易，处理交易纠纷的概率，淘宝规定，介入率=要求客服介入笔数/退款笔数，只要买家要求淘宝客服人员介入，无论淘宝客服最后的处理结果是支持卖家还是支持买家，都将算入卖家的介入笔数。介入率的增加会直接影响到顾客对店铺的印象和购物体验，还会影响到店铺的转化率，处理不当甚至会影响到顾客黏度及回头率。所以卖家需要加强对介入率、退款率的关注度，只有这样才能将降低纠纷问题落到实处，相反地，如果不重视卖家账号的介入率，那么店铺也许会面临搜索靠后、无法参加活动营销等不利于店铺运营的情况。

关于退款，通常会有两种状态：一种是买家未收到货，另一种是买家已退货。那么如果买家在未收到货的情况下申请退款，应如何降低介入率呢？①卖家尚未发货，买家已经单击"退款"，则勿继续发货，可直接同意退款；②买家已单击"退款"，卖家在买家申请退款后完成了发货操作，则先与买家联系，确认买家是否愿意继续购买。若买家不愿意，则及时要求物流公司返件并退款买家，同时安抚买家勿申请维权。

物流环节产生问题，买家通常会拒签（见图 6-32），遇到此类情况应按以下方法处理：

①若已录入拒签，则马上联系物流公司确认情况，通知其勿继续派送，先退款给买家；②若已拒签且录入返回信息的，先退款给买家；③若未录入拒签，物流信息长期无更新，则在买家提出退款后及时联系物流公司确认货物状态，若已经丢件则先退款给买家。若物流公司尚无明确答复，则安抚买家请其不要申请维权。给予快递要求让其在规定时限给您答复。确认无法成功派送就及时退款给买家。

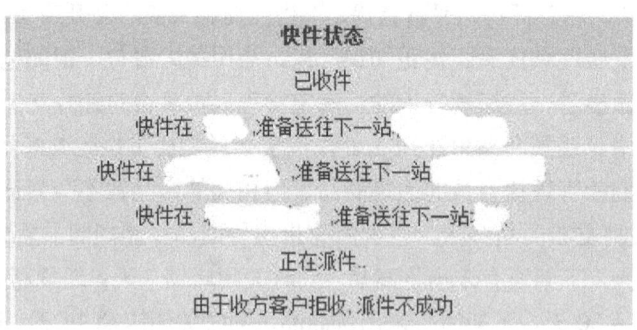

图 6-32　买家拒签状态

买家对买到的货物不满意，退货并且申请退款时，应该怎样降低介入率呢？

买家退货情况常见的物流问题有退回货物时的包装磨损、货物质量问题、货物磨损等。

1）货物包装磨损。尽管买家退货时会尽量在包装内填充足够的减震填充物，但货物包装在物流途中受挤压还是不可避免的。如果退回的货物包装受到了磨损，卖家最好不要拒签货物。如果发现的确损失较大，建议卖家在申请淘宝维权客服介入前自行与买家沟通协商解决。这种情况如果淘宝维权介入，淘宝的处理结果是会支持退款的。

2）质量问题、货物轻微磨损。这种情况建议卖家先退款给买家，由于货物的质量问题必须是在使用后才会发现，使用的过程中就会产生磨损，所以正常的使用痕迹卖家最好不要作为退货拒签的理由。淘宝在介入后同样会支持退货退款。然而如果淘宝维权介入判断出买家有恶意人为损坏货物的情况，建议卖家请求淘宝介入前先与买家沟通，在无法协商一致的情况下再要求淘宝维权介入。

3）属于卖家责任的到付退货。根据支付宝争议规则，由于卖家过错导致退货的，卖家应当承担相应的运费。由于到付件的收费与已付件一致，而将到付改成顺付却需要收取手续费。所以，如果由于卖家责任导致的退货，卖家尽量不要因为到付拒签退货。此类情况淘宝介入后是支持买家的。

未收到货时如何在需要物流举证的情况下降低介入率呢？遇到这类问题，买卖双方的第一选择都是要求淘宝介入。但是，有一种情况是可以由卖家自行处理而没有介入的必要的，买家表示未收到快递，录入签收信息显示非本人签收，如草签、门卫、第三人等，如图6-33所示。建议卖家联系物流公司核实签收人信息，是否是获得收件人本人允许后才交由第三人签收的。若物流公司无法承诺是获得收件人认可的，则退款给买家并向物流公司提出索赔要求。若物流公司承诺是获得收件人认可的，则可以举证（举证内容包括签收底单和第三方合法签收证明）后要求维权介入。

项目六　网店日常经营与管理

图6-33　签收人为草签

签收底单提供方法：联系收件方物流公司，要求其传输签收底单并由卖家将签收底单在退款留言中上传。在签收底单上的签名非买家本人的情况下，卖家可以要求物流公司出具书面证明，证明所述的情况是实情，须加盖公章（只有加盖公章才具备法律效应）。如果物流公司只愿意口头承诺不愿意书面承诺，卖家需要站在旁观者的角度考虑一下，是否是物流公司出错不愿意承担责任才拒绝作出承诺证明所谓的"事实"。若无法出具证明，建议卖家及时为买家退款并自行向物流公司索赔。

3．服务质量管理

淘宝店铺的服务质量可以从店铺动态评分得到，店铺动态评分是指会员在淘宝网交易成功后，仅限使用买家身份的淘宝网会员对本次交易中使用卖家身份的淘宝网会员进行如下四项评分："宝贝与描述相符""卖家的服务态度""卖家发货的速度""物流公司的服务评价"。每项店铺评分取连续六个月内所有买家给予评分的算术平均值。虚拟类卖家只有三项评分："宝贝与描述相符""卖家的服务态度""卖家发货的速度"，如图6-34所示。

那么，动态评分对买卖双方有什么作用呢？

对买家来说，首先，动态评分让评价信息更加详细了，买家可以通过商品质量、服务态度、发货速度三方面更加全面地了解卖家在已购买过商品的买家心中的满意度。其次，买家评价信息更具有时效性，在买家查看店铺动态评分的时候，所能看到的店铺动态评分永远都是近6个月的，这能帮助买家了解卖家最新的评价信息。而对卖家来说，买家客观的评分，一方面能够明显地区分卖家和物流公司双方的服务水平，卖家不用因为物流公司的服务质量

123

跟不上而得到低分。这项评分同时也是卖家考量合作物流公司的一项标准，当卖家发现"物流公司的服务"项得分非常低，就可以考虑换合作物流。另一方面，店铺发展不会受到历史的约束，店铺动态评分给每个卖家的机会都一样，只会将近6个月的评分展示给买家，让卖家放开心胸最大化地提高店铺的综合品质。

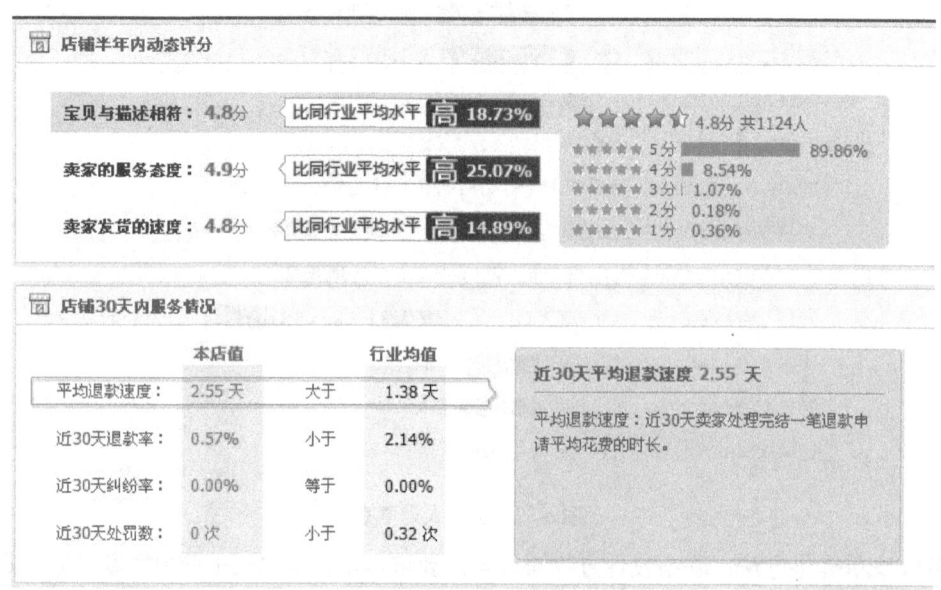

图 6-34 农享网店铺动态评分

怎么做才能提高店铺的动态评分呢？这里可以从以下 5 个方面来考虑：

1）赠品。在网店购物的顾客通常会因为卖家给的几个小赠品而感到高兴。卖家可以通过在包裹中赠送店铺试用装、小礼品等方式"贿赂"顾客。想要有收获必须先要付出，一般买家拿到赠品后心里上就会对商品要求放宽一些，这样就更容易得到买家的高分评价。同时，店铺可以拿出部分商品进行发布免费试用的活动，不过这个活动最好是在试客联盟进行，因为试客联盟的试用流程包含整个正常购买环节，不仅能提高销量，还能赢得买家高分的客观评价。通过试用，卖家付出了店铺商品，但是也赢得了人气、销量及高分评价，最终有助于改善店铺的动态评分。

2）礼品返现。买家可以通过告知买家只要给予店铺 5 星好评，就可以获得返现券、折价券或小礼品等方法来对顾客进行引导。大多数买家会因为小礼品而非常乐于给予买家高分评价，礼品可以是实物、彩票、现金券等。这样店铺的动态评分就会慢慢提升，经过一段时间的坚持，某个时间段的动态评分就会迅速拉升整体的评分水准。

3）商品描述。店铺内的商品描述应该尽量真实，不能为了追求好的效果而刻意夸大和美化。很多淘宝店铺的商品描述因为美化过度而导致商品图片失真等。也有一些卖家为了促进销量，使用夸大的词汇对商品进行描述，这样很容易导致买家在收到货后发现商品描述与实际不符，影响整个店铺的评分就得不偿失了。所以卖家在进行商品描述时应该尽量贴近事实，商品的优点和缺点应根据实际情况来进行描述，而不应该刻意夸大或掩饰。

4）做好服务。商业运营中最常见的一句话就是"顾客是上帝"。因为经营网店的行业类别属于服务业，服务业就是以服务为基础，所以无论顾客在与卖家沟通后是否选择购买，卖家都必须以最好的服务态度去对待每位顾客。

5）发货速度。发货速度也是决定动态评分至关重要的一项，有时买家下单以后，卖家迟迟不发货，一件商品从购买到收到货用了2周多时间，设身处地地站在客户角度考虑，相信大家都不希望自己购买的商品这么长时间才到货。因此店铺的发货速度一定要快，买家下单之后尽快给买家发货。如果真的因为繁忙或者是库存问题而延缓发货，也必须通知买家，可以让其继续等待或者是选择退款，避免动态评分下降。

 ## 模块二　网店日常经营与管理相关知识

1. 阿里旺旺

（1）简介

阿里旺旺是将原先的淘宝旺旺与阿里巴巴贸易通整合在一起形成的新品牌，是淘宝网和阿里巴巴为商家量身定做的免费网上商务沟通软件，它能帮助卖家轻松找客户，发布、管理商业信息，及时把握商机，随时与生意伙伴洽谈。

阿里旺旺分为阿里旺旺淘宝版、阿里旺旺贸易通版和阿里旺旺口碑网版三个版本，这三个版本之间支持用户互通交流，但是，如果想同时使用与淘宝网站和阿里巴巴中文站相关的功能，须同时启动阿里旺旺淘宝版与贸易通版。贸易通账号须登录阿里旺旺贸易通版，淘宝账号须登录阿里旺旺淘宝版，口碑网账号对应登录阿里旺旺口碑网版。

阿里巴巴贸易通升级为阿里旺旺贸易通版后，在原来的基础上，新增了群和阿里旺旺口碑版、淘宝版用户互动聊天，动态表情，截屏发图等新功能，贸易通用户可以用原来的用户名直接登录使用。

（2）特色功能

1）随时联系客户。每一条信息都标记着客户的在线状态，让商家随时联系客户。

2）海量商机搜索。不登录网站便可快速搜索阿里巴巴大市场的商机。

3）巧发商机。一次性批量发布，分类管理信息。商机，一触即发。

4）丰富的系统功能。语音、视频、超大容量文件传输、文本聊天一个功能都不少。

5）多方商务洽谈。最多同时在线30人的商务洽谈室可方便商家洽谈，空间不再是阻隔。

6）免费商务服务。订阅商机快递、行业资讯；随时把握天气、证券动态；在线翻译、商旅助理有助于交易。

2. 淘宝日常交易维护

如果卖家希望避免纠纷产生，在买家反馈交易疑惑时，应该及时给予买家回应，主动、友好地协商，了解买家反馈的具体问题，并有效地给予帮助和解决问题。具体做法如下：

（1）买家反馈未收到货

1）若买家反馈未收到货，在维权产生之前应按如下方法处理：

①先确认是否已发货，查询发货底单。
②若经查询确实已经发货，则联系物流公司了解情况。
③若确实是遗漏发货或者快递出了问题，应早点给买家办理退款或者二次发货。
2）买家反馈未收到货时，在维权产生之后应按如下方法处理：
①继续保持良好的服务态度，与买家友好沟通。
②在维权管理页面提供买家签收底单，若为第三方签收，则提供委托签收凭证。
③若双方仍然无法协商一致，可等待淘宝客服介入。

（2）买家反馈收到的货物有少货、破损情况
1）若买家反馈收到的货物有少货、破损情况，在维权产生之前，应按以下方法处理：
①先确认发货时货物是否完整，包装够不够完善。
②联系买家了解一些签收时的情况，了解买家的想法，尽量协商解决。
2）若买家反馈收到的货物有少货、破损情况，在维权产生之后，应按以下方法处理：
①联系物流公司核实货物签收情况；若非买家本人签收，如是第三方签收，则要求其提供委托签收凭证。
②若双方仍然无法协商一致，可等待淘宝客服介入。

（3）买家反馈收到的货物与商品描述不符
1）若买家反馈收到的货物与商品描述不符，在维权产生之前，应按以下方法处理：
①联系买家提供收到货物的照片，核对自己仓库的货物。
②认真比对照片，若确实是自己的过错，则给买家退换货并承担相应的运费。
2）若买家反馈收到的货物与商品描述不符，在维权产生之后，应按以下方法处理：
①提供和买家完整的聊天记录截图，证实双方之前约定的情况。
②若双方仍然无法协商一致，可等待淘宝客服介入。

（4）买家反馈收到的货物质量有问题
1）若买家反馈收到的货物质量有问题，在维权产生之前，应按以下方法处理：
①检查库存商品是否有买家所描述的情况存在。
②主动联系买家，友好询问买家的解决意向，在能力范围内，为买家提供退换货服务。
2）若买家反馈收到的货物质量有问题，在维权产生之后，应按以下方法处理：
①提供正规、有效的进货凭证，如产品授权书、产品合格证、代购小票等，以便淘宝介入时进行审核和判定。
②若双方仍然无法协商一致，可等待淘宝客服介入。

（5）卖家与买家协商一致进行退货时的注意事项
①联系买家，告知其在退货时，在包裹上注明买家 ID 及商品实际退货原因。
②签收退回的货物时，应及时验货，确认签收。
③若在签收时发现包裹异常，应主动联系买家，告知具体情况，并做好取证工作（如拍照取证、第三方情况说明等）。
④若退回的商品无误，应及时退款给买家，以免造成投诉升级。

模块三 网店日常经营与管理项目实训

1. 实训流程

网店日常经营与管理实训的流程如图 6-35 所示。

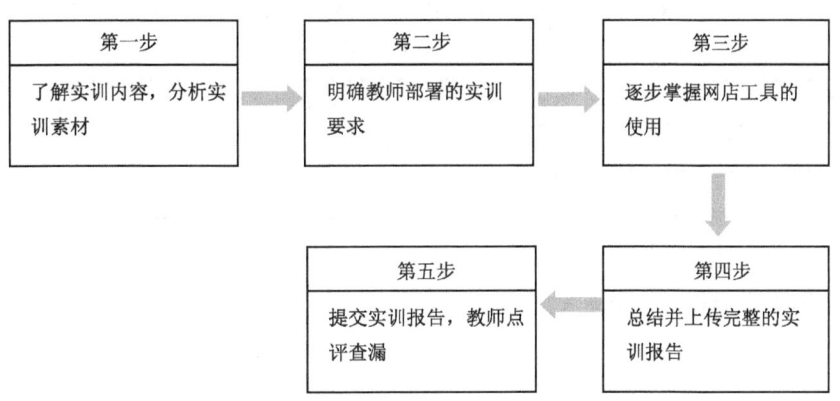

图 6-35 网店日常经营与管理实训流程

2. 实训概述

本项目实训内容为淘宝网店的经营与管理，学生按照知识点逐步了解网店工具的应用，根据教师提供的实训素材或项目，掌握网店日常管理的基本内容与方法，了解网店工具在店铺应用中的具体要求与技巧。总结出网店经营的要点，并完成学习报告。

3. 实训素材

1）学生计算机若干。

2）实训站点：淘宝网卖家管理页面。

3）阿里旺旺卖家版软件、淘宝助理软件。

4. 实训内容

步骤 1：掌握阿里旺旺的基本运用

熟悉并掌握阿里旺旺即时通信工具的基本操作及菜单功能。

1）登录淘宝网，下载淘宝旺旺即时通信工具，使用淘宝账户进行登录，相互添加好友。

2）查看好友名片，了解好友各项信息，设置自身签名为"我爱淘宝"，可添加相关图片。

3）设置与人交流的快捷短语，对好友进行分组，设置垃圾广告信息用户的黑名单，设置完再尝试取消黑名单操作。

步骤 2：掌握淘宝助理软件的操作

利用淘宝助理进行商品上传与管理，熟悉网店经营的日常管理。

1）下载淘宝助理软件，输入淘宝用户名及密码进行登录。

2）在"库存商品"分类中选择"新建商品"，选择空白模板，编辑基本资讯，单击进入销售属性页面，编辑商品描述，完成商品添加。使用商品复制粘贴功能。

3）在淘宝助理中下载商品进行批量修改，选择"批量修改商品"，选择"编辑"和"查找替换"，进行修改。

4）在淘宝助理中进行交易管理、批量发货、批量评价、快捷入口、图片搬家和数据备份的操作。

步骤 3：填写表格

学生根据实训内容填写表 6-1 中的实训报告，教师根据学生完成情况查漏补缺。

表 6-1　实训报告参考表

软件名称	软件性质	软件特点
阿里旺旺		
淘宝助理		

步骤 4：提交实训报告

完成实训报告后将其提交至教师。

项目七　网店物流与配送

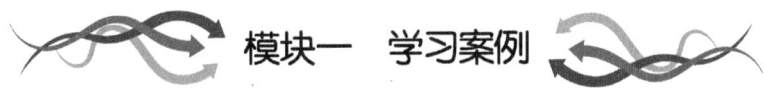

模块一　学习案例

任务一　仓储管理

仓储是企业物料配送的一个重要环节，如何充分利用仓储资源，提高服务质量，增强客户满意度，是农享网官方淘宝店铺所面临的一个问题，尤其现在的客户需求周期短、生产计划多变，供应商供货周期长、仓储条件有限等，在提高服务水平、降低库存、节约时间、成本最小化的压力下，农享网的仓储管理在供应链战略成本中有着重要意义。

农享网将仓储管理分为三个部分：入仓管理、仓内管理和出仓管理。

1. 入仓管理

由于农享网淘宝店铺销售的产品主要以农产品为主，所以产品有散货和成品两种，在入库时也有不同的入库管理。

（1）散货入库

供应商将散货（如黄豆、香菇、木耳等）送到公司指定地点，物流管理部根据到货信息表进行货物接收，并通知送货车辆到指定位置卸货，采购人员需要到达现场确认。

货物接收前，库管人员先要检查送货人员提供的送货单据是否与到货信息表提供的信息相吻合（含质检报告、供应商名称、计量单位、规格型号、数量、批次等），如果在检查过程中出现不符或没有送货单据的交由责任部门（采购部、营销部、生产安技部）确认处理。

库管员检查完送货单据确认无误后，会安排卸货和数量清点，如果存在数量上的差异，须及时通知相关部门人员协调解决；外包装破损变形的须拍照取证并通知质管人员，由质管人员判定是否拒收；所有货物必须有清晰的名称标志；如单据检查无误，库管员与送货方进行单据签收。

货物卸入库房后，库管员及时填写报验单通知质检人员进行质量检测（包括外观检查），对检测不合格的货物，质量管理部需要及时通知相关部门人员及生产物控人员，物控人员需要根据生产需求决定是否接收或者挑选使用。

库管员根据质量管理部的判定结果进行收货、退货或者让步接收；对非质量管理部检验范畴的货物，由货物的使用部门进行质量确认；对检验不合格并经联合评审不同意让步接收的货物须通知相关部门（包括采购部、生产安技部、营销部）作退货处理；对让步接收的货物在储存时仓库须做好标志以便与其他货物进行区别（这部分货物按合格品入库）。对于合格货物，库管员办理到货的正式入库，填写入库单，如图7-1所示，货物存放在仓库合格品存放区。

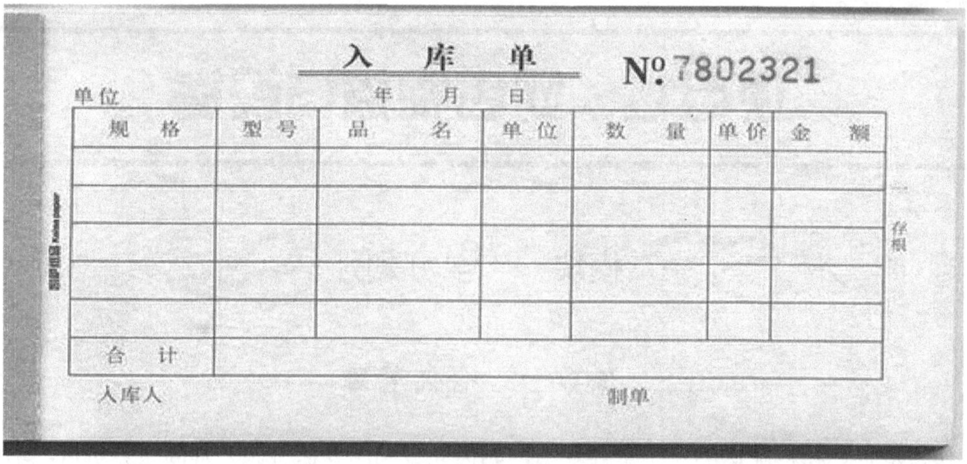

图7-1 入库单

对于不合格货物，库管员不办理入库手续，货物将被存放在仓库的不合格区并通知责任部门（采购部门、生产安技部、营销部）处理；责任部门需要在最短时间内完成退货手续的审批和实物退货，如不能按时处理应书面反馈理由，严禁造成不合格货物长期存放在库内，如图7-2所示的农作物的储存时间不能太久，否则容易造成不必要的损失。

图7-2 农作物

库管员填写完入库单转交相关部门（包括采购部、生产安技部、营销部）负责人签字，签字后递交仓库账务员作系统数据录入。

仓库账务员完成系统数据录入后及时将单据递交相关部门（采购部、财务部等），仓库留存联做好整理归档，仓库入账人员入账必须在货物通过检验后完成。仓库账务员录入完成后及时将录入的系统数据告知库管员作最终的收货确认。

（2）成品入库

加工人员将送来的散货按规定的分量装好并印上公司标签，如图7-3所示。

在包装好散货后再次进行入库，在入库前，物料员需要填写成品入库单并完成相关审批手续，物料员将完整的入库单据递交仓库成品管理员，在货物送到仓库时，成品管理员需要检查货物包装以及标志，没有问题就可以签字交接入库，如果有异常成品管理员应不予办理入库。

图 7-3　包装好的成品

仓库成品管理员办理完成品实物入库后，要将单据递交给仓库账务作数据录入和单据处理。

2．仓内管理

仓库是一个高度密集的地方，仓库管理员要定期检查货物，保持仓内清洁和安全，在各项运作中要做到细致、标准，在仓库进出货物时定期作统计汇总。

（1）仓内安全

仓库最大的问题就是安全，仓库一旦发生火灾，就会使大量的物资被烧毁，造成重大的经济损失。农享网的仓库经常存放大量的干货，如木耳、茶叶、桂皮、八角等，这些货物一旦遇火会立刻燃起，造成巨大损失，所以做好仓库防火工作具有重要的意义。随着农享网业务的不断扩大，它的仓库也在不断新建、扩建和改建，在建设中严格按照国家建筑防火规范的有关规定，并经公安消防监督机构审核。仓库在竣工时，项目负责人会同公安消防监督部门进行验收，验收不合格的就不能使用。农享网在仓库管理中专门确定一名领导为防火负责人，全面负责仓库的消防安全管理工作。

农享网要求物流仓库管理员熟悉储存物品性质、保管业务知识和防火安全制度，掌握消防器材的操作使用和维护保养方法，做好本岗位的防火工作。在夜间也要严格执行巡逻制度。值班人员应当认真检查、督促落实。

进入库区的所有机动车辆，必须做好防火工作。各种机动车辆装卸物品后，不准在库区、库房、货场内停放和修理。装卸作业结束后，应当对库房、库区进行检查，确认安全后，方可离人。

（2）存储方式

货物的存储方式有 3 种：①季节性储存，由生产季节与消费时间不一致引起，这种不一致包括全年生产季节性消费、季节性生产全年消费和季节性生产季节性消费 3 种情形；②周转性储存，是指流通企业为维持正常经营而进行的储存，其储存量取决于企业的经营能力、资金实力和管理水平等；③储备性储存，又称为国家储备，指防备灾荒、战争或其他应急情况而进行的物资储备，一般是涉及国计民生的物资，如粮食、棉花、石油、药品、战备物资等。对于农享网来说,前两种储存方式都有用到,农享网销售的农作物都是有季节性的,所以在储存时按照上述季节性储存的 3 种情形分别储存,在储存过程中,由于货物自身各方面(如成分、结构、性质等)原因,以及储存环境(如空气、温度、湿度、阳光、微生物、虫鼠、外力、卫生状况等)的影响,往往导致货物发生质量的损失和数量的损耗,因此,储存货物时须按照货物种类存放在不同区域,为节省空间,同种类、有包装(如箱、桶、袋、箩筐、捆、扎等)的货物都按照堆垛的方式存储,必要时使用苫垫遮盖货物,防止货物受潮受损。

3. 出仓管理

当货物出仓时必须办理出仓手续,例如,农享网淘宝店销售部在接到一个单子出货时,需要向仓库管理员传送销售订单,仓管通过订单开始备货,并送达质检部,质检部检查货物是否受损、货物的数量是否正确、标签是否掉落等,核对无误后发放到销售部,再由销售部发出,如货物出现问题则返回仓库。

在整个过程中各部门人员需要核对流程单或相关凭证等,货物发出必须由各销售部开具销售发货单据,仓库管理人员凭盖有财务发货印章和销售部门负责人签字的发货单仓库联发货,并作登记。所有货物出库单据都要保存归档。

仓管员在月末结账前要与车间及相关部门做好物料进出的衔接工作,各相关部门的计算口径应保持一致,以保障成本核算的正确性。若库存物资清查盘点中发现问题和差错,应及时查明原因,并进行相应处理。如属短缺及须报废处理的,必须按审批程序经领导审核批准后才可以进行处理,否则一律不准自行调整。发现物料损失或有质量上的问题(如超期、受潮、生锈或损坏等),应及时用书面形式向有关部门汇报。

任务二 货物打包

1. 选择打包材料

货物打包是物流当中的一个重要环节,将不同的货物分类打包,不仅显示了物流工作的合理性,在一定程度上还能增加物流的安全性。包装材料和重量不同,物流成本也会有所不同,通常在保障货物安全的情况下企业会采用最合适的包装以节省成本。打包常见的包装有纸箱、快递袋、木箱等。

纸箱通常情况下是最常见的包装,根据货物本身选择不同大小的纸箱,堆放方便且节省空间,但纸箱最大的缺点是成本较高;快递袋是由快递公司提供的货物包装袋,是对于那些不怕挤压的产品来说的,如衣服、毛绒玩具等;木箱和快递袋刚好相反,适于包装跑步机、洗衣机等体积大、容易损坏、对防震要求很高的产品,如图 7-4 所示。

农享网根据其产品特点在打包时主要使用纸箱,如图 7-5 所示的瓶装的蜂蜜、生姜粉等是易碎品,所以在包装时需要在产品周围加上填充物,防止在运输过程中产生严重震荡造成产品受损,填充物主要选择废旧报纸,也可以购买专门防震的填充物,如图 7-6 所示,填充物以体积大、重量轻为最佳,在货物装箱时产品要和纸箱之间空出一定的距离,方便放置填充物。

 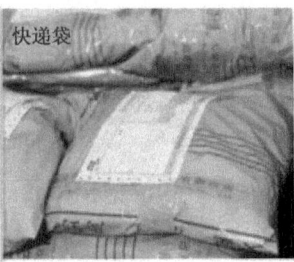 

图 7-4　包装材料

图 7-5　农享网易碎产品

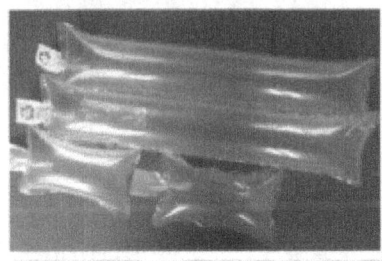 

图 7-6　防震填充物

2．打包流程

（1）产品确认

农享网要求打包人员在打包前检查打包台面是否整洁，除在打包过程中需要用到的工具外，不得置放其他物品。打包人员从储物框内取出商品与销售单据，先检查销售单据与商品是否一致，如果不一致则返回给销售部负责人，商品破损、条形码不清楚的必须退回质检部处理，使用扫描器正常扫描销售单和商品标签，等到系统确认完成再进行正式打包。

（2）选择包装

打包人员要根据产品的大小、种类等特性选用合适的包装物进行初步放置。农享网采用的是纸箱包装，单个产品（含外包装）体积小（如5cm×5cm×5cm）时采用16号纸箱或者废旧的小纸箱包装。花生、黑豆、腐竹（见图7-7）等表面不规则的散装产品，客户在订货时可能会订购多包，因此需要较大的纸箱。封箱前检查桌面商品有无遗漏，订单有无放入包装物内。

图7-7 散装产品

（3）胶带缠绕货物

用塑料袋包装的物品，须用胶带在塑料袋外缠绕成"十"字形，防止物品遗失，对于拼袋（或拼箱）的物品，除用胶带缠绕成"十"字形外，还要用胶带弥合接口，防止物品遗失，液体类物品如蜂蜜等须加贴"易泄易漏"标志和"此面向上"标志，易碎品须加贴"易碎"标志。标志加贴与包裹单同面，纸箱包装的物品，箱体上下对缝必须弥合，胶带缠绕不少于2周，左右侧缝用胶带缠绕弥合。

包装完成后加贴标签及打印机打印的面贴，地址面贴应与商品的外包装保持平整，以便于下个流程进行扫描，将包装完好的商品放置于绿色流水线上，打包完成。

任务三　物流配送

1. 选择物流公司

卖家通过淘宝网这个平台向客户提供安全有效的网络交易时，离不开物流的支持。淘宝网会向卖家提供"推荐物流、网货物流推荐指数"作为选择物流公司的参考数据，目前淘宝网与申通快递、顺丰速运、EMS、宅急送、圆通快递、天天快递、韵达快递、中通速递、汇通、勤诚快递等公司都有合作。这些物流公司在服务质量、服务价格等方面参差不齐。所以企业在选择物流公司时，要考虑到自己的实际情况，农享网的发货地址在上海某区，该地区的快递公司有申通、韵达、汇通、佳吉、EMS 等，在开店之初，农享网选择了申通、韵达、汇通等几家快递公司，这几家快递公司各有优势，价格也不尽相同，农享网通过长期的仔细的对比和考察，最终确定将申通作为主要快递公司，其他两个为辅。之所以这样选择，是因为申通是这几家公司里面最有名气的，对于农享网来说最合适。首先，农享网的产品都属于农副特产，客户分布较为广泛，而申通网点多，遍布全国各大城市，甚至一些二线城市；其次，农享网的发货地点位于上海总部，而申通快递的总部也在上海，所以正常情况下运送时间较短。申通快递的缺点在于流量大，网购高峰期会出现爆仓现象，造成送货不及时，容易引起客户的投诉。

韵达的优点是费用相对较低，且上海、江苏、浙江、福建、广东地区发送速度非常快；缺点是网点较少，其他地区相比申通要慢，发送频率相对较低。

汇通知名度不高，因为货单少所以服务态度算是不错的，发货速度中等，邮费折扣高，特别是江浙沪地区，而且发江浙沪的件比较快，唯一的不足就是网点分布比较少，还需要继续发展多一些网点。

在详细讲解快递选择之前，首先要注意地区这个概念，农享网发货的所在地上海某区，货物寄到上海和寄到新疆，价格有翻倍的差距，如果不分地区统一定价，最终会给公司带来经济上的损失，所以农享网将中国地区划分成若干个区域（见表 7-1），每个区域的运费是不同的，当然价格也要和物流公司进行协商。

表 7-1 地区划分表

中国地区名称	区域
江苏省、浙江省、上海市	一区
广东省、福建省、安徽省、北京市、天津市、湖北省、湖南省、江西省、河北省、河南省、山东省	二区
四川省、贵州省、海南省、陕西省、云南省、山西省、重庆市、黑龙江省、甘肃省、辽宁省、吉林省、广西壮族自治区、宁夏回族自治区	三区
内蒙古自治区、西藏自治区、青海省、新疆维吾尔自治区	四区

考虑到成本的问题，除非客户要求发其他快递，否则公司一般会选择已经确定的快递公司，取得这些公司本地区的内部报价。如表 7-2 所示为申通快递公司的运费。

表 7-2 申通快递公司运费

申通快递（http://www.sto.cn/）				
	一区	二区	三区	四区
到货时间	1～2 天	2～3 天	3～4 天	4～5 天
首重费用/（元/kg）	8 元/kg	10 元/kg	12 元/kg	15 元/kg
续重费用/（元/kg）	重量×8 元/kg	重量×10 元/kg	重量×12 元/kg	重量×18 元/kg

从表 7-2 可以看出，申通快递公司的运费在不同区域内是不相同的，所以企业根据不同区

域制定不同的物流费用，也可以灵活选用不同的快递公司或者根据客户的需求选择快递公司。除选定的快递外卖家还须主动询问客户，让客户自主选择，自主选择不是没有边际的，不可能所有的客户都发顺丰，只要在备用的几个中选择就可以。尊重客户的同时，也让客户对店铺更加信任。如果买家没有收到货物，要主动与买家沟通并联系物流公司。特殊情况下在找物流公司索赔的同时，可以给买家再发一次货，尽量做到让买家满意。虽然卖的不是物流，但也不要在物流环节出现问题。

2. 淘宝物流管理

在确定快递公司后，接下来就是在淘宝网中设置物流的相关模板，通过卖家账号进入淘宝网卖家中心，在左边菜单栏中选择"物流管理"中的"物流工具"，在"物流工具"中可以看到有服务商设置（服务商是指快递公司）、运费模板设置、运费/时效查看器、物流跟踪信息息、地址库、运单模板设置，如图7-8所示。

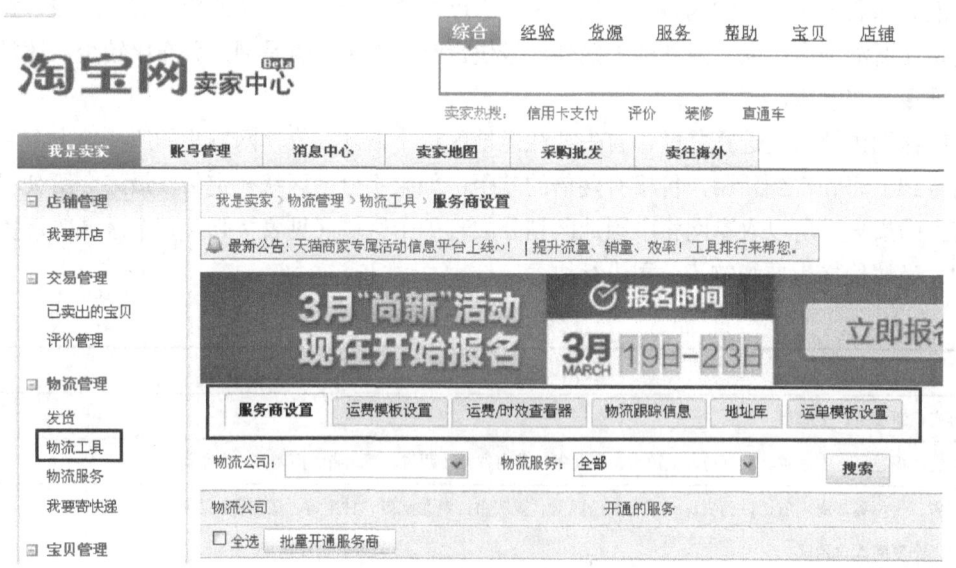

图 7-8　物流模板设置

其中运费模板设置是卖家主要分析的部分，运费模板可以分为以下内容：

（1）默认模板设置

在运费模板设置中单击新增运费模板，进入如图7-9所示的界面，填写主要信息，农享网将这块的模板名称设置为"农家特产默认运费"，"宝贝地址"一项选择"上海总部"，发货时间选择2天，"是否包邮"选择"买家承担运费"，计价方式为"按重量"，"运送方式"选择"快递"，在单击快递后有默认运费，选取中间价位，不同地区适时改价，初始价格选择10元是最保险的，然后根据不同的地区和客户的需要，对价格进行微调。一般卖家会设置为10元/kg，每增加1kg增加运费5元，在这里农享网也可以设置哪些区域为多少费用，例如，农享网选择江苏省、浙江省、上海市的首重为8元/kg，续费为8元/kg，内蒙古自治区、西藏自治区、青海省、新疆维吾尔自治区首重为15元/kg，续重15元/kg，如图7-10和图7-11所示，完成后单击"保存"按钮，这样一个默认模板就设置成功了。

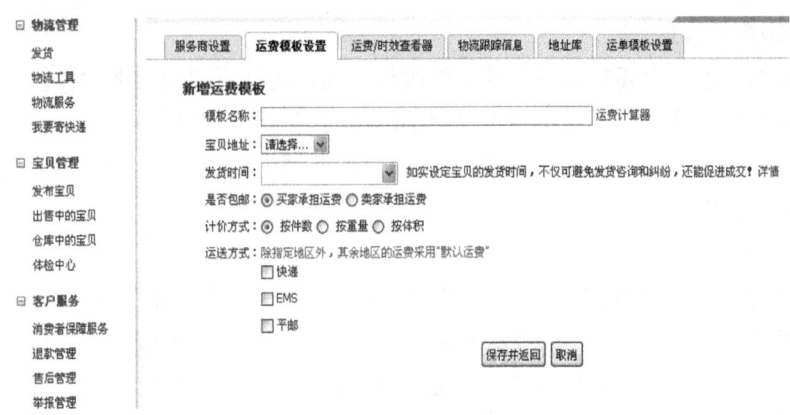

图 7-9　默认模板设置

图 7-10　运费模板设置（一）

☑ 快递

默认运费：1.0　kg内，10.00　元，每增加 1.0　kg，增加运费 10.00　元

运送到		首重(kg)	首费(元)	续重(kg)	续费(元)	操作
上海、江苏、浙江	编辑	1	8.00	1	8.00	删除
内蒙古、新疆、青海、西藏	编辑	1	15.00	1.0	15.00	删除

为指定地区城市设置运费　批量操作

图 7-11　运费模板设置（二）

（2）促销模板设置

促销模板的设置与上述默认模板的设置过程相同，此处所要说的促销模板是基于店铺的促销活动而设置的，其中在配合卖家进行促销活动的同时，运费模板可以采用一些付费软件来实现自动购物运费叠加，这样在很大程度上减少了促销中对于运费设置的错综复杂的问题，而且有利于消费者的自助购物。

（3）包邮模板设置

以农享网为例，设置包邮模板时将模板名称改为"农家特产包邮"，商品地址、发货时间、寄件方式和默认模板是一样的，在"是否包邮"中选择"卖家承担包邮"，在运送方式中填写快递费用，这里的费用是卖家和快递公司提前协商好的，尽量减少运费。

3．订单配送

在设置完运费模板后，接下来就是订单配送，首先卖家需要查看买家拍下并已经付款到支付宝的订单，如果买家拍下并没有支付，拍下的产品将会在三天内自动取消，卖家可以在"我的淘宝"→"支付宝专区"中看到"您有×个交易，买家已经汇款给支付宝，等待您发货"，如图7-12所示。单击"等待您发货"的链接即可进行发货。

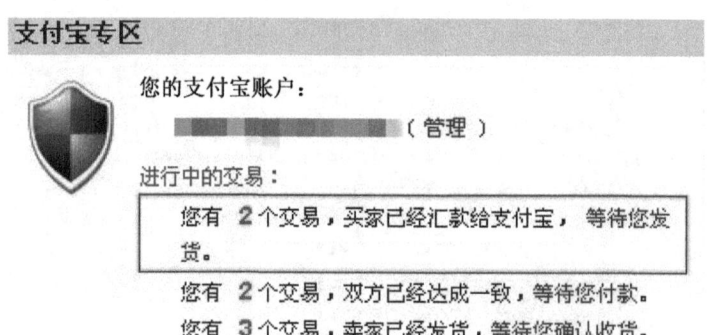

图7-12　查看待发货

还可以单击"我的淘宝"左侧的"已卖出的商品"，会看到所有已卖出的商品，所有交易状态为"买家已付款"、物流状态为"等待卖家发货"的商品，都可以通过单击蓝色的"发货"按钮进行发货，如图7-13所示。

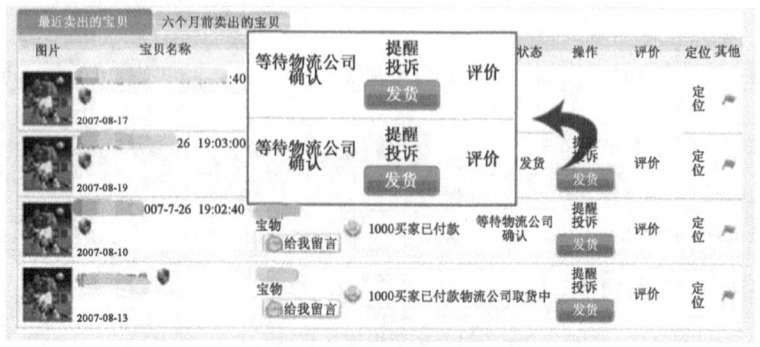

图7-13　淘宝待发货列表

确认完后发货部打印快递单和出货单并交给配货部,拣货员根据出货单进行配货并包装,送达打包人员手中,打包人员验货,并在系统登记商品出库,确认淘宝为已发货状态,然后将商品放置于待发货区,联系之前合作的快递公司来发货区取件,快递公司会根据自己的规定检查快件,例如,申通对于淘宝业务就有一套服务标准,图 7-14 为申通用户寄件的流程。

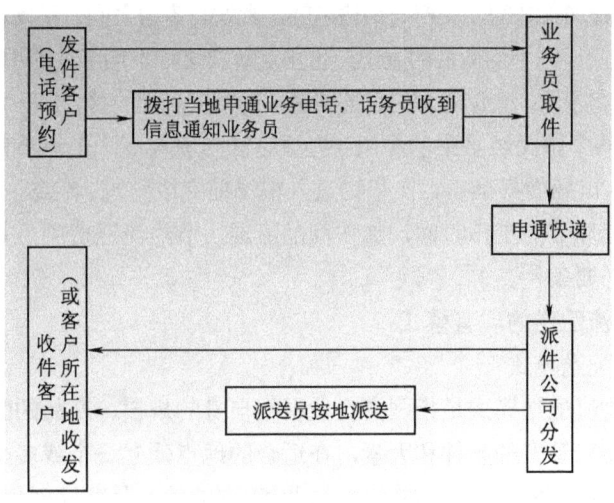

图 7-14　申通用户寄件流程

 模块二　物流服务相关知识

1. 仓储管理概述

（1）仓储管理的概念

仓储管理（Warehouse Management，WM）是指对仓库及仓库内的物资所进行的管理,是仓储机构为了充分利用所具有的仓储资源、提供高效的仓储服务所进行的计划、组织、控制和协调过程。具体来说,仓储管理包括仓储资源的获得、仓储商务管理、仓储流程管理、仓储作业管理、保管管理、安全管理等多种管理工作及相关的操作。如图 7-15 所示为仓储管理系统流程。

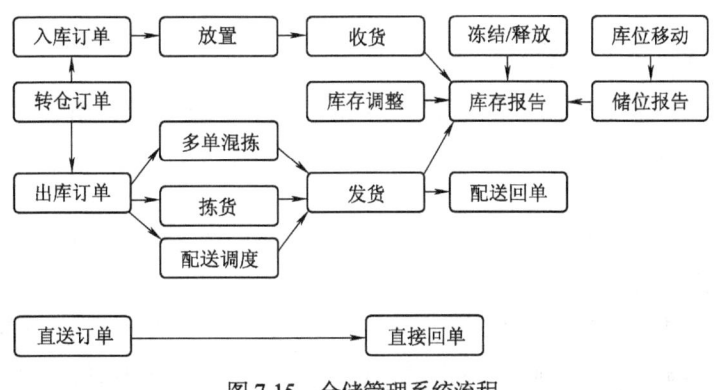

图 7-15　仓储管理系统流程

(2) 仓储管理的作用

1) 仓储管理在物流管理中的作用。仓储管理在物流管理中起整合运输和配载、流通加工、平衡生产和保证供货、控制存货以及对物流成本进行整体控制管理的作用。仓储管理是物流管理的核心，是供应链管理的核心环节，因为仓储总是出现在物流各环节的结合部，如采购与生产之间，生产的初加工与精加工之间，生产与销售之间，批发与零售之间，不同运输方式转换之间等。仓储是物流各环节之间存在不均衡性的表现，也正是解决这种不均衡性的手段。仓储环节集中了上下游流程整合的所有矛盾，仓储管理的目的就是实现物流流程的整合。

2) 仓储管理在整个国民经济中的作用。仓储对货物进入下一个环节前的质量起到保护作用，能够为货物进入市场做好准备，在货物进入市场前完成整理、包装、质检、分拣等程序，这样就可以缩短后续环节的工作时间，加快商品流通，节约流通费用，是保证整个社会再生产过程顺利进行的必要条件。

2. 网上商店物流配送的现有模式

（1）自营物流配送模式

网上商店自营物流配送模式是指网商企业根据自身的规模、产品的配送量、企业的经营策略以及业务网点布局等多种条件和因素，在适合的地点建立一个或多个物流配送中心，依靠自己构建的网络体系开展本企业的物流配送业务。它的核心是建立现代化的物流配送中心，它是商流、物流、资金流的集中体现。这样一个或多个配送中心的建立，需要极大的资金投入以及比较先进的物流管理，所以实行自营物流的网商企业必须是资金雄厚的大型企业，物流又对本企业的发展起到极其重要的作用。

自营物流配送模式的优势如下：

1) 本企业对物流的绝对掌控权。有利于企业第一时间掌握从生产到销售的物流信息，以便企业及时调整经营策略。

2) 稳定自身的供应链。网商企业能更好地监控和管理整条供应链，保证企业的供应链的稳定。

3) 具有品牌效益。自营物流的网商企业可以面对面地接触消费者，配送人员良好的形象可以提升企业品牌在消费者心中的形象。

4) 提升配送效率。配送效率的高低无疑是网上商店成功的关键，自营物流可以更好地服务顾客。

自营物流配送模式的劣势如下：

1) 高成本，高风险。配送中心的建立，车辆、人员的配备，信息系统的建立等都需要企业付出极高的前期投入成本，前期成本过高，那么企业可能处于不盈利状态，极大地增加了企业经营风险。

2) 物流管理难度大。网商企业不是专业的物流企业，缺乏科学有效的物流管理手段，规模有限，专业化程度低。

虽然自营物流配送模式短期内可能风险高、投资大，不过从长期发展来看，物流成本的下降空间也是很大的。首先，通过规模经济效益，企业逐步掌握自己的物流配送业务状况和未来发展趋势，可以有更快的反应速度以提高配送效率从而降低单位物流成本。其次，由于我国自营物流相对第三方物流能获得更高的顾客满意度，自然能提高顾客对品牌的忠诚度，那么从长远角度来看平均物流费用率将会下降。目前比较成功的自营物流配送网上商店有凡客、京东商城和卓越亚马逊等。

（2）邮政体系物流配送模式

邮政体系物流配送模式一般是指企业或厂商网站在其营业地点建立产品仓库，根据消费者网上购物清单和消费者家庭地址信息，通过邮局办理邮政递送手续，将货物送到消费者手中。这是很多小网站和淘宝网上很多网店选择的配送模式。中国邮政具有方便、快捷、点多面广的特点，是我国覆盖面最广、资历最老的物流公司。但其不足之处主要是普通邮递速度慢，而 EMS 服务收费偏高，且邮政体系服务水平偏低，容易造成包装破损、货物损坏，从而导致配送服务质量的下降而造成顾客的不满。

（3）第三方物流配送模式

第三方配送模式是指交易双方把自己要完成的配送业务委托给第三方完成的一种物流配送模式。网商企业选择第三方的优势如下：

1）企业集中精力于核心业务。由于任何企业的资源都是有限的，很难成为业务上面面俱到的专家。为此，企业应把自己的主要资源集中于自己擅长的主业，而把物流等辅助功能留给物流公司。

2）物流配送专业化。第三方物流有较网商企业更好的物流管理基础，灵活运用新技术，实现以信息换库存，降低成本。

3）减少固定资产投资，加速资金周转。企业自建物流需要投入大量的资金购买物流设备、建设仓库和信息网络等专业物流设备，这些资源对于缺乏资金的企业特别是中小企业是个沉重的负担。而如果使用第三方物流公司，不仅可以减少设施的投资，还解放了仓库和车队方面的资金占用，加速了资金周转。采用委托第三方物流公司的交通、运输、仓储连锁经营网络，把商品送达消费者，实现配送服务的模式，可以充分利用第三方物流企业的先进物流设施和专业物流经验进行规模性操作，带来经济利益，降低物流成本，合理利用社会资源。

网商企业选择第三方物流的劣势如下：

1）企业不能直接控制物流职能。毕竟双方是合作关系，网商企业并不能直接控制其物流。

2）不能保证供货的准确和及时。第三方物流企业信息技术的应用相对于网商企业的信息技术较为落后，以致于双方的物流信息不能很好地对接，使得网商企业对于物流难以控制，对其操作过程和时间难以把握。

3）不能保证顾客服务的质量和维护与顾客的长期关系。相对于企业自营物流，选择第三方物流减少了网商企业与顾客直面接触的机会，不利于维护良好的企业形象和客户关系。

4）难以达成双方满意的物流成本。我国物流方面的标准化规定和相关法规缺失，以致于双方难以界定合理的物流标准。

综合第三方物流的优劣势分析，第三方物流对于自身对物流处理能力差、经营规模小、无力自建物流网络体系的网商企业是不错的选择，也是现在网上商店选择物流配送模式的主要选择。

（4）其他几种物流配送模式简介

除了以上三种主要网上商店配送模式，还有几种配送模式在网络购物中被应用，如共同配送模式、互用配送模式、基于合作的物流配送体系模式等。

1）共同配送模式。共同配送模式是指企业之间为了提高配送效率以及实现配送合理化所建立的一种功能互补的配送联合体。进行共同配送的核心在于充实和强化配送功能，它的优点是有利于实现配送资源的有效配置，弥补配送企业的功能的不足，促使企业配送能力的提高和配送功能的扩大，更好地满足客户需求，提高配送效率，降低配送成本。

2）互用配送模式。互用配送模式是指几个企业为了各自的利益，以契约的方式达成某种协议，互用对方配送系统而形成的配送模式。其优点在于企业不需要投入较大的资金和人力，就可以扩大自身的配送规模和范围，但需要企业有较高的管理水平以及与相关企业的组织协调能力。

3）基于合作的物流配送体系模式。基于合作的物流配送体系模式是指网商企业和连锁企业的结合，这种合作是一种战略联盟的关系。当网商企业在线接受顾客订单之后，通知距离顾客最近的连锁店，连锁店确认信息之后，再组织对货物的配送。

 模块三　物流服务项目实训

1. 实训流程

物流服务实训流程如图 7-16 所示。

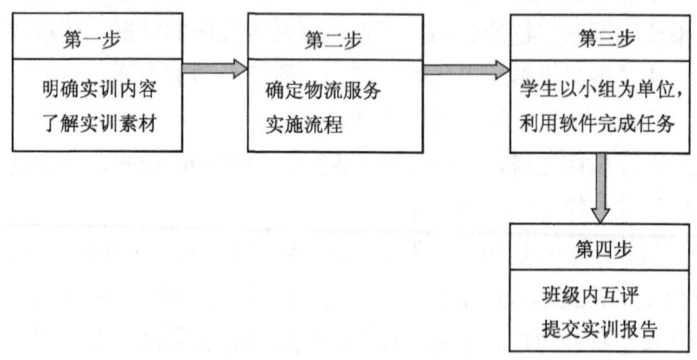

图 7-16　物流服务实训流程

2. 实训概述

本实训项目要求学生根据提供的相关素材，在实训教师的指导下完成物流服务的整个过程，通过仓储管理、货物打包、物流配送的步骤实施。

3. 实训素材

学生可以在实训教师规定的范围内选择一个日常用品为对象，然后听从教师的安排，通过教学软件对物品进行虚拟的物流服务，并且上传至教师指定的板块，具体场景素材包括教师自定义实训对象,物流教学实验系统,计算机若干,出库入库单,包装箱(袋)、胶带、箱内填充物。

4. 实训内容

实训目标:根据教师所提供的素材,以小组为单位,实施物流服务的整个过程,包括在物流系统内设置入库出库的数据,要求学生了解在打包过程中的注意事项,了解货物在配送过程中都需要哪些技术支出,完成所有任务后撰写实训报告。

步骤1:仓储管理

以小组为单位,在实训教师的指导下,通过物流教学实验系统进行仓储管理系统的设置。

1)学生使用实训教师分配的账号登录物流教学实验系统,如图7-17和图7-18所示。

图7-17 物流教学实验系统登录界面

图7-18 学生登录界面

2）学生单击信息平台，在平台中添加货物，并了解物品的属性、特性、运输要求、使用方法等，使得仓储管理更加有效。

步骤2：货物打包

学生根据教师提供的实训对象，以小组为单位，对物品进行打包，根据物品属性选择相应的打包材料，包装前检查货物与出货单是否一致。

步骤3：物流配送

物流配送的步骤如下：

1）通过互联网收集各大物流公司的信息，对物流公司的报价进行对比。

2）通过注册淘宝账号进入淘宝卖家中心，了解相关设置。

3）通过教师安排设置相关模板。

4）使用物流教学实验系统进行模拟配送。

项目八 网店推广与营销

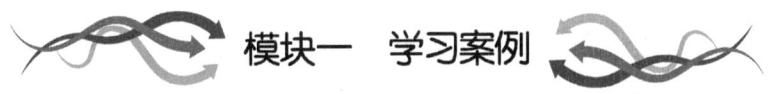

任务一 网上店铺推广

1. 实施对象

本任务以农享网淘宝店铺为例,从网店实施原因、目的、策划以及实施这几个主要步骤来详细讲解网上店铺推广与营销是如何具体工作的。

2. 实施原因分析

结合农享网淘宝店铺近期销售额及访问量的表现,分析得出以下内容:

1)农享网淘宝店铺产品关键词在淘宝搜索结果中排名靠后。

2)网页流量同比上个月有所下降。

3)订单转换率不足,通过互联网了解并购买产品的用户数量太少。

3. 实施目的分析

农享网淘宝店铺主要是以销售农家特产为主,所以网店不仅仅需要将产品关键词的排名维持在有利位置,还需要优化用户访问的路径,以便于访客更加方便地了解产品。为此,农享网淘宝店铺需要制定一个推广实施目标:

1)使主要产品关键词在淘宝搜索结果中出现在第1页。

2)网店名称出现在搜索引擎的前3页。

3)网店流量增加到原本的3倍。

4)3个月内产品销售额达到30万。

4. 实施计划

农享网淘宝店铺主要使用站外方式来推广网店,包括论坛、软文、搜索引擎、邮件群发、购买广告等。

5. 网店推广实施

(1)论坛及搜索引擎推广

网店论坛推广。论坛所聚集的目标客户群体是一个经过精确细分的市场,而且论坛是一个依托在强大的互联网形式所开展的目标群体互动平台,一群个性鲜明的人对某个品牌、某件产品、某个事件或某种生活方式有着共同兴趣和爱好而聚集在了一起,并彼此之间进行无阻碍的沟通与交流。从某种意义上说,论坛的参与者其实就是具有某些共同兴趣和爱好的群体,是经过精确细分的市场,对论坛的群体有了充分的认识,商家就可以确定产品是否适合以该种方式推广。

①选择论坛。在选择论坛时首先需要考虑到产品的受众群体是哪些、论坛和产品是否相关、人流量如何等。如图 8-1 所示为在搜索引擎中搜索到的和农作物有关的论坛。

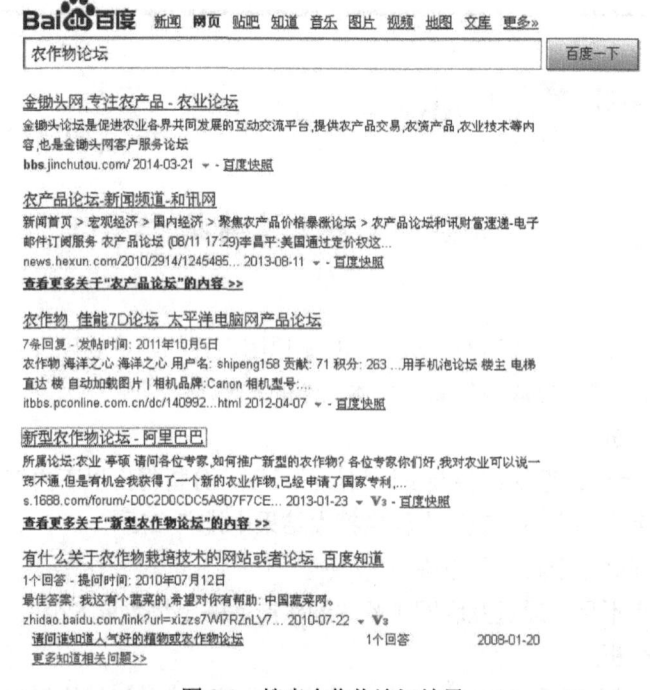

图 8-1　搜索农作物论坛结果

由图 8-1 可以看到有金锄头农作物论坛、和讯网的农产品论坛、阿里巴巴的新型农产品论坛等，淘宝论坛和后期衍生出的蘑菇街、美丽说等也都是需要考虑的论坛，在论坛筛选时应注意以下几点：①论坛是否有特殊的板块；②论坛是不是提供了免费答疑服务；③论坛是否有娱乐板块；④论坛是否活跃，如有没有活动、送礼品或者荣誉会员（VIP 会员）等；⑤论坛的管理如何。如果在该论坛第一天发一个帖子，第二天没有回帖，就放弃该论坛，如果已经注册，管理员很迅速地打招呼，这样的论坛就有发展的前景。最终农享网淘宝店铺以淘宝论坛为主，以其他几个论坛为辅，进行注册并发帖。如图 8-2 所示为淘宝论坛首页。

图 8-2　淘宝论坛首页

②内容策划。论坛找好后，接下来就应该准备发帖，帖子的质量直接决定销量。帖子也分为很多种，有软文帖、问答帖、活动帖、心理帖、广告帖、特价帖等。这里就以软文帖为例进行分析。

一篇好的软文，不需要华丽的文章和丰富的内容，简单明了地对准各位看客的胃口为最佳。例如，在淘宝论坛中，查看帖子的都是刚出道不久、在这里结交好友、学习开店经验的新人，这一点也可以从淘宝论坛的精华帖中得以验证，精华帖内容大部分都是以卖家分享的开店经验、开店技巧等为主，每篇经验帖对于初学者来说都是非常有用的，大家可以主动联系发帖的卖家，浏览卖家的网店。

如图 8-3 所示为淘宝论坛中的精华帖。

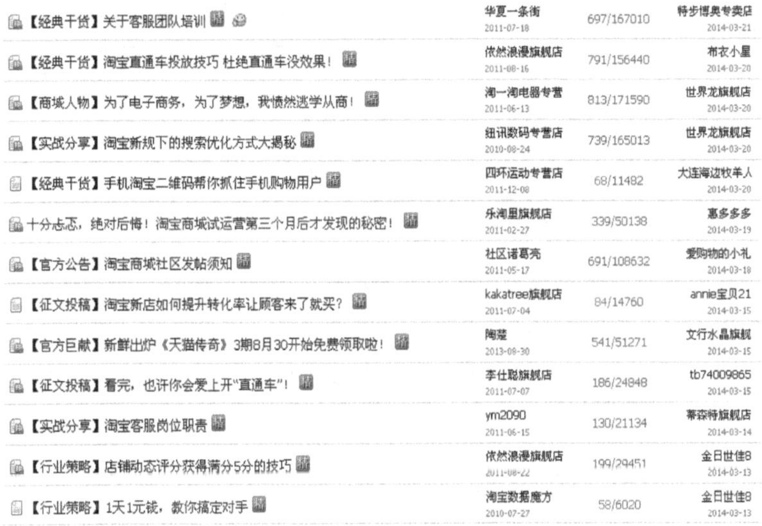

【经典干货】关于客服团队培训	华夏一条街 2011-07-18	697/167010	特步博奥专卖店 2014-03-21
【经典干货】淘宝直通车投放技巧 杜绝直通车没效果！	依然浪漫旗舰店 2011-08-16	791/156440	布衣小星 2014-03-20
【商城人物】为了电子商务，为了梦想，我愤然逃学从商！	淘一淘电器专营 2011-06-13	813/171590	世界龙旗舰店 2014-03-20
【实战分享】淘宝新规下的搜索优化方式大揭秘	纽讯数码专营店 2010-08-24	739/165013	世界龙旗舰店 2014-03-20
【经典干货】手机淘宝二维码帮你抓住手机购物用户	四环运动专营店 2011-12-08	68/11482	大连海边牧羊人 2014-03-20
十分忐忑，绝对后悔！淘宝商城试运营第三个月后才发现的秘密！	乐淘星旗舰店 2011-02-27	339/50138	惠多多多 2014-03-19
【官方公告】淘宝商城社区发帖须知	社区诸葛亮 2011-05-17	691/108632	爱购物的小礼 2014-03-18
【征文投稿】淘宝新店如何提升转化率让顾客来了就买？	kakatree旗舰店 2011-07-04	84/14760	annie宝贝21 2014-03-15
【官方巨献】新鲜出炉《天猫传奇》3期8月30开始免费领取啦！	陶蓬 2013-08-30	541/51271	文行水晶旗舰 2014-03-15
【征文投稿】看完，也许你会爱上开"直通车"！	李仕聪旗舰店 2011-07-07	186/24848	tb74009865 2014-03-15
【实战分享】淘宝客服岗位职责	ym2090 2011-06-15	130/21134	蒂森特旗舰店 2014-03-14
【行业策略】店铺动态评分获得满分5分的技巧	依然浪漫旗舰店 2011-08-22	199/29451	金日世佳8 2014-03-13
【行业策略】1天1元钱，教你搞定对手	淘宝数据魔方 2010-07-27	58/6020	金日世佳8 2014-03-13

图 8-3　淘宝论坛中的精华帖

以下是编辑经验帖需要注意的几个方面。

a．个人经验。每位前辈下笔，都写出自己的店铺心得、营销手法。这些都是不可抄袭的，一个没有经验的人，是写不出容易让人产生共鸣的文字的。所以，只有与切身经验有关，才能思绪入流、下笔如神，就算没有华丽的文字，也能将自己的感受和想法真切地传达给所有人。

b．排版清晰。高质量的软文排版应该是严谨且有条不紊的。一篇排版凌乱的文章，不但会令读者阅读困难、思路混乱，而且会给人一种不权威的感觉。所以为了达到软文营销的目的，文章的排版不可马虎，需要做到最基本的上下连贯，最好在每一个话题上标注小标题，从而突出文章的重点，让人看起来一目了然。如图 8-4 中所示，这篇帖子从排版上看很清晰，层次分明，需要强调的部分使用不同的字体或颜色标出。

c．图文并茂。现在所有论坛中高手的帖子都会有图片出现。图文并茂，可以吸引看客眼球，尤其是经验、数据类的帖子，需要给人真实的感觉。生动形象的图片能让帖子增色不少。淘宝论坛中有很多卖家在分享经验时都会贴上自己的几张照片，不管是数据分析、店铺截图、工作环境照、库房照还是其他好看的图片，都会给帖子带来很好的效果，如图 8-5 所示。

图 8-4 排版清晰的帖子

图 8-5 图文并茂的帖子

d. 切勿植入广告。一篇好的帖子是不需要加任何广告内容的，因为帖子本身就是一个广告，而且是最好的广告。就算是内容很好的帖子，一旦添加了商业色彩，就会偏离本意，而且还会增加板块管理员的工作，也让看客烦心。

e. 关于精华帖。一个网店如果在论坛中出现多个精华帖，那么这个网店的流量也是相当可观的。对于一个精华帖来说，标题新颖、内容原创是非常必要的，标题是一个帖子的灵魂，是帖子的核心所在。要紧抓看客的心态，形成对比差，但是帖子内容务必要真实。生活中会有许多人发生很多事，每天都有灵感产生，要抓住这个灵感，结合以往的经验，将其记录下来，务求让别人有所共鸣。内容是可以抄袭的，但是感情和经验是不能抄袭的。一篇好的帖子，无论辞藻是否华丽，内容是否老生常谈，只要注入作者的灵魂，就能发光。

③论坛信息发布。在淘宝论坛中发布软文（也可以说是一篇经验帖），首先要设置个人信息，一般都是以网店名或品牌名作为账户名，农享网以"城市对接农村"为全新农产品电子商务概念，所以账户名设置为"城市对接农村"。根据内容策划中所提到的要求，使用"城市对接农村"在淘宝论坛中发表一篇经验帖。

帖子内容主要围绕产品命名位置，首先是标题，为吸引眼球可以将标题设为"教你如何利用产品命名提升网店流量"或"卖家必读，利用产品名称提升网店流量"。其次是内容，根据自己的经验抒写一篇原创文章，也可以利用网上一些资料进行二次修改。再次，在自己的店铺中找到几张产品命名的图片加入文章中。最后对写好的文章进行清晰的排版。

内容编写完成后就可以在论坛中发帖了，使用账户进入淘宝论坛，如图8-6所示，在右下角有"发表"按钮，下拉菜单中有帖子、投票、图集三个选项，单击"帖子"选项，进入发帖界面，如图8-7和图8-8所示。将事先写好的经验帖粘贴到文本框内，注意发表板块中也有很多选项，农享网根据所写内容选择实战分享或经典干货都可以。

图8-6　淘宝论坛界面

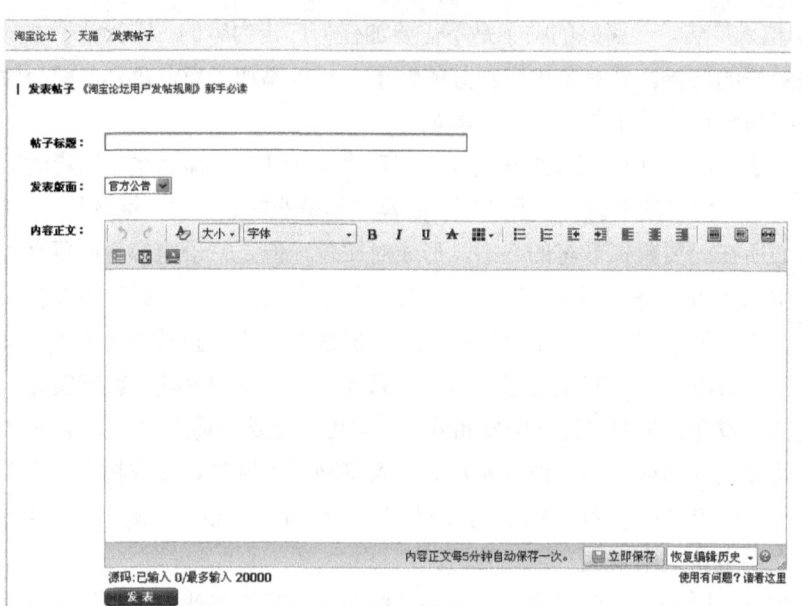

图 8-7 淘宝论坛发帖框

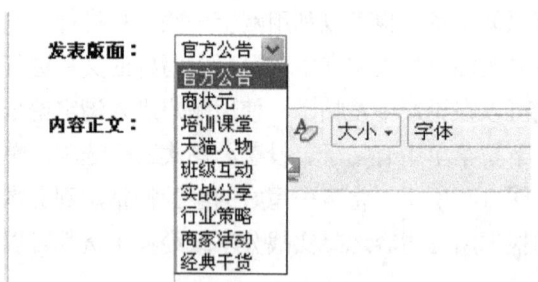

图 8-8 淘宝论坛发布板块

文本框中的正文部分的文字大小设置为 16px 或 18px，字体设置为宋体，小标题可以加粗字体变大，如图 8-9 所示，然后在适当位置加入事先截好的图片，单击插入图片按钮" "会出现如图 8-10 所示的对话框，选择存放图片的路径，在对话框中可以添加图片水印、设置图片的像素等，添加成功后对整个文章进行预览，单击预览按钮" "将在一个静态页面中显示出自己编辑好的文章，如图 8-11 所示，仔细阅读，及时发现错误并进行修改，修改完后就可以正式发表了。

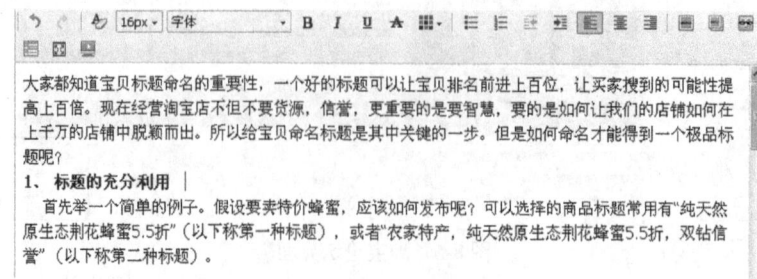

图 8-9 论坛文字设置

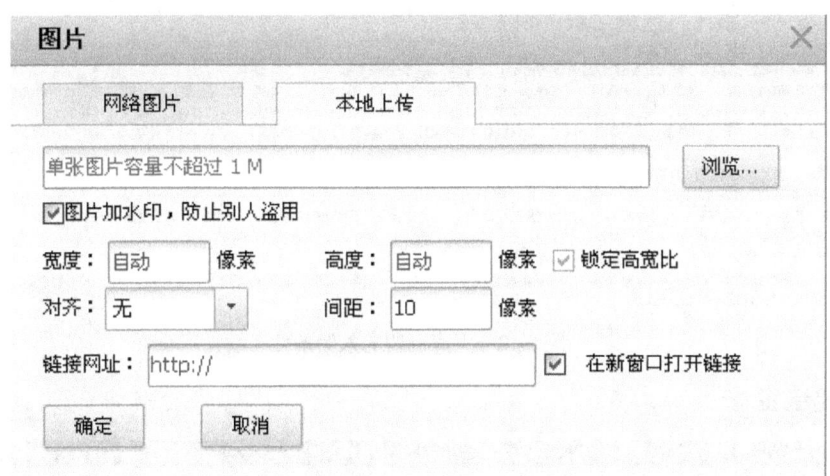

图 8-10　淘宝论坛图片上传

图 8-11　淘宝论坛帖子预览

④加入网商联盟。在网商联盟中可以结交更多的网店店长，共同达成互惠互利、互帮互助网盟。淘宝商盟就是这样的网商联盟之一，它由一群具有很高信誉度和共同背景的淘宝店家组成。淘宝商盟有两种形式，一种是区域性的，另一种是行业习性的，这两种商盟能给店铺带来很多好处，尤其是对新卖家来说。加入不同的淘宝联盟就有不同的条件，如图 8-12 所示是上海商盟的入盟条件，入盟的审核时间比较长。

在淘宝论坛中单击"商盟"，在商盟界面中可以看到"入盟申请""组盟须知""商盟频道""商盟展示"，卖家可以按照自己的领域或者行业加入商盟，如图 8-13 所示。

1.想报名申请加入【上海商盟】需要符合哪些条件？

①经过淘宝实名认证，遵守淘宝各项规则；
②了解上海商盟入盟规则，愿意成为上海商盟成员并承诺为广大淘友提供优质的服务；
③集市店拥有4星(91分)以上信用度，且店铺内有30件以上有效在线商品（注：实物和虚拟物品混卖的卖家，需5星以上，虚拟交易占比不得超过25%，好评率不得低于98%，店铺“宝贝与描述相符”DSR动态评分不得低于4.5分；纯虚拟物品交易的卖家，需3钻以上，好评率不得低于99%，店铺“宝贝与描述相符”DSR动态评分不得低于4.6分；实物卖家信用需4星以上（含4星），好评率98%以上，店铺“宝贝与描述相符”DSR动态评分不得低于4.5分）；
商城店 “宝贝与描述相符”DSR动态评分不得低于4.6分；
④店铺需开店3个月以上；
⑤无淘宝警告处罚(款到不发货，货到不付款，炒作信用度等将视为不可原谅错误，不可以有违规行为、投诉纠纷、处罚情况，有交易纠纷的不得超过3笔)。
⑥预备会员在没有转正前不可自行添加商盟盟标(动态LOGO)、盟名等；
⑦加入上海商盟帮派（http://bangpai.taobao.com/group/14516797.htm），申请入盟前，需要在店铺首页左侧栏或者店铺公告中添加淘宝商盟频道页面及图标（图片3个任意选1个）

图 8-12 上海商盟的入盟条件

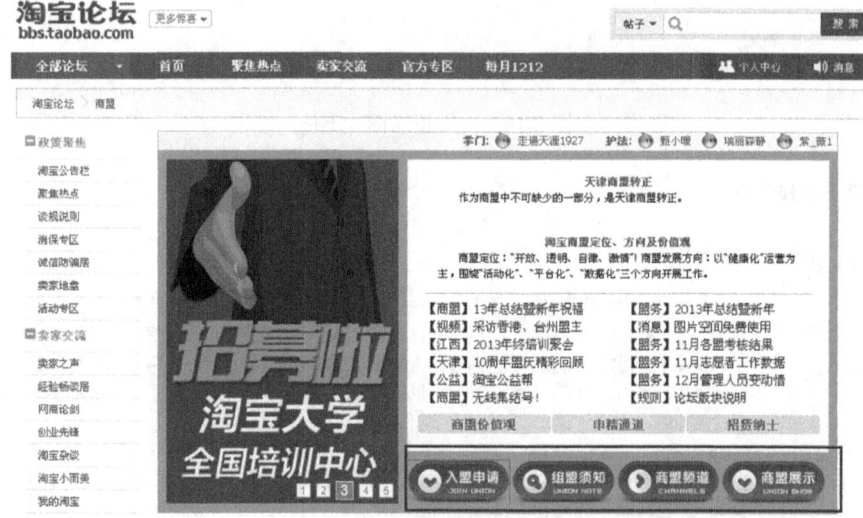

图 8-13 淘宝联盟申请页

农享网的总部在上海，因此选择加入了上海商盟，操作方法是单击“入盟申请”，单击上海商盟链接（见图 8-14），进入上海商盟入盟流程页面，查看入盟条件，如果不符合申请要求，须补足材料再次申请入盟。

地区性商盟：

01、吉林 商 盟：[illegible] 长期有效
02、黑龙江商盟：[illegible] 长期有效
03、珠三角商盟：[illegible] 长期有效
04、广州 商 盟：[illegible] 长期有效
05、福建 商 盟：[illegible] 长期有效
06、江苏 商 盟：[illegible] 长期有效
07、上海 商 盟：[illegible] 长期有效
08、浙商大联盟：[illegible] 长期有效
09、杭州 商 盟：[illegible]
10、义乌 商 盟：[illegible] 长期有效
11、台州 商 盟：[illegible] 长期有效
12、宁波 商 盟：[illegible] 长期有效
13、北京 商 盟：[illegible] 长期有效
14、河北 商 盟：[illegible] 长期有效
15、河南 商 盟：[illegible] 长期有效

图 8-14 上海商盟地址

⑤建立店铺友情链接。友情链接是店铺的功能模块之一，添加此模块后，店家可以链接其他店铺地址放置到自己店铺内，如果买家通过自己店铺提供的链接成功购买商品，卖家还可以获得佣金。每家网店都可以建立35个友情链接，很多新手卖家都没有建立任何友情链接，资源严重浪费。对于新手来说，找链接时最好找和自己网店同等级或等级较高的，大的店铺链接有很多，但对于新手不是一个好的选择。

找链接可以进入淘宝论坛，在帖子搜索框内搜索关键词"友情链接"，如图8-15所示，会有很多卖家愿意和大家交换链接的帖子，在这里作选择性交换。

图8-15 淘宝论坛中交换链接帖

网页内容都是以超文本的方式来互相链接的，网站之间也是如此。网站的链接越多，获得的访问量就越多。更重要的是，网站的外部链接数越多，会被搜索引擎认为它的重要性越大，从而获得更高的排名。所以，得花很多精力去做推广以及和别人做交换链接。

（2）邮件群发及微博推广（新浪淘宝商户）

1）邮件群发。邮件群发不但能主动推广网店，且费用低，卖家唯一需要支付的，就是购买邮件群发软件和售后服务器的费用，当然也可以在网上使用免费的电子邮件群发系统。可以百度搜索"邮件群发"，然后选用一个电子邮件群发工具。

使用邮件群发信息有两个前提条件：①有一个庞大、有效的邮件列表，列表可分为内部列表和外部列表。内部列表也就是通常所说的邮件列表，是利用网站的注册用户资料开展E-mail营销的方式，常见的形式如新闻邮件、会员通信、电子刊物等。外部列表E-mail营销则是利用专业服务商的用户电子邮件地址来开展E-mail营销，也就是以电子邮件广告的形式向服务商的用户发送信息。②要准备几封邮件内容，最好是一个系列的邮件内容，内容的表现也有多种形式，如电子刊物、会员通信、专业服务商的电子邮件广告等。

利用邮件群发这种方法来推广网店的关键之处在于要留心收集用户的电子邮件地址，拥有的电子邮件地址数量越多，就意味着主页蕴藏着越大的访问量。农享网淘宝店铺在做 QQ 邮件群发推广时，首先在 QQ 查找关于饮食健康的 QQ 群并加入该群，加入群后利用 QQ 邮箱发送群邮件，如图 8-16 所示。

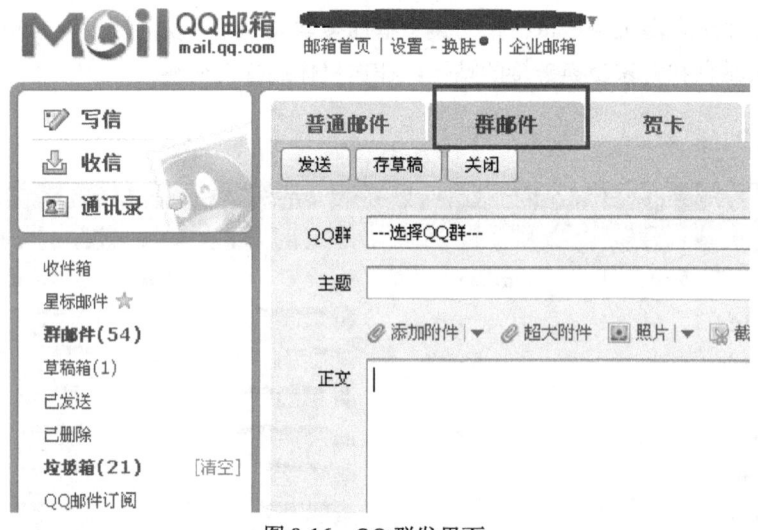

图 8-16　QQ 群发界面

店铺运营者可以在订单列表中找到以前客户的电子邮箱并进行收集，使用购买的群发软件发送邮件。邮件内容要注意标题简单明了、吸引人；内容采用 HTML 格式比较好，另外排版一定要清晰。

邮件群发是一件需要时间和耐心的事情。目前主流的邮件发送服务器，不管是收费还是免费，都限制了每天最大的发送量；而自己搭建一个服务器成功率低，且进入垃圾邮件的几率高。所以综合来看，还是用免费的服务器去做邮件群发推广比较合适。

2）微博推广。

①平台的选择。微博推广首先需要选择一个用于营销推广的平台，企业可以选择一个流量大、覆盖率高、关注度较多的平台进行营销推广。尽量避免选择那种小众的平台，否则以"传播"为基础的营销推广就是空谈了。

不同平台的用户，关注度各有不同，与之对应的推广策略也不相同，例如，新浪微博的用户主要关注状态更新情况，而开心网的用户则更关注游戏动态，农享网在做微博推广时主要使用新浪微博。

②开通微博。在选择好的平台上注册微博账号时，其流程与一般的注册相同，需要强调的是微博名称和个性域名的选择。企业开通微博后填写昵称和微博名称时，可注明企业名称或需要推广的产品品牌；个性域名可设置为品牌名称的全拼。这样的操作一方面从用户角度考虑，可让来访者一目了然地看到品牌名称；另一方面，从搜索引擎角度考虑，这样的操作对于搜索引擎友好，可使搜索品牌关键词排名靠前。农享网淘宝店铺在做微博推广时使用的

名称是店铺名称"城市对接农村"。

a. 微博设置。微博设置是注册微博的一个重要环节，例如，在新浪微博中，需要设置个人资料、进行个性设置等，如图 8-17 所示。

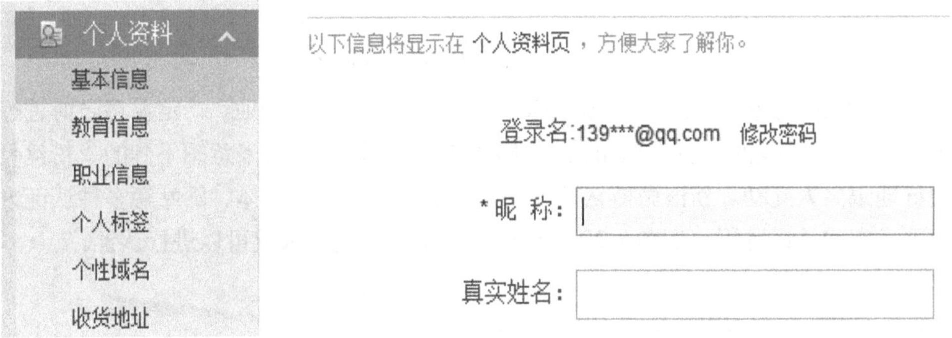

图 8-17 微博信息设置

其中需要说明的是个人标签的设置，这里可选择描述自己的职业、个人兴趣爱好等方面的词语，如电子商务、团购、旅游等。在贴上标签的同时，微博会为你推荐贴同样标签的用户，以此增加个人的社交圈。农享网淘宝店铺作为以农享网对外销售产品的一个平台，在标签的使用上更多的是需要展示出企业的属性和文化，这样既方便粉丝的记忆和查找，而且对彰显企业的特点和形象也是十分有必要的，如互联网、城市对接农村、健康养生、农产品安全、农家特产、农享网等内容都可以设置为农享网在微博上的标签，如图 8-18 所示。

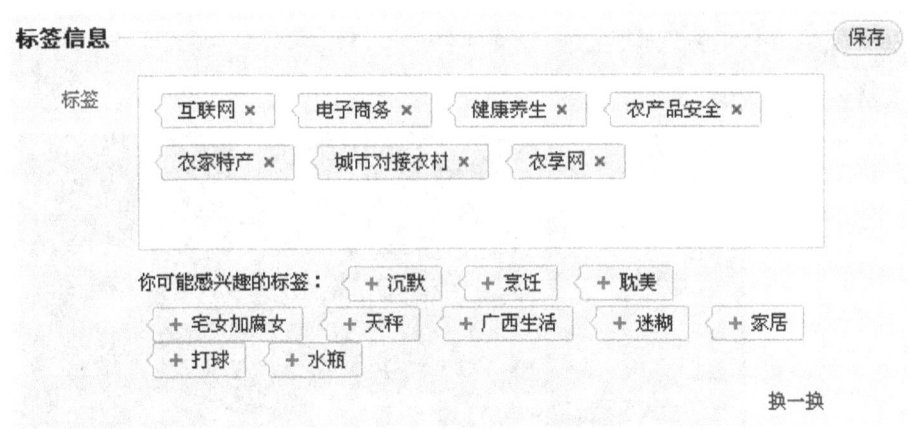

图 8-18 微博标签设置

由于微博介绍会在首页显示，是帮助用户了解这个微博的入口，所以这里的文字就显得尤为重要。若是做产品推广可将这一板块视为营销点，将产品描述以精简话语放置于此或直接放置有效链接。农享网的微博介绍的内容为企业名称"农享网"、淘宝店铺名称"城市对接农村"及淘宝店铺网址，如图 8-19 所示。

图 8-19　农享网的微博业务介绍

b. 微博认证。从营销的角度出发做微博,无论是个人还是企业,一定要将微博进行实名认证,因为这样不仅能够提升微博的权威性和知名度,还能够带来意想不到的"粉丝收益",便于更好地跟名人互动。新浪微博认证提供针对个人、企业、媒体、网站等多种认证方式,可按照要求完成认证过程,如图 8-20、图 8-21 所示,满足要求就可以进行认证。

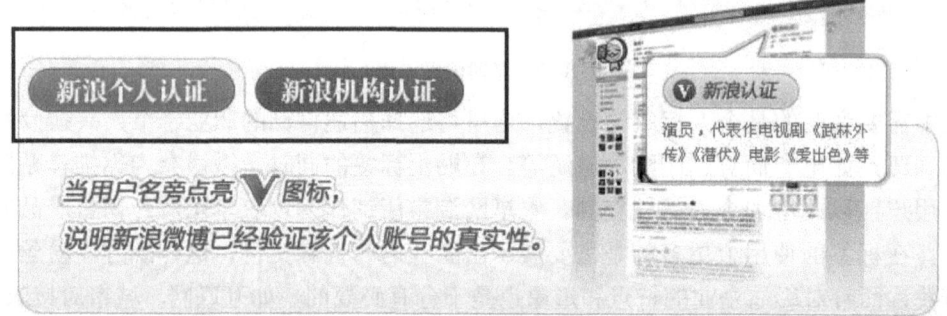

图 8-20　新浪微博认证

图 8-21　微博个人认证的要求

农享网目前已经有企业认证,在进行个人认证时只要满足认证要求,如有清晰的头像、绑定手机、关注数 30 等，农享网的新浪微博认证就能获得批准，如图 8-22 所示，认证的微博会在名称后面出现一个黄色图标"V"，认证后的微博较之未认证的微博，运营提升速度更快。

图 8-22　认证完成

c. 微博淘宝版。现在新浪微博也联合淘宝开设出微博淘宝版，新浪微博与淘宝的合作主要体现在 3 方面：①账号互通和店铺官微服务；②更好的商品分享和用户沟通体验；③更好的商家营销和促销功能。

农享网使用"城市对接农村"为账户名称开通微博淘宝版，首先在淘宝中进入"我的淘宝"，在"账号管理"中单击"微博绑定设置"，进入微博淘宝版申请界面，按照提示输入淘宝账号和密码，绑定成功后在微博名称后面会显示一个"淘"便签，这样微博淘宝版就设置成功了，如图 8-23、图 8-24、图 8-25 和图 8-26 所示。

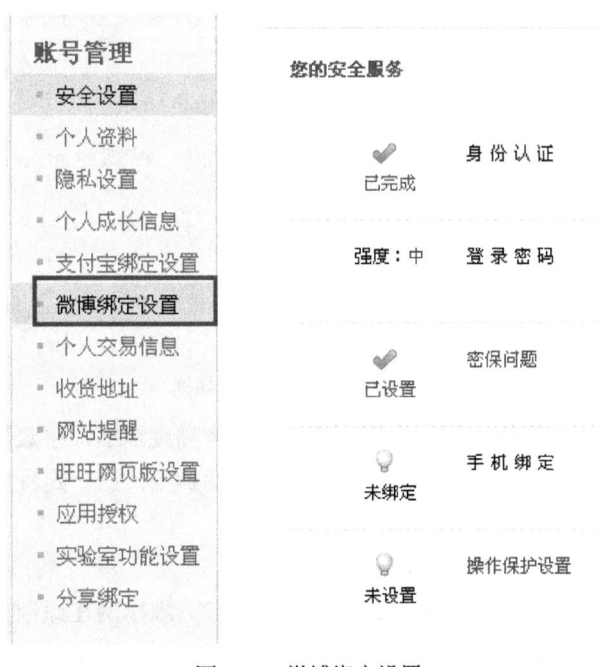

图 8-23　微博绑定设置

图 8-24 微博淘宝版申请界面

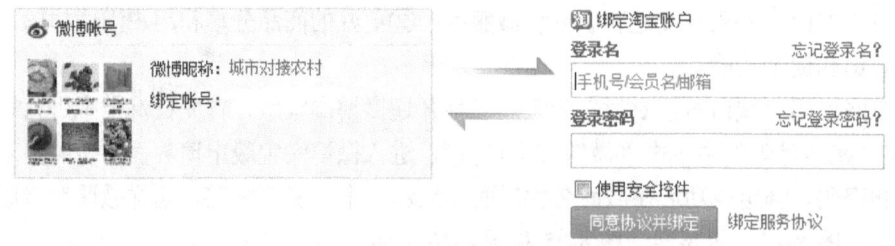

图 8-25 微博绑定淘宝账号

图 8-26 绑定成功后的微博

③内容编辑。微博内容的编辑要求简短精练,语言高度浓缩,字数限制在 140 字以内。这就要求微博内容编辑者在编辑内容时惜字如金、简明扼要,在一定程度上对大家文笔的提升有所帮助。

微博的内容可归为两类:原创类和转发类。

a. 原创类。作为淘宝店铺推广方式之一的微博推广,农享网在原创方面主要是以店铺宝贝为主,编写关于产品的描述,例如,需要介绍古伦水晶盐,开始时会介绍到它的成分、产地、功效等,字数一定要控制在 140 字以内,在发表时将编写好的文字粘贴到文本框内,句末加上产品相应的地址,如图8-27所示,发表成功后会在页面上出现淘宝的字样,如图8-28所示。

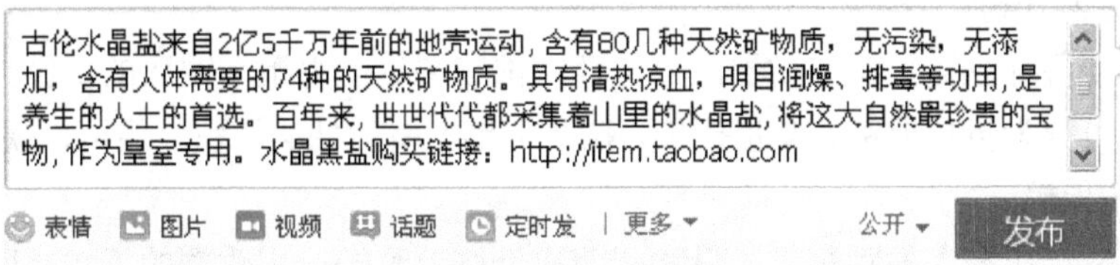

图 8-27　发表原创微博

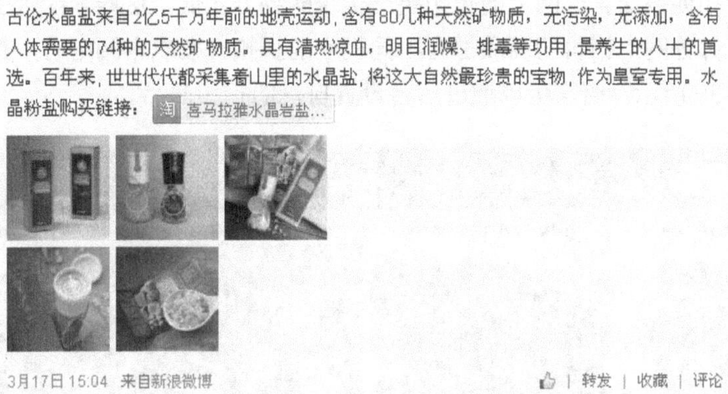

图 8-28　发表成功后的原创微博

b. 转发类。城市对接农村将关于农业所有的微博都进行了转发。通过评论和转发产生"新内容",不仅极大地丰富了微博的内容,同时也与微博参与评论的用户形成互动,使用户真切感受到微博背后来自运营团队的认真与用心,如图8-29所示。

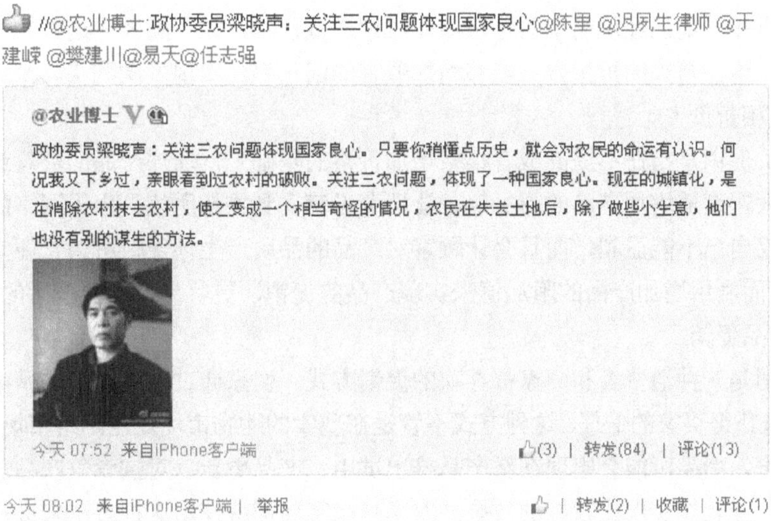

图 8-29　转发内容

任务二 网店促销活动的种类

1. 了解促销方式

现在电子商务行业竞争非常激烈,每位商家都在竭尽全力策划网店的促销方式。将促销方式汇总起来可分为折扣促销、变相折价、赠品促销、幸运抽奖、积分促销、联合促销6种。

（1）折扣促销

折扣促销是指卖家为鼓励买家大量购买而在价格上给予一定数额的折扣,即购买越多,单价越低,是一种很实用的促销方式。网络商城的折扣商品只能浏览,少了很多现场选购的乐趣,因此就折扣促销而言,网上的折扣要比传统购物方式低,这样才能吸引顾客前来网上购买。目前,大部分网上销售的商品都有不同程度的折扣,在农享网中有一部分使用的是折扣促销,如图8-30所示。店家可以通过后台设置自己的折扣商品。

图8-30 农享网淘宝店铺的折扣商品

现在的折扣促销已经从简单的打折演变成赠送抵价券,如"满××送××"等形式,不可否认的是,这些新兴的折扣方式能够增加顾客的回头率,实现多次购买。

（2）变相折价

变相折价促销是指在不提高或者稍微增加价格的基础上,增加产品的数量或者提高产品的质量,较大幅度地增加产品的附加值,让消费者感受到物超所值。由于网络的局限性,过低的报价不仅自己不能盈利,而且会让顾客对产品的品质产生怀疑,所谓"便宜没好货,好货不便宜"。而利用增加产品的附加值来实现产品的促销,更容易获得消费者的信赖。

（3）赠品促销

赠品促销是一种消费者和商家都喜欢的促销方式,卖家通过购买廉价的精美小礼品送给买家,以此来获得买家的信任。这种方式不管是在现实的购物市场还是网络市场都很受欢迎。在一般情况下,赠品可能会出现在新产品推出试用、产品更新、对抗竞争产品、开辟新的市场等情况下,并且能实现比较好的效果。农享网淘宝店铺就使用这种方法来进行促销,如消费者在购买纯天然树参蜂蜜时,会获得农享网赠送的蜂蜜勺和蜂蜜棒,如图8-31所示。

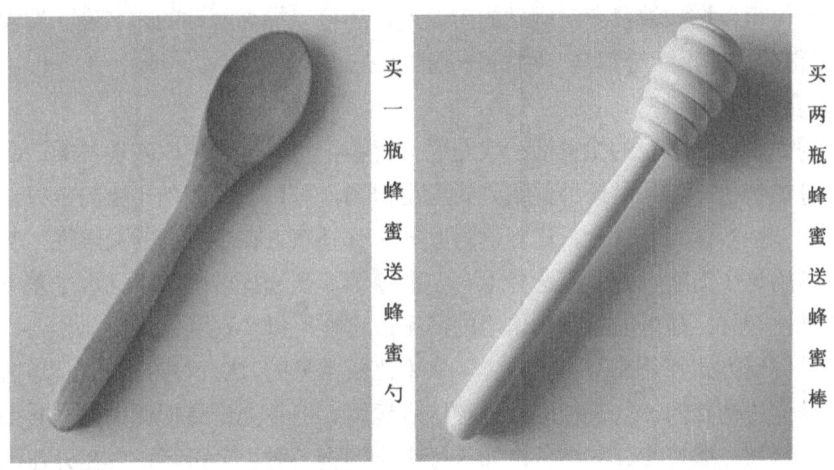

图 8-31　农享网赠品

该种促销方式的优势有：可以提升产品或网站的知名度；用以刺激人们经常访问以获得更多的优惠；根据消费者对产品和赠品的索取热情度分析产品的市场和相关情况。同时，在赠品的选择上也需要注意以下几点：

1）赠品的质量不能太差，否则只会引起负面效果。

2）明确促销目的，所选择的赠品最好能和产品相关，最好是能刺激消费者消费的产品或者服务。

3）把握时间，要掌握赠品的季节性或时间性，赠品要符合当下的环境因素。

4）注意预算和市场需求，赠品的数量等要在预算范围内，并且要充分考虑市场需求，不能过度赠送，否则只会造成不必要的损失。

（4）幸运抽奖

幸运抽奖是一种消费者喜欢的并且容易执行的促销方式，被大部分商家采用。这类抽奖促销可以是以一定数量或者在其他一些前提条件下运行。抽奖的成本比较低，但是奖项的设置还是要经过深思熟虑的。

下面是奖项设置时的注意事项：

1）奖品要有足够的吸引力。商家可以考虑用一两件大额超值的产品来吸引顾客，激发他们的消费欲望。

2）抽奖的程序要求简单化。由于网络的局限性，网上的抽奖活动策划要简单易行，趣味性可以强一点，太复杂的东西往往会让顾客失去兴趣。

3）抽奖要公平公正以及讲信用，由于网络的局限性和参与者的地域性，商家一定要如实公布抽奖结果，准确通知并将奖品正确送达获奖者。

（5）积分促销

积分促销在网络上的应用最为广泛，该策略的执行力和可信度都是最好的。网上的积分活动都是靠编程和数据来实现的，操作简单，可信度也很高。消费者可以用积分抵消一部分费用，也可以采取积分和货币并存的购买方式（如淘宝网的淘金币）。积分促销和获取积分的某些活动，不仅可以增加消费者对网站的忠诚度，还可以提高网站的知名度。淘宝网的"淘金币"、酷必得的"酷币"等都是一种积分促销形式。

（6）联合促销

由不同的商家联合进行的促销活动就是联合促销，这类促销可以实现各类产品的优势互补，提升自身的价值。如果对该种促销方式应用得当，可以获得相当不错的效果。例如，网络店铺可以和一些实体商店联合，进行优势互补，弥补双方在各方面的局限性，实现双赢。要想很好地运用这个策略，在商家选择上一定要谨慎，要选择一些和自己水平差不多或者层次更高、信誉比较好，最好能起带动作用的商家，这样可以实现利益最大化。

上述 6 种促销方式都是在网络上或者现实中比较常见的，这几种方式还可以结合节假日、热门事件等能促进消费的一些其他因素进行综合运用。但是无论想把促销方式弄得多么丰富多彩，都要记得事先做好充分的准备，如进行市场调查、对手分析等，内在外在因素都应该充分考虑。只有在万全的准备下，才能将促销活动实施得很好，促使活动的销售力和影响力都达到预期效果。

2．免费资源和付费资源

（1）免费资源

1）淘宝搜索引擎优化。淘宝搜索引擎优化侧重于标题关键字的运用、商品描述页文字的详细度，增加商品排名，卖家新上架商品需要根据淘宝网内部排名规律进行 SEO 关键词提取。

2）第三方资源。第三方免费资源有淘宝帮派、淘江湖、微淘等。淘宝帮派的前身是淘宝社区，在遵守帮派相关规则的条件下，会员可自由地在淘宝平台组织相关活动，只要不涉及敏感词汇，就不会受到官方约束。淘宝帮派实际上就是卖家自己的个人社区，完全由卖家支配。如图 8-32 所示为淘宝帮派首页。

图 8-32 淘宝帮派首页

卖家可以加入淘宝促销帮（官方）、促销频道（官方）等帮派，争取免费帮派推广资源或者建立自己帮派，涵盖店铺所有促销活动详细说明页。卖家需要及时关注帮派的最新活动，提交报名方案并参与报名。

淘江湖是一个真实的好友交互平台，依托淘宝网，用户可以及时了解好友的最新状况与动态信息，获得更可靠的购物经验与建议，一起享受网购、享受生活、感受不一样的淘宝新体验。

在淘江湖中卖家需要做到活跃发帖、回帖，帮助买家答疑（侧重买家），通过发帖 ID 引流到店铺，卖家也可以报名参加社区促销活动，争取社区首页免费广告位。通过社区获取的银币抢购社区免费广告位，每天 12:00 到次日 9:00 开放预订，9:00 以后淘宝网工作人员会作审核，不符合要求的广告会被删除并退回银币，符合要求的将在审核后 12:00 发布，有效期为 1 天，可以推荐店铺或单件商品。如图 8-33 所示为淘江湖首页。

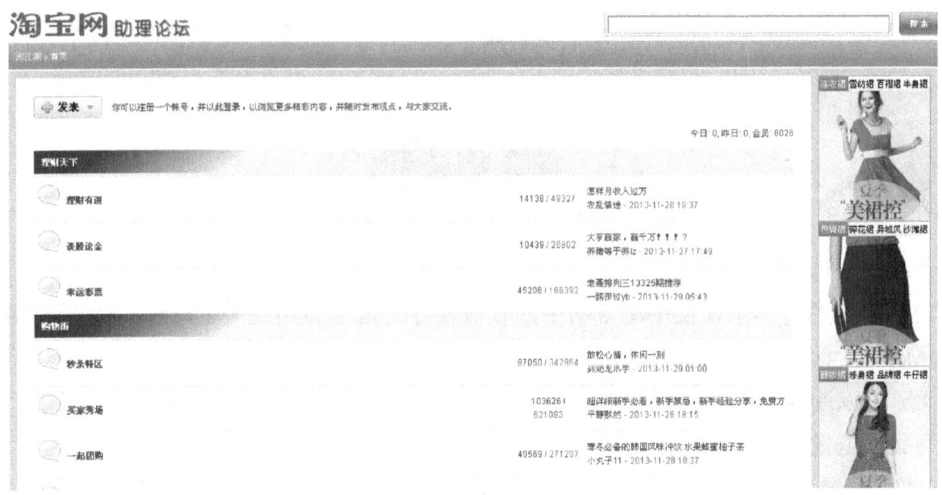

图 8-33　淘江湖首页

3）淘宝官方活动。单击卖家后台的"活动报名"（大部分的店铺活动、单品活动报名都在这里）进入报名页面，填写相关信息，如所属公司、活动时间、活动类别、收费类型，如图 8-34 所示。

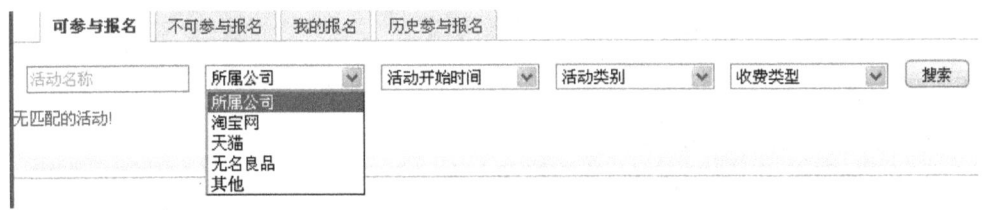

图 8-34　淘宝官方活动报名页面

淘宝网中经常会提供一些促销活动，卖家要积极去参加这些活动，不但能获得较好的推广资源，同时对自己的基本信用宣传也起到一定作用。

4）淘宝钱庄。钱庄是用户用淘金币兑换或抽奖获得礼物的地方，卖家可以通过访问淘金币卖家中心查看报名流程并进行报名，如图 8-35 所示。报名成功后用户通过单击钱庄商品图片，直接引流到卖家的商品页面。

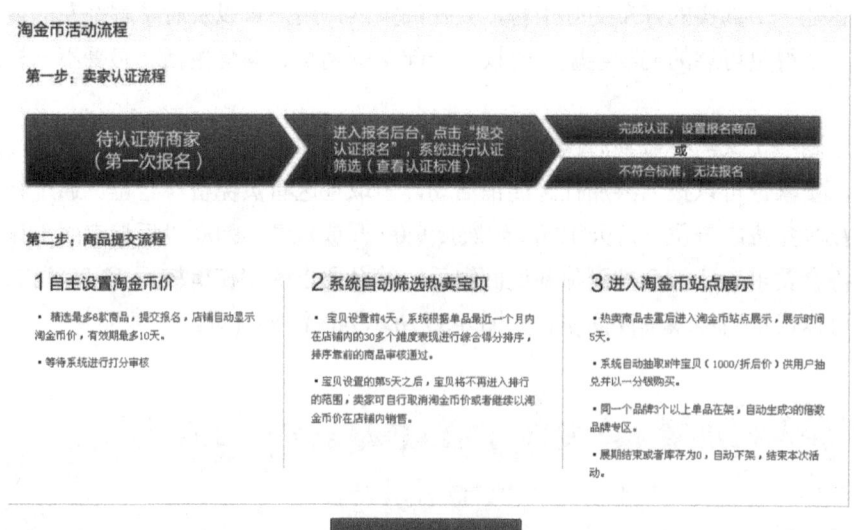

图 8-35　淘金币活动流程

（2）付费资源

1）收费软件。卖家在使用淘宝网中的收费软件时常常会用到淘宝旺铺、满就送和搭配套餐这几项。

卖家可以通过单击卖家服务中的淘宝旺铺进行订购，如图 8-36 所示，通过订购淘宝旺铺提升商品浏览量，更好地留住买家。淘宝旺铺的购买费用是每季度 90 元。

图 8-36　卖家服务中的旺铺订购

满就送和搭配套餐都能提升店铺销售业绩，提高店铺购买转化率，提升销售笔数，增加商品曝光力度，节约人力成本。满就送包括送积分、礼物、满就减现金、满就免邮。搭配套餐是将几种商品组合在一起设置成套餐来销售，通过促销套餐可以让买家一次性购买更多的商品，卖家需要商品部、商品管理专员了解产品的合理搭配，设置优惠套餐，提高店铺购买转化率。卖家可以通过进入卖家中心的销售导航单击"立即订购"办理，如图 8-37 所示，从图 8-38 中可以看出满就送和搭配套餐的价格分别是每季度 24 元和每季度 15 元。

图 8-37　销售导航

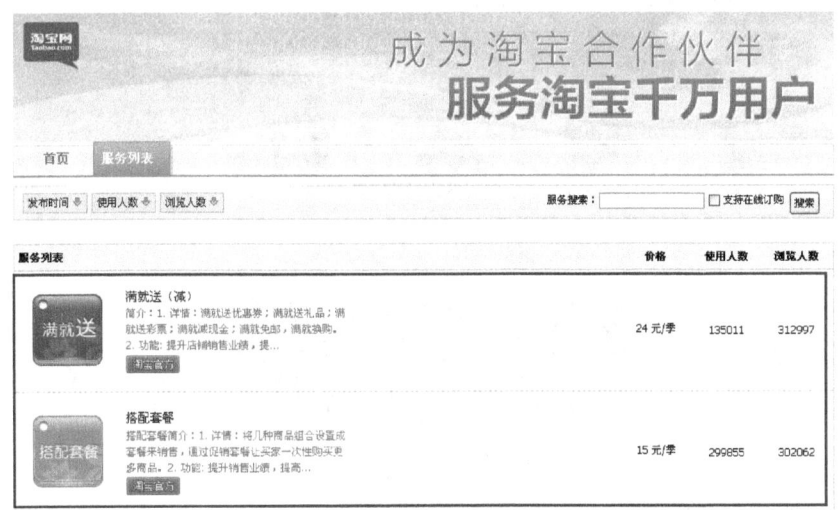

图 8-38　淘宝服务列表

2）收费营销类。在淘宝网中收费营销类包括直通车、钻石展位、淘宝客、超级麦霸等。

淘宝直通车（两颗"心"以上卖家）是淘宝网为淘宝卖家量身定制的推广工具，是通过关键词竞价，按照单击付费的推广方法，进行商品精准推广的服务。使用该种推广工具风险较大，建议有广泛购买需求、有价格优势、能薄利多销的商品参与这种活动，因为直通车也能为店铺其他商品带来流量。

目前淘宝频道页最下面的"热卖单品"（见图 8-39）均为直通车活动。直通车的费用较高，每天限额 100 元，预计 3000 元/月。

图 8-39 淘宝首页的热卖单品

钻石展位是为有更高推广需求的卖家量身定制的产品，精选了淘宝最优质的展示位置，通过竞价排序，按照展现计费。卖家可以自由设置展现费用，目前投入较大，在店铺没有大的活动之前不建议使用，费用是 200～500 元/天。

淘宝客是指帮助淘宝卖家推广商品、获取佣金的人，专为淘宝卖家提供淘宝网以外的流量和人力，帮助推广商品。淘宝客只要获取淘宝商品的推广链接，让买家通过淘宝客的推广链接进入淘宝店铺购买商品并确认付款，就能赚取由卖家支付的佣金。卖家进入淘宝联盟，如图 8-40 所示，单独设置主推商品的佣金。

图 8-40 淘宝联盟

淘宝客的重点在于如何让更多的网站愿意推广自己的产品或者店铺，卖家可多留意淘宝客相关论坛。

超级卖霸是通过超级卖霸专题活动的形式进行集中展示，并整合淘宝优质广告资源进行强力推广。超级卖霸活动每季度都会定期推出不同的专题活动，每期活动也会依据不同类型的卖家定义不同的价格。同一专题有不同的产品展示位，通常靠前的展示位价格略高，其后的略低。活动推广周期为 7 天，费用较高，每次为 2000～10000 元。

3. 制定促销的过程

（1）了解顾客

现在顾客对商品的选择面越来越广，而淘宝店铺促销的目标是说服顾客，使顾客在没有推销员影响的情况下，真正愿意一次又一次地购买产品。企业应该把顾客的需求当作企业的头等大事。在电商行业，各商家的经营渠道是互联网，社交网站是互联网的未来，互联网的口碑传播将得到更充分的体现。

农享网淘宝店铺的主要销售产品为农家特产，在促销之前必须了解客户的基本状况，如主要客户群的年龄、收入、受教育程度、工作环境等。消费者在购买农家特产时主要会考虑产品的特质，如种类、保质期、储存方法、规格、配料等。客户购买产品的途径有专卖店、品牌专柜、Shopping Mall、特价场、农作物市场等。线上的有集市、商城、品牌官网、无良名品、其他网购平台等。客户选择购买农产品途径会考虑的因素有位置便捷度、品种选择空间、购物环境、价格、品牌、折扣、服务、信誉等。

以上介绍的这些方面对于淘宝店铺促销非常重要，对顾客了解得越多，淘宝店铺促销就越有效果。例如，商城的顾客重视的是商品的品质，针对这样的顾客就不能进行价格促销，而应该创新性地进行价值促销，这样既不会有损于品牌，也能达到预期的效果。

（2）确定企业目标和营销目标

企业目标、营销目标和淘宝店铺促销目标必须是一致的。企业给顾客的形象应该是自始至终都不变的，变来变去不仅不能使企业的所有资源聚焦于一点，还会给人一种失信于顾客的印象，例如，企业一边说着自家商品是高品质，但在做促销时却以低价出售，这就容易给人前后不一的印象。所以企业对顾客自始至终的承诺是非常重要的。

（3）确定淘宝店铺促销目标

1）增加销售量（一定是结合其他目标一起使用）。企业做淘宝营销都会有一定的目标，增加销售量是其中的一个，一般对于这样的目标企业会使用全场几折、买一送一等促销方法。

2）增加尝试性购买。企业可以为客户提供免费样品或额外优惠，使产品和服务显得比其他产品实惠，在提供优惠的同时，做一些新颖别致的创意，如开放日或者特别活动。

3）增加重复购买。要使客户重复购买就必须在客户第一次购买后激发客户二次购买的欲望，卖家可以给客户提供下次购买给予折扣的优惠券、买三赠一或买二赠一，还可以对商品进行集奖促销，例如，集齐五张奖券可获得免费商品等。

4）增加忠诚度。增加客户忠诚度的促销方式很多，如鼓励消费者收集同一品牌下的众多系列产品；设俱乐部，吸引人们参加，提供系列优惠；参观生产线，沿街展示及进行其他直接与消费者面对面的促销，使消费者直接与产品或服务的供应者接触。例如，农享网的客户就可以去农家实地参观考察。

5）创造认知。企业可以和另一个具有市场知名度的产品及服务合起来进行淘宝店铺促销或者和有名的慈善机构、志愿者组织联合为学校和公众提供书籍或教育性读物。

6）获得中介支持。企业可以针对批发商、零售商、代理商和分销商制订具体方案以获取渠道主广告合作，还有就是当老客户介绍来新客户时，要给予一定的奖励，形成以老带新、层层扩大的效果。

7）区分使用者。在使用产品的客户中区分使用者，观察使用者注重的点，例如有些客户注重价格，说明这类客户自助购买意识强，他们会早早预订、寻找价格低的购买地点或是选择其他省钱的办法，而不注重价格的人则不在乎这些。对于特殊的群体要给予特殊的优惠。

（4）了解自己产品的库存及产品特点

只有对自己产品足够熟悉，才可能发掘出产品自身的卖点，在所销售的产品中，有哪些是关键性的特色，哪些特色是客户真正想要的，清楚这些后，根据之前对消费者需求的理解和库存的了解进行产品促销，这样进行淘宝店铺促销才会具有目的性。

（5）确定淘宝店铺促销形式

这里主要是要根据促销目标来确定淘宝店铺促销形式，农享网淘宝店铺在一次活动中使用的促销方式主要有买一送一、部分商品3折、赠送礼品、抽奖等，促销的目的是增加销售量和提高客户忠诚度。

（6）实施促销（实施方案）

1）选产品。选择产品，首先必要以市场数据为导向，对产品进行筛选，然后再结合自身的产品供应链来作出判断。

①关注行业内的宏观数据，如热销产品、主流价格段、近30天的销量。

②关注单品的微观数据，如收藏量、搜索量、关注量。

通过上述两组数据对产品进行筛选后，匹配自身供应量系统，货源稳定、价格合适的即可作为活动的目标产品。

2）促销页面图构思（包括活动文案的撰写）。

3）确定促销活动的传递渠道，淘宝的促销渠道有官方活动资源、直通车、店铺首页、帮派、会员群、短信、钻展、硬广等，农享网淘宝店在活动中选用了店铺首页、帮派、短信、钻展。

4）确定客户阵地，农享网淘宝店铺在活动中将客户阵地选择为阿里旺旺、微博等。

5）促销执行表见表8-1。

表8-1 促销执行表

序列	工作内容	负责人	完成标准
1	活动策划方案	策划部经理	形成策划方案
2	促销商品选择	商品部经理	根据策划方案选择商品以及和供应商谈判
3	制作促销页面	网络运营部经理	通过策划方案了解促销目的、制作促销页面
……	……	……	……

6）通知各部门。

（7）促销活动效果分析

通常一个活动成功与否可以用用户参与热情、参与人数以及为网店带来的访问效果来判断。效果分析在整个促销活动结束后一周内完成，这样可以避免因时间过长导致部门细节问题遗忘。效果分析主要包括以下几个方面：

1）活动指标。

流量指标：UV、PV、首页访问数据、分类页访问数据等。

销售指标：销售额、客单价、销售量排前十位的商品数据。

转化指标：转化率、访问深度、停留时间、收藏量、静默转化率、询单转化率、全店转化率等。

服务指标：描述相符、服务态度及发货速度变动、客服相应速度、投诉量。

需要对以上数据进行汇总、分析，根据数据反映出的问题进行调整。

表 8-2 是农享网在一次活动后的数据表。

表 8-2　农享网淘宝店铺活动数据表

店铺 IP/PV 数（日均）	活动页访问量（IP）		活动页访问量（PV）	
	前	后	前	后
	754 000	2 156 000	936 982	13 546 00
微博信息传递	发送量	转发总量	留言总量	参与率
	100	1 258 100	1 124 00	87%
用户回应评价	活动前后店铺收藏数		在线咨询数		新浪官方微博关注/粉丝数	
	前	后	前	后	前	后
	1458	2578	日均 120	日均 263	100 6 238	158 10 000

2）广告效果。根据活动前预备的广告资源，跟踪广告效果，找出在广告投放上的技巧与不足，为下次的广告投放做相应的准备。

3）活动执行情况。根据促销活动方案，查看每个环节的执行情况及其带来的实际效果，进行综合评估，给团队人员进行一个简要考核，对活动前、中、后遇到的问题进行记录、分析、总结，吸取经验和教训。

4）活动效果对比。将促销活动后的效果与促销前的评估效果进行对比，找出差异的原因所在，这样可以为下次的活动预估提供更准确的思路和方法。

 模块二　网店的营销推广相关知识

1．网店营销策略

（1）吸引客户策略

吸引客户策略是指让客户在众多商品中发现自己的商品，并被吸引进入网店仔细浏览，也就是要设法在客户能够接触到自家商品信息的地方，放客户感兴趣或能激发其兴趣的信息。如前所述，当前网店数量众多，竞争激烈，要能让客户在众多商品中发现自己的商品并产生兴趣，一是货源要有竞争力，如某知名品牌的网络代理，或"新、奇、特"类产品，都较容易获得客户青睐。二是信息接触点要多，即利用多种手段来展示产品信息，如论坛、友情链接、QQ群、搜索引擎、博客等都是有效的网上推广工具，尤其是论坛，当把产品图片和文字巧妙设置成签名档时，它就成了一则流动的广告，在发帖、回帖时，产品信息就自然得到了宣传。此外，每个电子商务平台内的站内搜索，是客户在购买商品时用得最多的工具，客户通常会通过关键字来搜索相关的商品，为增大被客户搜索到的概率，商品标题用关键字组合是重点。以下是对同一护肤类产品的不同标题描述："香草沐浴露"和"五皇冠推荐！the body shop美体小铺香草沐浴露250mL清爽柔嫩"，显然，后者采用了"店铺信用等级+英中文品牌+商品关键字+容量+产品特性"等多样关键字组合方式，因此被客户搜索到的概率就较大。

（2）信任建立策略

信任建立策略是指当客户因为一个商品来到了店铺，卖家通过各方面展示使客户对虚拟的店铺产生信任感，并愿意选购商品，甚至对店里的其他商品产生兴趣的策略。与实体店相比，网店最大的特点就是虚拟性，对实体类商品看不见、摸不着，只能通过图片和文字来了解，这容易使客户产生不信任感，从而影响作出是否购买的决定。因此信任建立策略就是充分给予客户想要的，使其在需求得到满足的同时建立起对商品或店铺的信任。所以首先要分析客户心理，挖掘其需求，当客户第一次光临店铺时，其关注的通常是产品的图片、相关说明、价格、卖家信誉、店铺的专业性与整体感觉等，因此卖家就要针对这些需求提供专业信息，如清晰、主体突出并具美感的产品图片；详尽的文字说明，若是图书类商品，应写明出版社、作者、简介、目录、书评等，以体现出专业性；合理的价格，可采用成本导向、竞争导向、需求导向等多种方法来对商品定价。总之，应从多方面专业地展示店铺形象，以消除客户因商品虚拟性而产生的疑虑或不信任感，这是促使客户下单购买的关键。

（3）销售促成策略

销售促成策略是指在顾客对店铺建立起信任的基础上，当他对某个商品产生兴趣，具有购买欲望却又拿捏不定时，卖家促使其由"打算买"向"打算现在就买"转化的策略。消费者通常都具有贪图便宜的心理，在实体店里经常会发现，卖家的一些打折、减价、优惠、赠送等促销手段容易激发顾客的购买动机，使其作出立即购买的决定，在网店中，这些方法往往也同样有效。顾客的消费动机一旦被激起，其内心便出现一种不平衡现象，表现出一种紧张的心理状态，这时心理活动便自然地指向能够满足需要的具体目标，当具体目标出现后，机体的紧张状态便转化为活动的动机，产生指向目标的购买行为。当目的达到后，需要得到满足，紧张状态也会随之消失。现在许多网上店铺都有"买就赠……""限时抢购"等促销活动，就是利用了顾客的消费心理，促使其尽快作出购买决定。

（4）情感投资策略

情感投资策略是指在顾客一次购买商品后，卖家通过感情营销，增加黏性，使其下次再来光顾，成为老顾客。许多实例表明，网店维系老顾客比争取新顾客更重要，据调查，保留一个老顾客所需的费用仅占发展一个新顾客费用的五分之一。销售学里有著名的"8：2"法则，即企业80%的业务是由20%的顾客带来的，对网店来说，同样如此。因此，网店在发展新顾客的同时，不可忽视老顾客的流失。维系老顾客的重要措施之一就是心系顾客，充分利用感情投资，方法有很多，如发货时放点小惊喜——礼品、贺卡（手写，给人亲切感）、产品小样（对护肤类、食品类商品尤其适用）等，笔者在网上购物时就遇到过一位很有心的卖家，当时买了一件衬衣，收到货时发现多了一条丝巾，刚好跟衬衣相配，还有一张温馨的贺卡，这些小细节有时会成为客户日后再光顾的重要因素。此外，经常性的电话、短信或邮件回访，通过表达对客户的关爱，来加深双方联系，培养顾客对网店的特殊感情和忠诚度。

2．淘宝网店推广技巧

（1）商品的推广

商品的推广包括两个方面：一个是商品照片，另一个是商品描述。

1）商品照片。在网上购物买家是看不到商品实物的，只能看到商品照片。商品照片一定要具有真实、清晰、突出主体、漂亮的优点。一张完美的商品是很能吸引买家眼球的。商品照片千万不要弄虚作假，一定要是商品的真实拍照，若因为放假照片而让买家投诉照片跟实物不符就不好了，失去了一个顾客也带来了一个不好的评价。照片一定要清晰，不能模糊不清，可以使用摄影棚、摄影灯等设施设备，拍照后用图片处理软件简单处理一下即可。商品照片要突出商品的主题，不要跟配饰物品混为一体，显得主次不分就不好了。

2）商品描述。可以在描述里面多放上几张从不同角度拍摄的商品照片或者一些体现商品细节的照片，让买家能更多地了解商品。商品的材质、尺寸、颜色等都要明确地标明。还要详细说明物流信息、售后服务、支付方式、联系方式等。可以采用一个漂亮的、多功能、符合商品风格的模板，在商品描述模板里可以多推荐几个店铺内的商品，这就相当于增加了店铺推荐位。模板可以自己动手做，也可以到淘宝上购买。

3）巧控商品亮相时间。商品发布的时间是大有讲究的。买家在搜索商品时，淘宝默认的结果是按照商品下架的剩余时间由少至多来排列的。卖家把商品上架的时间都错开，每隔半小时发布几件商品（可以借助淘宝助理发布，淘宝助理有定时上架的功能），并且留出一些店铺推荐位，推荐一下即将下架的商品。所有商品都到期下架后，隔两周再循环发布，让商品随时都排在最前面。

（2）店铺推广小贴士

1）让买家知道店铺是专业经营这个网店的。例如，在编辑商品描述的时候把商品的有关小知识等放进去。店家可以印制一些漂亮的店铺名片，把店铺的经营项目、ID、店铺地址和联系方式都印制在名片上。在给买家发货的时候，在包装里面多放上几张店铺的名片。

2）专业的，值得信赖。店家可以把商品有关的合格证书、鉴定证书等拍照后放在店铺显眼的地方，让买家相信你的专业，相信你的商品。

3）促销活动。卖家可以在店名、公告、商品名称里添加促销活动的信息。为店铺制定一个推广的主题，比如快到了某个节日的时候，卖家就可以以这个节日的名字为主题，还有冲心、冲钻、冲皇冠以及店庆，这些都是很好的主题，都能起到促销的作用。促销的手段有很多，如一元拍（拍卖就不要怕赔本，就当作广告投资了。一元拍能快速提高店铺的流量，说不定拍下这件商品时还会购买其他的商品)、包邮费(为了促销可以免去邮费或者满多少包邮费)、换购(设置店铺会员制度,利用会员积分加多少钱就可以换购另一个超值商品)、打折(促销期间商品打折)、送赠品(购买本店商品即送精美礼品)等。注意:促销信息要及时更新,别到了圣诞节还打着中秋节的促销口号。

(3) 关系推广

关系推广是卖家、买家、淘宝网产生互动的良好途径。进行关系推广的方式有很多,例如,卖家可以在淘宝的个人空间和博客里面讲述一下自己的亲身故事、开店心得和对一些事物的评价,从而提高自己的形象和知名度。通过阿里旺旺、站内信、店铺留言等也可以进行关系推广。

(4) 关键字

关键字是指能够引人注目,能让买家搜索到的醒目字或词语。关键字的作用也就是引人注目,方便买家搜索到商品。现在很多买家在选购商品时,都是用关键词来检索的。因此在发布商品的时候,给商品的名称多设置几个关键词是很有必要的。这样商品被搜索到的机率就会大大增加。但是有一点要切记,就是不要滥用关键词,否则商品会被淘宝小二下架。在淘宝社区里有关于关键词的使用规则,各位淘友一定要去好好看看。以下是关键字的小贴士:

1) 符合真实信息。关键字不能乱用,一定要符合商品的真实信息,不然会受到处罚。

2) 换位思考,从买家的角度来挖掘关键字。卖家不能乱加关键字,要学会换位思考,在买家的角度上找到合适的关键字。看看买家喜欢搜索什么样的字和词。

3) 不要一味地堆砌关键字,注意和其他信息的结合。

(5) 站内信

站内信是一个很好的推广和沟通的工具,卖家通过站内信可以给买家发送信息。例如,卖家发货后可以通过站内信通知买家,告诉买家物流信息、包装情况、到货时间等。又如,到了某个节日,卖家可以通过站内信给淘友和买家发送一份温馨的祝福。新款到货后,店家可以通过站内信告诉买家。当店铺有促销活动或者打折的时候,卖家可以通过站内信通知买家和淘友。注意:站内信的格式要正式,注意称呼、问候语;站内信的内容要真诚,内容长短适当,不要废话连篇。信件的结尾要表达自己的心意。

(6) 阿里旺旺

阿里旺旺是买卖双方在淘宝的即时通信工具,它同样具有强大的推广作用。

1) 在线状态。一般阿里旺旺的在线状态分为"我有空""隐身""忙碌中""不在计算机旁""请勿打扰",卖家可以不用这些在线状态,自己设置在线信息,如店铺商品的折扣信息、店铺促销活动信息、新款到货信息等,让这些信息滚动显示,从而达到推广的作用。提示:把在线状态设置为店铺的推广信息,要经常更新,陈旧过时的推广信息不容易受到关注。

2) 旺旺群发。旺旺群发要慎重,不要随意乱发广告。卖家可以把愿意接受广告的淘友和买家组织到一个旺旺组里,将广告群发给这个组里的淘友和买家。群发时注意内容的长短、称呼、问候语等。

3) 自动回复。卖家不在计算机跟前的时候,一定要设置旺旺的自动回复功能。说明一下店铺掌柜不在的原因，表示出掌柜对买家的尊重和礼貌。如果卖家离开的时间过长，就需要说明一下回来的时间，不要让买家空等。在自动回复中，卖家可以委婉地推广自己的商品。

4）快捷短语。快捷短语是阿里旺旺上的一个快捷回复的功能。卖家可以在快捷短语中编辑一些店铺商品的推广信息，在跟买家或淘友聊天的时候适当发送出去。既省去了卖家打字的麻烦，又快速地推广了信息。推广的信息要长短适中，便于买家阅读和理解。卖家不可过于频繁地使用快捷短语，免得让买家以为在跟一部机器说话，使其感觉不受尊重，这样是很不礼貌的。建议将快捷短语和旺旺的表情结合使用，使语言环境更生动，让买家更容易接受。

5）旺旺头像。旺旺的头像也是很有讲究的。卖家应选择一张具有亲和力的图片或店铺内的商品照作为旺旺头像。头像最好是做成动态的，但图片闪动幅度要适当，不要闪动太快，以免让人看着迷糊还显得杂乱。

6）旺旺大本营——旺遍天下。卖家可以在淘宝社区的旺旺大本营——旺遍天下中生成在线状态。选择好样式，获取代码。在社区发帖、回帖，让淘友和买家能随时联系到你。

阿里旺旺是淘宝交易平台必不可少的通信工具。无论买家还是卖家，都是通过阿里旺旺来联系、沟通从而完成交易。这里提醒各位淘友一定要注意自己的用语，既要文明有礼又不要过于呆板或职业化。

（7）店铺功能

店铺的功能有很多，卖家可以利用这些功能来作推广。

1）店名。起一个响亮、好记、独特的店名很重要。一个好的店名能给买家留下深刻的印象。一个符合自身风格和志向的店名，能给自己以心理上的暗示和引导，获得自信与成功。

2）店标。一个漂亮的动态店标就好比是店铺的左眼。店标可以是文字也可以是商品照片。不管是什么，只要做得生动、漂亮，就会给买家留下一个深刻的印象。建议店标做成动态的，最好跟店铺经营的商品有关。

3）店铺公告。若店标是店铺的左眼，那么店铺公告就是店铺右眼，同样不可忽视。在公告栏里，可以写上店铺的最新动态、最新商品和店里的一些优惠促销信息。语言要精练简短，不要废话连篇，否则买家会失去耐心。公告栏最好放置一张漂亮的图片，效果很不错，再放上一个计数器，方便掌柜统计每天店铺的浏览量。

4）店铺推荐。每个店铺都有 6 个店铺推荐位，买家进到网店最先看到的就是店内的店铺推荐商品。可以把店铺最好、最优秀、价格最低、数量多、快要下架的商品设置在上面，以吸引住顾客的眼球。店铺推荐最好两三天就换一换，让买家感觉到卖家是一个用心的掌柜，让买家有一种新鲜的感觉。

5）店铺介绍。网店的店铺介绍，内容不用过于拘谨，可以介绍一下店铺的经营方式、商品特征及属性、和其他店铺相比有哪些优势等。

6）评价解释。评价解释就是在交易成功后，卖家针对买家评价中的一些疑问或不满作出的相应解释。解释语言可以相对幽默一些，卖家也可以简单地推广一下自己的商品，给自己做一个小广告。

模块三 网店的营销推广项目实训

1. 实训流程

网店的营销推广实训流程如图 8-41 所示。

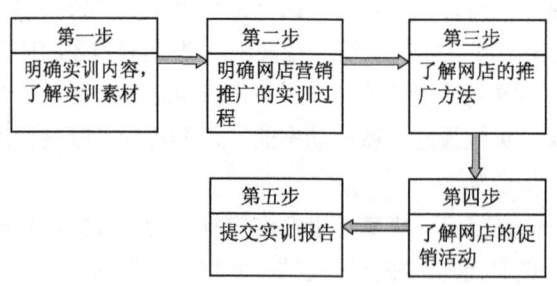

图 8-41 网店的营销推广实训流程

2. 实训概述

本实训项目内容要求学生通过登录博星卓越网上商城系统，在实训教师的指导下完成关于网店推广以及促销方式研究分析，通过了解网店推广方法、撰写网店推广软文、了解网店促销方式、策划网店促销方案进行实训。本实训要求学生从中掌握网店营销的推广方法及推广技巧。

3. 实训素材

学生可以在实训教师规定下，以不同的店铺或产品为对象，听从教师的安排，通过浏览店铺观察店铺的推广方法，并且汇报给教师，具体场景素材如下。

1）实训站点：博星卓越网上商城系统。

2）学生计算机若干。

4. 实训内容

步骤1：了解网店推广方法

1）以小组为单位，在实训教师的指导下，使用注册账号登录商城（见图 8-42），确定分析对象（店铺、产品种类）。

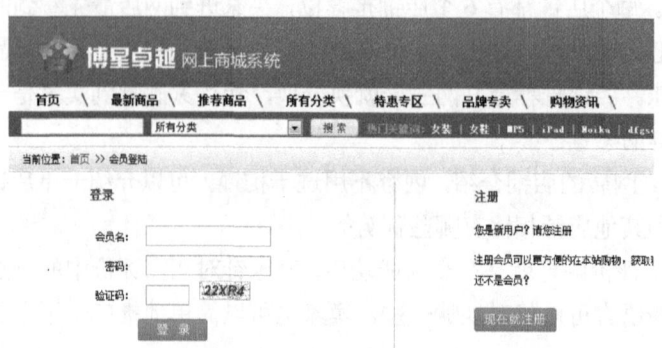

图 8-42 商城登录页面

2）确定分析对象后（店铺）通过浏览不同店铺总结各自的推广方法。

3）归纳出相同性质的网店在推广方法使用上的不同。

4）对所有的推广方法进行总结。

步骤2：撰写网店推广软文

1）确定文章主题。

2）确定软文标题。

3）策划软文内容，包括图片选取。

4）确定内容素材来源。

5）将编辑好的软文上传至超级商城系统软件的论坛中（见图8-43）。

图8-43 商城论坛位置

步骤3：了解网店的促销方式

1）学生以小组为单位，分别浏览不同店铺的促销方法。

2）小组成员对网店的促销方式进行汇总。

3）在教师的带领下进入淘宝卖家中心浏览，查看淘宝为卖家开通的各种服务，包括免费资源和付费资源。

4）对所有的促销方式进行总结。

步骤4：策划网店促销方案

1）实训教师确定实训对象（哪家网店的哪个产品）。

2）小组成员根据实训教师确定好的对象进行分析，分析的内容包括网店开张时间、网店产品的属性、产品受用人群等。

3）根据分析结果制订促销方案。

4）将策划好的方案交给实训教师批阅。

参 考 文 献

[1] 毛从任，张红雨，孙欢，等. E-mail 营销——网商成功之道[M]. 北京：电子工业出版社，2010.

[2] 鲍嘉，卢坚. 网店开门红：网上店铺设计与装修宝典[M]. 北京：人民邮电出版社，2009.

[3] 黄为平. 电子商务岗位综合实训[M]. 上海：上海财经大学出版社，2009.

[4] 陈益材. 网店包装有绝招[M]. 北京：机械工业出版社，2010.

[5] 陈镇. 网店赢家的 100 个秘诀[M]. 北京：中国发展出版社，2010.

[6] 王启城. 网店制作和经营有绝招[M]. 北京：机械工业出版社，2010.

[7] 王启城. 新手开网店赚钱有绝招[M]. 北京：机械工业出版社，2010.

[8] 徐飞. 企业网上开店管理手册[M]. 上海：东华大学出版社，2010.

[9] 赵能愿. 淘宝开店必胜 100 法[M]. 北京：清华大学出版社，2009.

[10] 邵兵家，袁建新，邓之宏. 电子商务师资格认证技能实战[M]. 北京：科学出版社，2007.

[11] 芦萍. 网店货物管理全程指导[M]. 上海：上海科学普及出版社，2009.